事理与数理的纠缠与厘清

邱 东◎著

本书是国家社会科学基金"加快构建中国特色哲学社会科学学科体系、学术体系、话语体系"重大研究专项"新时代中国特色统计学基本问题研究"（19VXK08）的阶段性成果

科 学 出 版 社

北 京

内 容 简 介

社会经济实证分析必须借用数理工具，然只讲"数理"而忽略现象所隐含的"事理"，就容易沦为"虚证分析"，形式上达标但失去定量研究的灵魂。本书强调甄别"数理"和"事理"，厘清纠缠于现象中的二者，乃学人在实证分析过程中永恒的使命。第 1 部分做系统专论，第 2 部分为事理与数理关系的读书笔记，第 3 部分是"一事一理"之论笔，第 4 部分是笔者早期对事理与数理关系的思考，至今仍不失警示作用。

作为"当代经济统计学批判系列"的第五部，适用读者对象与前四部相同。本书纳入了笔者读书和行路过程中的心得，或可作为研究生和本科生的教学参考书，以求统计学学习之灵动。好多人认定经济统计只是搞定量分析的，深究其实，重心乃在于现象之"度"，这是 measurement 应译为"测度"的根本缘由。

图书在版编目（CIP）数据

事理与数理的纠缠与厘清 / 邱东著. --北京：科学出版社，2024.12. --（当代经济统计学批判系列）. ISBN 978-7-03-080596-6

Ⅰ. F224.0

中国国家版本馆 CIP 数据核字第 2024CF3074 号

责任编辑：徐　倩 / 责任校对：姜丽策
责任印制：张　伟 / 封面设计：有道设计

科学出版社 出版
北京东黄城根北街 16 号
邮政编码：100717
http://www.sciencep.com
北京建宏印刷有限公司印刷
科学出版社发行　各地新华书店经销

*

2024 年 12 月第 一 版　开本：720 × 1000 1/16
2024 年 12 月第一次印刷　印张：18 1/2
字数：373 000
定价：216.00 元
（如有印装质量问题，我社负责调换）

社会经济领域中统计研究的三条进路

（自序）

1. "多进路问题"的提起——"经济统计学经典选读"读什么？

之所以强调社会经济领域中统计研究的多进路，源于长期以来学界和民间对"统计"普遍存在的狭隘理解。积弊至今，许多人在提及和操作"统计"时，甚至在讨论"政府统计"时，也仅仅对之做出"数理统计"的解读或阐释，似乎"统计"与"数理统计"二者等价，似乎只要学会了数理统计就足以搞好社会经济统计[①]，似乎经济统计学压根儿不存在。

非常典型的一个事例，有学者为了强调数理统计之重要，甚至在谈及诺贝尔经济学奖获得者时，也只介绍数理统计学者，而对早年获得该奖项的经济统计学者西蒙·库兹涅茨（1971 年）[②]、瓦西里·里昂惕夫（1973 年）、理查德·斯通（1984 年）则只字不提，更不要说也曾为经济统计学发展做出重大贡献的扬·丁伯根（1969 年首届诺贝尔经济学奖获得者之一）和詹姆斯·米德（1977 年），其经济统计成果似乎荡然无存。

更为普遍的一个问题是，经济统计学专业课程设置中，"统计学经典文献选读"这门课中，居然连一篇经济统计学文献都没有，似乎经济统计仅仅只是数理统计公式在社会经济领域的"套用"。更为令人吃惊的是，这种处置被视为理所应当而多年沿袭，最讲究"分布"和"正态分布"的学科居然对自身的偏态熟视无睹。

通过深入反思，我们应该意识到，这种对"统计"的狭隘理解其实是对学科历史和学科态势缺乏认知的表现，既是无知，也是偏见。须知，经济统计学起源于欧陆（以德国为主）的国势学和英国的政治算术，至今已经有 360 多年的学科历史，而数理统计（mathematical statistics）这个词是在统计学（statistics）之后 123 年才出现的。有的学者不喜欢"经济统计学"，认为讲"统计学"就够了，但如果都将统计学做"唯数理"的理解，我们的学科发展就呈现为极化的偏态，我们就推卸掉了统计教育工作者的某种历史责任，就需要"纠偏"。

不少人误以为，发达国家不存在经济统计学研究，故而在《基石还是累卵：

---

① 这是一位海归统计学博士的断言。

② 注意这些学者的获奖年份，也表明了经济统计学特别是国民核算发展的"黄金三十年"（20 世纪 50～70 年代）。不过福祸相依，学科成果高峰让人们以为，该做的都已经做出来了，于是学者的研究兴趣他移，学科历史在"黑格尔意义"上似乎终结了。

经济统计学之于实证研究》中，笔者多次介绍了海外经济统计学的文献线索。

（1）《宏观管理·政治算术·国势学问——在 360 年世界经济统计学说发展中反思中国的 40 年》（"当代经济统计学批判系列二"第 1-2 页）指出，"国势学"本是西文 statistics 的字面原意，而"政治算术"作为专业术语则在 21 世纪仍然流行。福格尔[①]、米格[②]、麦考密克[③]、戴曼德[④]都有以此为名的专题著述（不是论文，而是著作，论文就更多了）。

（2）荷兰阿姆斯特丹大学米格教授领衔从事了一项以经济统计学为主题的欧盟科研项目[⑤]，从他和团队发表的六篇工作论文中，可以整理出其参考文献中的经济统计学专业研究成果，包括 70 多部著作，其中 38 部（约占 54%）是 2010 年以后出版的，51 部（约占 73%）是 21 世纪以来出版的。论文 95 篇，其中 50 篇（占 52.6%）是 2010 年以后发表的，78 篇（占 82.1%）是 21 世纪以来发表的。可见，世界上经济统计学研究虽然比较小众，但一直在进行之中，并没有消亡。

（3）《中国国民核算演变的公共品视角：模式选择、知识生产与体系构建》（"当代经济统计学批判系列二"，第 57-58 页）介绍了由伍晓鹰、许宪春、高敏雪、施发启等翻译的《宏观经济测算的前沿问题：国民经济账户的新设计》[⑥]，在该书中文版序言中，Dale W. 乔根森、J. S. 兰德菲尔德和 W. D. 诺德豪斯在序言注释中就列举了 15 部经济统计学著作，其中 14 部是 21 世纪以来出版的。

（4）《社会问题导向的方法论——〈联邦经济统计开发过程背后的论战〉述评》（"当代经济统计学批判系列二"第 100-101 页、第 110-111 页）介绍了罗考夫教授论文列示的 20 篇经济统计学参考文献，占全部参考文献的 1/3，还介绍了《经济展望杂志》在 2016 年、2017 年和 2019 年发表的经济统计学主题论文。

上面所列示的经济统计学文献只是一个有限的样本，从中可以看到，尽管相比如今"经济学科群"中的其他分支学科，经济统计学仅仅是一种"弱存在"，但仍然有一批学者坚守着这个学科阵地，守望着这片麦田。他们的专业研究成果值得称赞，并且应该作为经济统计学经典文献来学习。

当然在这个样本外，还有不少非常优秀的经济统计学著作。例如，如果学习大数据时代的经济统计，可以参考 *Big Data for Twenty-First-Century Economic*

---

① Fogel E M. 2013. Political Arithmetic:Simon Kuznets and the Empirical Tradition in Economics. Chicago: University of Chicago Press.

② Mügge D. 2015. Europe's Place in Global Financial Governance After the Crisis. London: Routledge.

③ McCormick T. 2009. William Petty: and the Ambitions of Political Arithmetic. Oxford: Oxford University Press.

④ Dimand R. 1995. "I have no great faith in Political Arithmetick." Adam Smith and quantitative political economy// Rima I. Measurement, Quantification and Economic Analysis. Numeracy in Economics. London: Routledge.

⑤ 邱东. 2021. 基石还是累框：经济统计学之于实证研究. 北京：科学出版社. 第 12 页、第 210-220 页。

⑥ *A New Architecture for the U. S. National Accounts*，北京大学出版社 2013 年中文版。

Statistics；如果学习经济统计学说史，可以参考理查德·斯通的 *Some British Empiricists in the Social Sciences，1650-1900*；如果学习国际比较，可以参考 *Studies in International Comparisons of Real Product and Prices*；如果学习国际资金流量核算，可以参考张南教授的 *Flow of Funds Analysis：Innovation and Development*。

至于究竟哪些著作可以入选经典，可能仁者见仁智者见智，列入课程体系前，需要国内经济统计学界的同仁充分讨论。然而，经济统计学经典文献的客观存在却是不可抹杀的。只要看见一只黑天鹅，"天鹅皆白"的认知便是错误的。发达国家没有经济统计学的论调，非常容易证伪。

更需要进一步反思的是，认真考察经济统计专业的课程设置，真正属于经济统计学的课程又有多少？是经济统计专业本身没有内容可讲，还是我们的师资队伍专业素质需要进行方向性调整？无论如何，深入思考都足以改变完全用数理统计来替代经济统计的狭隘格局。

可能有人会有疑惑，在大数据乃至人工智能革命时代，仍然坚持经济统计学方向，是不是与所谓现代化背道而驰？这里需要注意的至少有两点：其一①，生物人的智能水平高低是相对而言的，正是 AI 革命的趋势警告我们，多数生物人无法与 AI（不管是机器的智能，还是 AI 精英植入机器的智能）的"模式化能力"相竞争，机器人当然比我们更善于套公式，反倒是在"具象问题"的应用处理上，生物人或许还有发挥其智能的机会。

其二，应用学科的现代化程度与数学难易程度并非完全正相关。并不是数学越难，方法就越现代，不宜将数学难易程度作为应用学科层次高低的标准。例如，所谓"高级经济学"，教材中只有数学公式，未必是一种正确的学科发展路径。而且，在数学圈子里的学者看来，多数人能够理解和使用的数学方法只能是传统的，真正现代的数学并不是普罗大众所能接受的。仅凭数学难易度来判断应用学科的层次，很容易出现"螳螂捕蝉，黄雀在后"的博弈关系，用于否定他者的理由反噬自己。

2. "模糊不确定性"与"配第切割"

本节讨论与统计学学科进路密切相关的两个基本概念："模糊不确定性"和"配第切割"，这对学科需要多进路至关重要。

1）不能忽视"模糊不确定性"

本文的"论域"是社会经济领域，学科发展的目的是努力减少认知和决策中的"不确定性"。这里非常关键的一个前提是，对"不确定性"做出正确的判断，从而明确对象乃至概念的"定义域"。

通常，数理统计学者往往愿意将"不确定性"等价于"随机不确定性"，然

---

① 笔者在《格局·相关性·方法论：领域应用中统计研究的聚焦》（载于《计量经济学报》2023 年第 1 期，人大复印报刊资料 2023 年第 3 期全文转载）中有过相关论述。

而社会现象中的"不确定性"还可以甚至应该从其他视角定义，就社会经济领域而言，其中最要紧的便是"模糊不确定性"。

笔者曾提出，从总体上看现象的类型，"不确定性现象"可以从时间和空间角度加以区分，或可以分为"时间不确定性现象"与"空间不确定性现象"。其中需要特别注意的是，"随机不确定性现象"更多地是从时间角度去探究事件是否发生，以多大的概率发生；而"模糊不确定性现象"则更多地从空间角度去探究，就已经发生的事件而言，其边界如何划定。在这种类型的不确定性中，人们所面对的是对象的"亦此亦彼性"，或者如外国学者所说的"亦此亦彼悖论"（this and that paradox）。

国内外都有学者对两种不确定性有过明确的阐述。2020年刘应明院士和任平老师指出："至少存在两种不确定性，随机性和模糊性。模糊性背离了排中律，随机性背离了因果律。"再看《统计与真理：怎样运用偶然性》①第一章附录"讨论"，著名统计学家 C.R.劳专门有一节阐述了"模糊性"。他指出，除了我们已经讨论过的偶然性和随机性以外，在解释观测数据时还存在着另一个障碍，这就是在识别物体（包括人、位置场所或事物）所属不同类别时存在着的模糊性。为了避免在交流思想和调查研究工作中引起混乱，最基本的是要尽可能准确地定义分类。由此可见，在引入概念和给出定义时，模糊性是不可避免的。更早地，Knight②将可以通过概率刻画的不确定性称为"风险"（risk），将不能通过概率刻画的未知称为"不确定性"，Ellsberg③将后者明确称为"模糊性"（ambiguity）④。

2）重视"配第切割"

我们应该完整地理解配第先生"政治算术"对定量分析的开创⑤，而不是将之视为老古董或类似"小儿科"的玩意儿。须知，配第先生的《政治算术》在当代还是高被引文献，人们在强调定量分析时，往往愿意提及配第那段著名的论述："和只使用比较级或最高级的词语以及单纯作思维的论证相反，我却采用了这样的方法，（作为我很久以来就想建立的政治算术的一个范例）即用数字、重量和尺度的词汇来表达我自己想说的问题，只进行能诉诸人们的感官的论证和考察在性质上有可见的根据的原因。"⑥

问题在于，这段话不能孤立地去理解和引用，而应该将之放到整个文本中去

---

① C.R.劳《统计与真理：怎样运用偶然性》2004年中文版，科学出版社。

② 参见 Knight F H.1921. Risk, Uncertainty and Profit[M]. Boston and New York：Houghton Mifflin.

③ 参见 Ellsberg D.1961. Risk, ambiguity, and the savage axioms [J]. The Quarterly Journal of Economics, 75（4）：643-669.

④ 参见姚东旻、王麟植、庄颖. 2020. 模糊性情形下互动决策的行为探析[J]. 经济学报，7（3）：112-140.

⑤ 参见邱东《配第"政治算术"的当代意义》，载《基石还是累卵：经济统计学之于实证研究》（"当代经济统计学批判系列"）2021年科学出版社。

⑥ 参见配第《政治算术》，载《配第经济著作选集》（汉译世界学术名著丛书），陈东野、马清槐、周锦如译，原序第8页，北京，商务印书馆。

认识。抓住一点，不及其余，并非科学态度。配第先生的创新与"单纯的思维论证"相反，并不意味着他主张只做"单纯的数量论证"，二者并不是非此即彼的关系。配第先生的《政治算术》对国势学在"做加法"，而不是取代或替换。仔细看看配第《政治算术》的内容，其实是以各种国势学文献为基础的。

配第先生所要反对的，只是"美丽词句、冗长说教或一派胡言"，请注意他在致新城公爵的信中也同时强调了非数学知识的必要性："不单教公子①一些数学上的知识，而且也教以各种各样的事物、材料以及现象，使他把数学运用到这些东西上面，因为线和数学离开了事物、材料和现象，就如同琵琶没有弦或者没有弹者一样。"②这里，政治与算术，二者的主从关系，十分明确。

紧接着其"开山之论"，配第先生指出："至于那些以某些人的容易变动的思想、意见、胃口和情绪为依据的原因，则留待别人去研究。这里我敢明白地说，老实说，以这些因素（容易变动的思想等等）为依据（即使这些因素可以叫做依据）的原因是不可能谈得透彻的。"

显然，配第先生在这里划了一道明确的界线，"至于"之前说了"只进行"三个字，可见配第先生在开创"政治算术"时，头脑相当清醒，研究的对象是"世界上混乱而错综的情况"，只能有所为且有所不为，预先"切割"是负责任的科学态度；而且，配第先生该段文字最后这句话又推进了一步，实质上指出了某些事物的"不可测度性"，并不是什么事物都可以进行政治算术。

基于这种理解，2014年笔者特意提出了"配第切割"（Petty dissection）的理念，所针对的就是那种"测度一切"的无知无畏态度——现在国内外不少人偏执于自己的专业，"手里拎了个锤子，看什么都是钉子"。在社会经济领域，要么把国内生产总值（gross domestic product，GDP）捧得至高无上，要么贬得一无是处，动不动就要创建一个新的合成指标，把"幸福指数"编得五花八门，压根儿不了解经济测度的真正困难所在。强化经济统计意识，其中非常重要的一条，便是尊重"被切割掉的其他"之存在。

1974年，经济学大师哈耶克（Hayek）在诺贝尔经济学奖获奖演讲③中指出：只有可计算的数据才是重要的——这种迷信的后果是，有着"唯科学主义头脑的大多数经济学家"（the scientifically minded majority of economists），几乎把全副注意力都用在"可以计算的表面现象"（quantitatively measurable surface phenomena）上，由此产生的政策，使事情变得更糟。这是对现实的一个基本判断：社会经济现象肯定包含不可计量部分，无视其存在，从而无视"质的知识"（qualitative knowledge），确为哈耶克所批判之"知识的僭妄"。

---

① 指奥格耳爵士 Lord Ogle 的儿子，笔者按原书加此注。

② 参见配第《政治算术》，载《配第经济著作选集》（汉译世界学术名著丛书），陈东野、马清槐、周锦如译，原序第 8 页，北京，商务印书馆。

③ 哈耶克：知识的僭妄（the Pretence of Knowledge）。

哈耶克特别强调无机现象与有机现象的基本划分，而不是文科与理科之分。同时我们还应该注意到，与经济测度密切相关的基本"两分法"还包括实物与服务，硬件与软件，对象与环境，主观与客观，事实与见解[1]，等等，都存在剪不断理还乱的纠缠关系，需要认真地、持续地加以梳理，才有可能获得些许的"认知增加值"。

在社会经济领域，有了"模糊不确定性"和"配第切割"的视角，从学科 360 多年的发展历程看，统计研究应该至少有三条进路[2]，而非将定量与"唯数理"混淆。

3. 国势学进路

全球或者人类面临着百年未有之大变局，中国处于变局的风暴眼之中。国人对国势提出了种种判断[3]，其中不乏真知灼见，但也充斥着不少严重误判。作为专业人士，是否不应对此关系国家和民族命运的争辩无动于衷？是否应该具备坚守本职工作的使命感？回顾经济学领域的拓荒者，二战期间凯恩斯先生身体力行，带领和指导他人（欧文·罗斯巴斯、米德和斯通）研发国民经济核算的综合指标（国民生产总值）[4]，美国联邦统计构建过程也与其时社会经济的起伏密切相关。[5]

笔者就此的一个核心观点：提倡构建"当代国势学"，是全社会提升"识国能力"的迫切需要，基于这个公共品需求，才进而需要经济统计学的学理研究，并不是坚守这个专业阵地的学者离不开这个饭碗。

国际交易和全球治理的错综复杂关系需要深化认知，从专业角度（把事当事）概括而言，一个重要的使命就是需要提升国民，特别是所谓权威人士或意见领袖的经济统计意识，因为种种误判往往是由缺乏经济统计意识和相应的常识造成的。

典型的如所谓的"世界 500 强"之说。国人非常喜欢中国排名的进步，特别是与美国对比看差距逐年缩小，似乎这个排名真的很可靠。然而需要深思的专业问题实在不少。例如，这竟是"500 强"还是"500 大"？究竟应该用什么指标排序？如果将中国银行、中国农业银行、中国工商银行、中国建设银行四大国有银行合并，就可能成为"500 强"之首，然而这种操作有意义吗？用销售额与用利

---

① 网上流传过这样一段话，据说是罗马皇帝、斯多葛学派哲学家马库斯·奥利乌斯所言，我们听到的一切都是观点，而不是事实。我们看到的都是一个视角，而不是真相。（Everything we hear is an opinion, not a fact. Everything we see is a perspective, not a truth）。

② 参见邱东《社会科学统计学者的操守——数据之"据"和应用的"应"》，载《基石还是累卵：经济统计学之于实证研究》（"当代经济统计学批判系列"）2021 年科学出版社，所述见第 35-36 页。

③ 笔者在《基石还是累卵：经济统计学之于实证研究》（"当代经济统计学批判系列"，2021 年科学出版社）中有过多处论述。

④ 参见 Mitra-Kahn B H. 2011. Redefining the economy: how the "economy" was invented in 1620, and has been redefined ever since[D]. London: City University London.

⑤ 参见笔者《社会问题导向的方法论——〈联邦经济统计开发过程背后的论战〉述评》，载《基石还是累卵：经济统计学之于实证研究》（"当代经济统计学批判系列"，2021 年科学出版社）。

润额的两个排名序列有什么差别？意味①着什么？再从结构视角看，各国进入排行榜企业的行业类别如何？其中高科技企业有多少？

看待这些问题的专业基础正是统计分组和指标，其背后便是思考时是否具备本应该具备的经济统计基础性认知。须知，所有排名方法都属于"合成指标"（composite indicator）②，这是用来解决"经济可加性问题"的基本方法之一（另一个就是价值指标方法，也存在不少值得警惕的"测度陷阱"）。在采用排名数据结果时，本应该知晓合成指标的本质属性（预先设定"当量转换"关系）和影响，最主要的是结果的非唯一性，或"可反证性"③，它更多的是一种见解，而非事实。

类似的国势判断问题颇多，就知识体系而论，放眼全球，就需要"继绝学"，构建当代国势学，作为"社会基础结构"的组成部分，这也是当年"社会统计学派"的认知进路。这种学科观点更多地与"数量规律学派""国势学派"相关，与"质的知识""社会认知"相关，与社会经济实证分析（广义分析，即包含综合的分析）相关，偏于"实质性学科"的主张。

用数据表达事实，进而探究其背后的规律，这是我们都熟悉的"实事求是"。需要注意的是，这并不是一个单向过程，在定量分析中，还应该注意到"是求实事"，即要以已有的规律性认知来指导数据的整理和处理。完整过程的定量分析，应该是"是求实事"与"实事求是"相结合，二者多轮次地双向作用，如此才能推进、提升、深化和拓展相应的社会认知。

2015 年诺贝尔经济学奖得主安格斯·迪顿教授于 2013 年在《逃离不平等：健康、财富及不平等的起源》中指出：贫困统计是国家治理机制的构成部分，为了收入再分配，为了努力防止民众在面临厄运时落入困境，贫困统计是正义机制的构成部分。对贫困的统计，也意味着国家将消除贫困及其后果视为自身的责任。它使得国家"看见"贫困，并成为（治理）机制的构成部分，如同政治学家詹姆斯·斯科特的经典说法，得以采用"国家的视角"。通常，没有测度难以统治，没有政治也就没有测度。"stat"出现在"统计"之中绝非偶然。④

---

① 涉及"生产目的"的讨论，"把人当人"。

② 参见笔者《多指标综合评价：方法论反思》。

③ 谁都可以采用有利指标来排序，从而声称自己厉害。

④ 参见安格斯·迪顿《逃离不平等：健康、财富及不平等的起源》，崔传刚译，中信出版社 2014 年中文版。为了更好地理解作者的原意，也请参考如下原文：Poverty statistics are part of a state's apparatus for governing, for redistribution of income, and for trying to stop people from falling into destitution in the face of misfortune; they are part of the machinery of justice. Their existence marks the acceptance by the state of responsibility for addressing poverty and for offsetting its worst consequences. They allow states to "see" poverty and are part of the apparatus that allows what the political scientist James Scott has memorably called "seeing like a state." As always, just as it is hard to govern without measurement, there is no measurement without politics. The "stat" in statistics is not there by accident. 迪顿教授的这本书并不是专门的经济统计学著作，但作为理查德·斯通先生在剑桥大学的学生，经济统计视角和经济统计意识已经成为迪顿教授学术素养不可分割的组成部分，故而书中出现了相当篇幅类似的经济统计学专业论述，笔者以为，这本书完全可以作为经济统计学专业读物。

关于经济统计学的学科作用，"SFD 测度报告"明确指出：①明确福利测度在政策中的作用。②鼓励经济理论与统计实践之间更为活跃的对话。需要"不同学科和学派"（different disciplines and approaches）合作。③揭示通常隐含在"统计实践"（statistical practices）及其现实结果中的假设，"显化通常隐含的假设"（making explicit the often-implicit assumptions）。④开发直接在政策过程中系统应用经济测度的方式。

经济测度实践的认知提升，即所谓"工作经验的总结"，这是经济统计学的"学科生发路径"之一。笔者的《真实链位探索与当代国势学构建》①从经济增长、"国外净要素收入"、碳排放国别责任和文明进程测度等几个方面做了基础数据的定量分析，并由之得出对当代国势的若干判断和认识，或可成一家之言。而且作为一种尝试，刻意不用复杂计量模型，看看"政治算术"的学术生产力究竟如何。社会科学（应用型）本质上是经验科学，属于"好不好"的学科，所谓"好不好"便意味着价值判断，离不开实践检验，不能与"对不对"的学科相混淆。

4."特殊方法论"进路

经济指标也不能简单套用，在经济测度、国民核算和国际比较等宏观统计操作中，都会产生指标的设计、选择和改进等本专业特有的方法论问题，从而或结合或独立地衍生出一个学科进路。本部分主要阐述两个议题。

第一，为什么经济统计的方法论需要专门的学科研究？或者说，为什么经济统计学应该是经济学科群中的独立学科？笔者从以下六个方面回答相关疑问。

1）这是以现代学科细分格局为前提的学科认知和定位

学科细化是现代科学发展的一种趋势，也是社会分工在科学发展过程中的一种表现。经济学从当初的"道德科学"中独立出来，如今已经成为社会科学中的主导学科，是一个相当庞杂的学科群。

当其他分支学科日新月异发展时，作为其基础学科的经济统计学却步履艰难，这显然会造成整个经济学科群的偏态分布和结构性失调，如果不堪重负，则意味着经济学大厦的颠覆性风险。②

2）经济测度之艰难意味着经济统计的学科历史并未终结

通常来说，宏观经济统计是宏观经济学的组成部分，宏观经济学教材的第一章大都为 GDP 统计，也有的教材在第二章还涉及经济统计内容：就业统计和价格统计，此二者与收入统计一起构成"经济统计的三大基础内容"。

---

① 入选 2022 年度国家哲学社会科学成果文库（也是"当代经济统计学批判系列"的一部），2023 年科学出版社出版。

② 正所谓"沙基动摇"（the Sandy Foundation Shaken）。

　　然而，宏观经济学教材在经济统计指标的阐述上存在重大缺陷。为了教材中理论概念结构和模型的接续展开，经济学教授往往集中阐述 GDP 统计的所谓"成熟内容"，这种处理意味着一个基础性假定：GDP 统计不存在测度缺陷和风险。然而这个假定过假，势必会影响到理论概念结构和计量模型的效力[①]。再者，只字不提（隐去了）经济测度的疑难杂症[②]，似乎经济统计非常简单，也造成经济学同行和外行对经济学学科基础的误解[③]，不是"厚基础"却是"薄基础"。

　　最典型的是，曼昆教授对 GDP 指标讲述得非常清晰，其简化的负面作用恐怕也最大。曼昆给出的定义：GDP 是在某个既定时期一个国家内生产的所有最终物品和服务的市场价值。接着分七个小节细致地剖析了这个定义：

　　23.2.1[④] "……市场价值"——价值指标

　　23.2.2 "……所有……"——总量指标

　　23.2.3 "……最终……"——不含中间消耗

　　23.2.4 "……物品和服务……"——商品形态

　　23.2.5 "……生产的……"——产值指标

　　23.2.6 "……一个国家内……"——空间规定

　　23.2.7 "……在某个既定时期……"——时间规定

　　问题在于，如此清晰的定义固然让人一目了然，然而同时是否意味着另一种极致：经济统计学的历史可以终结。我们在学习时需要注意提防其"双刃剑效应"。

　　如果真是测度现实社会，问题本身绝不可能这么清晰。在《全球核算体系 SNA 可持续发展面临的潜在挑战》[⑤]中，笔者提出一个命题——人类共同面临着"测度难题"。首先，经济统计并不像某些所谓学者认定的那么容易，这些测度难题往往"跨世纪"存在着；其次，这些测度难题并不只是经济统计学者单独面对的，如若真心从事实证分析，而非"虚证分析"（即笔者所谓的"大作业"），则社

① 这正是笔者意欲专门从经济统计的学科视角讨论当代经济学的基础性缺陷的动机，列入"当代经济统计学批判系列"，正在写作和文稿整理中。

② 关于 GDP 统计的专门著作林林总总，笔者手头就有：Diane Coyle，GDP：A Biref but Affectionate History.（黛安娜·科伊尔著，邵信芳译，《极简 GDP 史》）；Lorenzo Fioramonti, Gross Domestic Problem: the Politics Behind the World's Most Powerful Number（洛伦佐·费尔拉蒙蒂著，刘路、赵蔚群译，《GDP 究竟是个什么玩意儿：GDP 的历史及其背后的政治利益》）；Ehsan Masood, The Great Invention: the Story of GDP and the Making and Unmaking of the Modern World（伊桑·马苏德著，钱峰译，《GDP 简史：从国家奖牌榜到众矢之的》）；菲利普·勒佩尼斯著，曲奕、王建斌译，《GDP 简史：论 GDP 对世界政治经济格局的影响》。这四本书都有了中译本，不过阅读时最好能对照英文原版，包括书名在内，中文版恐怕有一些译者对原文的独特理解和看法。

③ 一位海归经济学博士出身的大牌教授，居然声称只要半天时间就能搞懂经济统计指标，拿到年鉴数据就可以跑模型了。这种论断恐怕属于典型的"无知者无畏"，试问：不懂经济统计的人怎么可以自誉为"经济学家"？

④ 意为原书第 23 章第 2 节第 1 小节，下同。

⑤ 参见《经济测度逻辑挖掘：困难与原则》（"当代经济统计学批判系列"），2018 年科学出版社出版，第 109-111 页。

会科学研究者和宏观经济管理者断不能置身事外。该文列示了几个典型例证：①价格信号扭曲导致的"经济可加性"问题；②合成指标（composite indicator）中"当量转换"的社会经济意义问题；③"测度边界悖律"问题①。笔者在2021年还做了相关讲座："GDP测度的十大疑题：隐含的经济统计学学理启示"②，"测度难题"也是对人类的一种智力挑战。

我们还应该认识到，仅仅通过强化数理工具，恐怕无法真正化解这些"测度难题"，只有数理统计确实破解了这些经济测度难题，学科"替代"才可以成立，唯到彼时，扼杀经济统计学才顺理成章。

3）注意经济统计学的学科内容层次，以明确经济统计方法论研究的重心

众所周知，各种国际组织就各种社会经济统计制定了相应的手册，各国按照所谓国际标准进行各种经济测度、国民核算和国际比较，数据用户则享用其"数据公共产品"，各种数据分析大行其道。这种标准化的过程给人们一种假象，似乎经济统计方法的研究已经足够用了，剩下的只是执行国际专业标准而已。

如果从经济统计学的内容层次看，国际组织的经济统计专业手册仅仅阐述了"如何操作"的问题（how question），其中当然也会涉及最基本的为什么如此操作的问题（why question）。但远远不够，手册多数内容应该属于经济统计学科的初级层次，而中级层次的学科内容应该较为系统地阐述：为什么如此操作及其隐含问题（why not question）③，而高级层次的学科内容则应针对学科体系的"内部一致性"和"外部一致性"。而且应该认识到，即便初级层次的国际统计标准，也是方法争论的阶段性结果，本质上是一种认知妥协，而非绝对真理，中级层次和高级层次的学科对争论和方法演进至关重要，不可忽视。

由此可知，仅仅熟悉国际组织的各种经济统计手册，在学理掌握上还不够。而且，即便是专门对经济统计方法论的探讨，也仍然存在进一步思考和探索的空间。斯蒂格利茨教授主持了"SSF测度报告"（2010年）和"SFD测度报告"（2018年），报告研发团队的学者阵容相当强大，囊括了世界一流的专业学者，也取得了经济统计认知上的重大进展，但还不是终极成果，遗留了不少测度疑题。笔者针对性地撰写了《经济测度逻辑挖掘：困难与原则》和《基石还是累卵：经济统

---

① 参见邱东《宏观测度的边界悖律及其意义》，载《经济统计学科论》，中国财政经济出版社2013年版。

② 1965年诺贝尔物理学奖获得者理查德·费曼（Richard Feynman）曾提出一个观点——相信"怀疑是首要的"（the primacy of doubt），这不是我们"认识能力的缺陷"（a blemish on our ability to know），而是"认识的本质"（the essence of knowing）。

③ 需要注意的是，在各种测度手册形成和修订过程中，参与讨论的相关论文属于中级层次的研究。可惜多数类似成果没有得到系统化的理论和方法深加工，故而笔者认为这类论文资料属于经济统计方法论研究中的金矿，需要专业的"自愿者"潜心梳理和认知提升。在《全球核算体系SNA可持续发展面临的潜在挑战》第2.3小节，笔者提出了SNA研究"一般化工作"的六个方面，参见《经济测度逻辑挖掘：困难与原则》（"当代经济统计学批判系列"）第105-106页，2018年科学出版社出版。

计学之于实证研究》，既肯定了其研究进展，也提出了若干需要深入、拓展和提升的课题。

4）经济统计方法论基础性研究的成本效益分析——一种知识公共品的供给困境

在《货币购买力国际比较研究的格局》①中，笔者分析了为什么国际比较项目（international comparison program，ICP）研究集中于购买力平价（purchasing power parity，PPP）汇总方法的几方面原因，其实这些原因同样可以解释，为什么人们如此热衷于计量分析，却同时又如此轻视经济统计方法论的基础性研究。

首先，计量分析模型显得研究的"技术含量"相对较高；而经济统计指标的思辨更靠近哲学、复杂经济学和社会认知理论等，虽然思维难度较大，但表面上技术含量却较低。

其次，计量分析的"成果显示度"比较高，数据和图表比较醒目，同时数据结果的证伪也比较困难；而分类和指标原理的辨析则需要人文社会科学的广度和深度基础，理解起来并没有那么顺畅，思想的深奥容易让人敬而远之。

再次，计量分析的"学术生产率"相对较高，计量方法本身得到了长足发展，计量软件乃至 ChatGPT 也可以助力，如果模型操作者的数理基础好，往往可得"一通百通"之便，模型调试时操作者的自由度相对较大；而方法内在的思想逻辑却需要提升、深化和拓展，逻辑虚搭不易被发现，节点的真正衔接往往费时费力。恰如图基先生所言，举步维艰。

最后，几十年来国民核算的发展，为计量分析奠定了较为系统的数据基础，数据的投入和产出形成了正反馈循环；而国民核算体系（the system of national accounts，SNA）成型后，当时经济统计研究能力可以达成的指标认知已经到了一定水平，遗留下来的"疑难杂症"却只能搁置，留待后人处理。"低枝果实"（low-branched fruit）被采摘得差不多了，人们很少愿意去攀高枝采摘，不仅成本高，而且风险大。

经济学人尤其精通"经济人理性"，知道在社会分工中如何选择对自己更为有利的工作，即便是学术分工，多数人也不能免俗。

5）"特殊方法论"这个说法并不是中国学者别出心裁

高庆丰教授告诉②我们，德国统计学家齐泽克（Franz Žižek，1876—1938）在1921 年所著的《统计学原理》中，将统计方法论分为"一般方法论"和"特殊方法论"，前者处理一切统计及其研究的共同的基本方法问题，后者处理人口、经济、道德等各门统计及其研究所特有的特殊方法问题。换言之，前者即通用科学

---

① 见《国际比较机理挖掘：ICP 何以可能》，科学出版社 2023 年出版。

② 参见高庆丰《欧美统计学史》，中国统计出版社 1987 年版第 133 页。

方法论，后者即社会科学方法论。他试图将两种方法论都包括在统计方法论中。由此可见，"特殊方法论"的说法已经产生了至少 100 年。

6）对冲对经济统计学识的"集体无意识"

笔者之所以专门强调社会科学文献中的经济统计相关内容，是因为不少社会科学工作者在"研究"时往往无视统计学不可或缺的基础作用，越过了对经济变量的深究，就一头扎进模型的计算中，在数字和公式之间打转转，对经济统计学处于某种"集体无意识"的状态，将"知己知彼"的制胜底线虚置，仅作为口头上的大道理而不落实，故而需要对冲这种偏执，以在动态中求得认知的平衡，哪怕强调经济统计学本身也成为一种偏执。

第二，经济统计学作为"特殊方法论"主要包含哪些内容呢？

学科的碎片化发展导致学者研究偏重微观，易入狭隘之陷阱，不易把握学科格局，对宏观型学科、综合型学科尤为不利。所以特别需要讨论、阐述和概括学科内容格局。

笔者在《经济统计学：从德国传统到当代困境》中做了框架性阐述。①经济统计学的范式转换。②经济统计学的三种主要学科观念。③经济统计学的基本算法及学科意义。④三大类指标及其约束。⑤经济测度悖律。⑥现代经济统计学的研究重心：经济增长还是社会福利。⑦经济统计学的发展：外生与内生。⑧经济统计学的发展：结构与层次。

为了便于外专业的学者理解经济统计学，笔者概括了经济统计的"学科八个字"（4M）：意义[meanings（implications）]；事件、问题（matters）；方法（methods）；机理[mechanism（organic analysis）]。

或者，将经济统计学科的初级、中级内容稍加展开为另一种概括表述：W4WHW。同样是四个方面。W：为什么要做这个研究？意义何在？（即学科的相关性）。4 W：研究对象的界定（定义域），类似"新闻四要素"——谁 who、什么 what、时间 when、空间 where。H：怎么做定量，用什么工具（方法）？（如各种手册主要属于初级内容）。W：为什么可以用这个工具？为什么定量结论可靠？其核心要义是，从"手册"（handbook）上升为"脑书"（headbook）。

至于学科的高级内容主要有两个方面：诸测度间的关系，即学科的"内部一致性"，如 ICP 与 SNA 的协调；经济统计学与相关学科关系，即学科的"外部一致性"，如宏观经济学与宏观经济统计。不论如何理解和概括，都需要对学科内容做从薄到厚的拓展。

笔者还概括了宏观经济统计三大主体内容（MAC）：经济测度（economic measurements）、国民核算（national accounting）、国际比较（international comparison）。对三者关系做如下的理解和解读：①经济测度是经济统计的主体，两个概念有时甚至可以混用，有时因阐述重心不同而需要加以区别。②国民核算是"紧致的经济测度"。或者说，国民核算是能够形成综合平衡关系（闭环）的一组经济测度。不宜将国民核算与经济统计学等价视之。例如，收入分配测度是现代经济统计的重心，但将之纳入核算体系颇有难度。"超越 GDP"不过是"超越 SNA"的婉转说法。③比较是经济统计的本质，经济测度即是将社会经济现象的某个方面与相应的经济测度标准做一对比，所以经济比较隐含在经济测度中。不过，在经济统计中还有专门的比较项目，其中最大的就是 ICP。

在《经济统计学：从德国传统到当代困境》中，笔者还用"未完成的 W"概括了 360 多年经济统计学的发展大势，W 的上层着重于社会经济维度和统计的必要性，上面的三个点分别是国势学范式、社会统计范式和未来超越 GDP 的新范式；W 的下层着重于经济维度和统计的可行性，下面的两个点分别是政治算术范式和现代国民核算范式，我们现在处于 W 的右侧上下两个点的中间，即意欲超越 SNA 范式尚不得。

海外经济统计研究的文献也有相关的概括性阐述。罗考夫教授概括了库兹涅茨①以下四个方面的创造性：①各种不同来源的数据如何结合，以得出有说服力的估计②；②探讨对测度造成困难的各种经济和哲学事项；③展示基于估计的有关经济发展的重要问题；④对一代经济学家作为"学者型导师"（scholar-teacher）典范的作用。罗考夫凸显了库兹涅茨作为经济统计学大师的专业贡献，从中可以提炼出"问题—数据—方法—方法论—问题"多元、多链条、多轮次的全过程。

Dale W. 乔根森教授在 2018 年发表《生产与福利：经济测度的进步》，对经济统计方法论研究的进程做了概括性阐述。③论文包括六个部分。①概要：1.1 生产测度、1.2 福利测度、1.3 论文主线。②主要机构：2.1 联合国统计委员会、2.2 国际标准、2.3 国家统计机构、2.4 结论。③生产：3.1 生产账户、3.2 收入、支出和财富、3.3 产业水平生产、3.4 复合性修订、3.5 国际比较、3.6 国际比较项目、3.7 新世界秩序、3.8 产业水平生产账户、3.9 产业增加值、3.10 全要素生产率、3.11 经济增长来源、3.12 增长的国际比较、3.13 产业水平的购买力平价、3.14 生产率差距、3.15 世界投入产出数据库、3.16 结论。④收入、储蓄和财富：4.1Stiglitz-Sen-Fitoussi 报告、4.2 分配信息、4.3 个人福利、4.4 个人间比较、4.5 社会福利、4.6 分配测度和国民账户、4.7 平等与生活标准、4.8 社会福利的其他观点、4.9 结论。⑤超越 GDP：5.1 数字化、5.2 超越国民账户、5.3 账户的卫星体系、5.4 可持续发展、5.5 终身劳动

---

① 作为米切尔先生的学生，库兹涅茨教授并不是国民收入概念及其测度的首创者，但在经济统计领域乃至经济增长研究中他有着举足轻重的地位。

② 库兹涅茨先生的实践操作经历告诉我们：你就是搞数据的！别只以用户自居！罗考夫教授的四条概括中，第二方面对应着"特殊方法论"进路，第三方面对应着"国势学"进路。

③ Jorgenson D W. 2018. Production and welfare: progress in economic measurement[J]. Journal of Economic Literature, 56（3）: 867-919.

收入、5.6 生命循环的阶段、5.7 复合型财富、5.8 可持续发展目标、5.9 超越 GDP 的福利、5.10 OECD[①]的更好生活项目。⑥经济测度的进步。

这篇综述性论文是乔根森教授的收官之作，从中可以概览经济测度的发展格局。在某种意义上，也可以看作世界级大师和他的团队长期从事经济统计方法论研究的里程碑。

5. 应用数理统计进路

如今好多数理统计专业的学生愿意到社会经济领域搞应用研究，这是统计学科发展兴旺的动力之一，当然值得欢迎。然而也要提防一种学科误解，统计学作为通用数理工具"放之四海而皆准"，混淆了"皆可用"与"皆准"。这里的关键问题是，究竟如何处理数理统计与经济统计的关系。

作为一个相关议题，我们来思考复杂性在应用正态分布概念时的现实含义。若随机变量 X 服从一个数学期望为 μ、方差为 σ^2 的正态分布，记为 $N(\mu,\sigma^2)$。其概率密度函数为正态分布的期望值 μ，决定了其位置，其标准差 σ 决定了分布的幅度。在这个表述中，"位置"和"分布幅度"这两个词隐含着（意味着）一个坐标系的先验存在。或者说，正态分布成立的前提是：相应的坐标系在应用意义上被正确地确立。

需要拓展思考的问题是：这个坐标系在现实多元事物中是否唯一？或：多维空间中这个坐标系可以有多少种选择？若"不唯一"或"可多选"，是否意味着：基于正态分布的推论在具象空间中并不能随意推广？所谓"独立""同分布"的要求，含义是否为对结论和数据结果推广的某种约束？数理与事理，相反相成，相成相反。笔者认为，类似的思考还大有拓展的空间，社会认知上并没有那么多天经地义。

人类并没有那个本事，让现实服从于抽象理论。例如，把政治因素从经济现象中剥离，从而政治经济学可以"净化"为经济学，其实往往是在抽象空间里做文章。同样道理，笔者认定，数理统计在社会经济领域中应该是"应用"而非"取代"，是"交叉"而非"单调"，是"结合"而非"唯一"。那么究竟如何理解"应用"，最起码的一条，它绝不是"套用"。

在数字技术革命的时代大潮中，如果仅仅"套用"的话，与 AI 相比，生物人的专业前途又在哪里？作为"师者"，当为学生的真实学术出路考虑，而不应该将学生逼到形式化和模式化的科研套路中，用外部科研评价代替或凌驾学科内部的学术良知，否则，搞了一辈子研究，却不知科学研究究竟为何，岂不是学人的一种沉沦？

强调"相应"的进路，应该是借用"数理"去挖掘"事理"。提出与"数理"

---

① OECD 全称为 Organisation for Economic Co-operation and Development，经济合作与发展组织。

相对的"事理"，并试图深入剖析二者的纠缠关系，这是笔者多年批判"唯数理"观念的一个体会，公然地提出或强调了一个新概念，有的学者断然否认我们进行概念创新的学术权利，然而如果真心提倡独立思考，作为学科基础的概念梳理是不可或缺的。

还需要指出的是，如果我们认真阅读经典，往往会发现，我们如今仍在苦苦思索的学科问题，前辈其实已经有了比较明确的认知[1]。中国人民大学高庆丰教授告诉我们：新社会统计学派的代表人物、德国统计学家孚拉斯科波先生在 1949 年出版的《普通统计学：统计学基础》中，倡导"事物论理与数理论理平行论"和"统计认识目的的二元论"。在他看来，事物逻辑（或形式逻辑）和数理逻辑可以并行不悖地应用在统计分析之中。[2]再读高教授的史学著作，笔者意识到，所谓"事理""数理"辨析之说恐怕在早年读史时已经埋下了思想的种子。

那么，循着应用数理统计这条进路，究竟应该如何作为？如何让方法之用"相应"？笔者这些年撰写了系列论文，以释何为应用之"应"，主要有以下五篇。

《社会科学统计学者的操守——数据之"据"和应用的"应"》[3]，该文包括五个部分。①数据的效用相对性及其拓展思考：1.1 数据的"效用相对性"、1.2 数据处理的主体预设、1.3 数据效用相对性的拓展思考。②数据之"据"、应用之"应"与职业操守：2.1 数据之"据"与领域科学、2.2 应用之"应"与外部一致性、2.3 应用之"应"受到的约束其实最多、2.4 不应该理直气壮地搞"虚证分析"、2.5 对圈内所谓数据科学的三点评论。③社会经济计量陷阱与批判态度：3.1 社会科学计量没有等号、3.2 社会经济计量离不开假设、3.3 政治算术有其所长、3.4 国际经济统计的四种经济测度偏误、3.5 GDP 幻觉："增加值"还是"获取值"？④经济统计学的科学格局：4.1 关注经济学（母科学）发展中的不足与重视"事理科学"、4.2 建立学科格局的重要参考文献、4.3 经济统计研究循环与学科定位。⑤社会科学统计学者的历史担当：5.1 为什么需要"社会科学统计学"？5.2 经济统计除了 SNA 还有什么？5.3 经济统计学的层次提升、5.4 问题导向——亟待研究国势。

《数据科学在社会经济领域应用的重心：兼评〈十字路口的统计学，谁来应对挑战〉》[4]，该文阐述[5]了数据科学在社会经济领域应用时的三个主要问题：究竟是偏重于"随机不确定性"，还是同时关注"模糊不确定性"；偏重于"数据分析"，还是同时关注"数据整理"；偏重于"方法导向"，还是关注于"问题导

---

① 当然，这种认知并没有引起后来人的重视。所以需要老生常谈。

② 高庆丰，《欧美统计学史》，中国统计出版社 1987 年版。这部著作对国势学和政治算术的阐述较为系统，史料最为翔实，中文统计史著作无出其右。

③ 列入"当代经济统计学批判系列二"，2019 年第二十次全国统计科学讨论会大会报告。请注意论文标题的"拆词达意"的思考路径，这是东方文化的一个优势，翻译时注重选字选词的深意，非常考究。

④ 载于《计量经济学报》2021 年第 2 期，人大复印报刊资料 2023 年第 3 期全文转载。

⑤ 该文也就美国国家科学基金会的统计学科报告做了述评，肯定了其学科发展见解，也就其不足提出了意见。

向"（偏重于教材方式，还是实证论文方式？）。

当代统计学方法大师级人物图基（Tukey）教授 1962 年在《数据分析的未来》中说过一段话。他明确指出了"数据分析"的两条道路：一条是解决实际问题的坎坷道路，另一条是由"不实假定、武断标准和没有实际附着的抽象结果"（unreal assumptions，arbitrary criteria，and abstract results without real attachments）构成的坦途（the smooth road）。可见，搞应用并不简单，其实面临的非规则性约束最多，是与搞"纯科学"相异的另外一种维度的"困难"。图基先生的警告是 60 多年前发出的，反思一下，我们多少学者和研究生在这条坦途上得意前行。

再看美国统计学学科报告（2019 年）的"调查结果和建议"。①确定实践的重心作用；②强调对社会的影响；③独特作用是为更好的实践做研究；④应该迎接开放的重大挑战；⑤学科评估需要转型，更关注"稳健性"（stability/robustness）、"可再现性"（reproducibility）、"公平性"（fairness）、"计算可行性"（computational feasibility）、"经验证据"（empirical evidence）和"领域科学"（domain science）中"已经证明的影响"（proven impact）；⑥需要训练"批判性思维"（critical thinking）等现代技能。这些建议表明，统计学发展的重心的确需要转移。为什么国内业界对这份报告持一种漠视的态度？我们在专业教学实践中究竟应该如何回应之？

《格局·相关性·方法论：领域应用中统计研究的聚焦》[①]是上文的续篇，是更为一般化的阐述，包括三大部分：①对研究格局的认知和把握：1.1 一般性地描述知识状态迁移的格局；1.2 分析统计学在人工智能时代所面临的严峻态势；1.3 强调纯理论、纯方法论研究与应用研究的区分；1.4 提出区分"定量分析小循环"和"定量分析大循环"。②"应用统计方法研究"的相关性：2.1 相关性在应用统计方法研究中的必要性；2.2 从论文结构角度说明如何用定性分析保障定量的相关性；2.3 从三个领域说明因果关系探索与相关性；2.4 打破计量模型"错但有用"的迷信，追问应用研究的"应"之所在。③方法论——"应用统计方法研究"。3.1 "数据"不仅仅是"数字"。3.2 统计方法应用经验的概括：过程中的方法论思考。3.3 为什么在应用过程中"方法"还需要"论"。3.4 事理逻辑的真实连接："定性—定量—定性"的大循环。

需要强调的是，即便是数理方法应用，也需要进行方法论研究，因为方法是活的，方法论是有生命的。"应用方法论要素"包括方法产生的背景和格局、方法的设计理念和意义所在、方法构建所需要的基础性概念及其关系、方法应用所依赖的假设和条件、方法成立的逻辑机理（如各概念节点如何切实链接等）、适于方法应用的场域及其范围、诸方法比较中的优点和缺点（局限性）、方法之间如何互相借鉴优化，如此等等。

---

① 载于《计量经济学报》2023 年第 1 期，人大复印报刊资料 2023 年第 3 期全文转载。

　　总体来看，方法论研究应该是分层次的动态演化过程，"应用统计方法研究"要为"纯方法论研究"提供背景资料和案例，也要为特定领域的量化分析提供工具支撑，是统计方法应用到各领域的坚实桥梁，故而需要应用过程中的方法论研究，否则，就难取得高质量的实证分析成果，也难有统计方法自身的可持续发展。

　　方法论发展是方法与其应用互相促进、多轮次的完整过程，从特殊到一般，从一般到特殊，构成了这个完整过程的两个方向相反的子过程。故而，在方法的应用过程中，还需要进行某种逆过程（具象过程）——与方法构建中的抽象过程方向相反，即需要将特殊场景因素再添加回来，需要让一般化的方法"脚踏实地"，让理论与实践真正打通。故而在学习方法时需要明确其所包含的假设及其影响。因其一般性，方法自然放之四海皆可用，但不等于放之四海而皆准，不能将"可用"与"皆准"混为一谈，准不准，就得看"用"得是否"相应"。

　　在《〈为 21 世纪经济统计的大数据〉述评——"美国官方经济统计基础结构"的演化及启示》中，笔者从十个方面对《为 21 世纪经济统计的大数据》的序言做了述评。①《为 21 世纪经济统计的大数据》概况。②文集序言《为 21 世纪经济统计的大数据：未来在即》的主要内容。③应该特别注重"基础结构"（infra-structure）这个核心概念。④密切关注"数据格局"（the data landscape）[①]的演变。⑤大数据与经济统计结合的 20 年探索及其启示。⑥经济统计变革与时局的高度相关性。⑦大数据与经济统计如何结合——方法论挑战与推进。⑧研究项目总结：推进经济统计中大数据应用的挑战和应对措施。⑨大数据与经济统计"如何结合"的方法论研究是持久性议程。⑩经济统计与大数据交叉、结合研究的学科意义。归结而言，该文重点探讨"美国官方经济统计基础结构"的演化及启示。

　　在《从"数据专制"到"数据吃人"：人工智能极化的资本逻辑——基于"国势学"视角的"深度学习"与解读》（待发表）中，笔者认为 ChatGPT 袭卷全球，好多人被"带节奏"，颇有一哄而起的意味。人类让机器"深度学习"，自己却放弃了"深度学习"，这主要表现为：①迷信数字技术到了奉其为宗教的地步，没有尝试去深究所谓"涌现"的内涵机理；②更是将"数理"直接、全然当作"事理"，没有充分意识到，自然过程与社会过程并不等同；③似乎人类是作为一个整体在面对着人工智能的冲击，忘记了我们生活的时代大背景，即超级帝国试图独霸全球，诸多"他国"努力抗争。就解读和应对人工智能的涌现而言，"国势学"的视角决不能放弃。

　　该文集中论述人工智能发展的负面影响，对其正面影响不再赘述，刻意构造

① 格局重于观点（point of view），观点不如"观域"。还有格局（或者与"观点"相对，就称之为"观域"？概念的创新往往意味着思路的创新）的英文表述，landscape of view，或 domain of view？

这种"偏态",意图是求得与众多正面响应相平衡的动态认知。全文共四节,第一节从三个方面论述为什么要思考 ChatGPT 的冲击与可能应对;第二节从机理角度讨论①到底是机器的智能(无中生有),还是人的智能(有中生优),以及这种争论的意义究竟何在;第三节是文章的主体,强调被忽视的另一面,即人工智能极化的逻辑意味——对全人类的相成(是)背后的相反(非);第四节从"国势学"视角深入剖析人工智能的态势,若要将国家发展的"天经"与"地义"相结合,这个视角不可或缺。

由以上阐述②可见,笔者并不反对数理统计进路,只是如果真正搞"结合"、搞"应用"、搞"交叉"的话,需要注意哪些问题,对此必须提出警示。对于刚刚从数学和概率统计专业跨入社会经济领域的从业者,希望这些阐述能够起到专业识别和提醒的作用。应用之"应"要义在于:尽可能厘清社会现实中数理逻辑与事理逻辑的纠缠,而"套用"则是用数理逻辑替代事理逻辑,同样是"用",一字之差,却大有不同。

最后强调两点:第一,自序的多数内容在"当代经济统计学批判系列"中有所阐述,这里的重心是从学科进路的视角做内容的逻辑链接;第二,所谓"学科三进路"在经济统计实践中往往需要且应该相互结合进行③,对之的分析④,用意在于强调经济测度的基础作用,明确"经济统计意识"作为经济学素养的必要性,尤其是要呼吁,"特殊方法论"进路在社会经济领域的统计中不应该被淹没、被忽视。

---

① 技术素人可以以第一性原理为指导参与争辩,拉低辩题的逻辑起点,关注底层逻辑的链接。

② 笔者关于数理与事理的讨论纳入了本书("当代经济统计学批判系列"),2024 年由科学出版社出版。

③ 参见邱东《社会科学统计学者的操守——数据之"据"和应用的"应"》,载《基石还是累卵:经济统计学之于实证研究》("当代经济统计学批判系列"),2021 年科学出版社,所述见第 35-36 页。

④ 这里是狭义分析,在社会科学论述中,很多所谓的"分析"其实是广义的,即包含了综合与狭义分析的"分析"。典型的如约瑟夫·熊彼特的《经济分析史》三卷本,书名中的"分析"就必定是广义的。

目　　录

第1部分　学科专论中的事理数理关系思考

数据科学在社会经济领域应用的重心：兼评《十字路口的统计学，
　　谁来应对挑战》……………………………………………………… 3
格局·相关性·方法论：领域应用中统计研究的聚焦……………… 22
新时代中国特色统计学问题研究与国际统计标准的中国参与……… 45
中国不应在资源消耗问题上过于自责——基于"资源消耗层
　　级论"的思考…………………………………………………………… 51

第2部分　事理与数理关系的读书笔记

因果推断之"意外"……………………………………………………… 75
2021年诺贝尔物理学奖对经济测度的启示………………………… 81
哈耶克《知识的僭妄》对经济数量分析的启示……………………… 87
对模糊聚类分析的四点质询…………………………………………… 96
迪顿教授揭示经济测度的风险——《逃离不平等：健康、财富及
　　不平等的起源》的经济统计学视角解读………………………… 101
英国画家画不好澳大利亚的桉树…………………………………… 105
"四大"的工作经历值多少钱——透视经济统计中的"可测性偏误"… 108
一网打不尽——关注国际经济统计中的"财富隐匿偏误"………… 111
古典概率，为什么要从掷骰子抛硬币说起？……………………… 115
科伦索的"宗教算术"………………………………………………… 117
茶中问学——生活经验激发的推断问题…………………………… 121
测度之"度"泛思（三则）…………………………………………… 124
《因果推断初步：微观计量经济学导论》序……………………… 129
为《统计学的道》喝彩………………………………………………… 134
经济增长统计的一个范本——阿吉翁《创造性破坏的力量：经济剧变
　　与国民财富》述评………………………………………………… 136

第3部分　"一事一理"之论笔（essay）

经济统计随笔应该具备的四种品质………………………………… 153

"奥卡姆剃刀"头顶高悬——在场者务请当心·····················157

"吸烟有害健康",这个因果推断理所当然吗?·····················163

"太极阴阳球"可能存在吗?·····················168

从"秃头悖论"说起——模糊思维对经济测度的启示·····················170

究竟哪种薪酬模式好?——数率演变的出人意料·····················175

淋浴花洒的精选与计量模型效用·····················178

社会经济计量中的"距离"需要多元解读·····················181

哪止一碗面——外部性究竟怎么测度?·····················186

大学的录取线该问谁——"自反性"与社会经济测度·····················189

捐十个亿都行,就是汽车不行——"支付意愿法"隐含的测度风险·····················192

画大人腿的小孩·····················195

从"小鸡炖蘑菇"到"腌笃鲜"——因素分析的滑铁卢,或者
"钢锯岭"?·····················197

从"补品悖境"看经济统计中的因素分析·····················200

"人口总数",这类加法难在哪里?·····················203

从 material 的两种词义看经济测度的重心转移·····················208

第4部分 对事理与数理关系的早期思考

论统计指标构造中的十大要素·····················213

中国人口地区分布的几个统计量——人口密度系列指标的构建与分析··········220

贫困的三维测度观:贫困测度准则的再思考·····················226

从增量的分解看贫困测度指标的性质·····················231

套用经济学模型的可能陷阱——读凯根《三种文化:21 世纪的自然科学、
社会科学和人文学科》札记·····················236

成本效益分析的几条软肋·····················243

话说没头没尾的"大作业"·····················249

从市场实现看应用统计方法研究的桥梁作用·····················255

"LKS 报告"对经济统计学的启示·····················260

反对"唯数理"的统计学科观·····················264

后记·····················271

第 1 部分　学科专论中的事理数理关系思考

数据科学在社会经济领域应用的重心：兼评《十字路口的统计学，谁来应对挑战》①

摘要：社会经济领域是数据科学应用的主要场合之一，如何把握该领域中数据科学的学科格局及其重心，是制定和实施学科发展战略的一个基本问题。本文从我国经济统计的切实需要出发，结合《HMYW 2019 统计学报告》中的重要观点，讨论了数据科学在社会经济领域应用的学科格局。本文提出"数据整理方法"、"模糊不确定现象"和"问题导向"是大数据时代数据科学在社会经济中应用时应该把握的三个重心，并分析了各自的重要性和关键点。最后，本文对数据科学未来的发展重心和战略调整进行了探讨。

关键词：数据科学；社会经济；统计学；学科发展；大数据

在大数据时代，数据科学发展非常迅速并且得到广泛的应用。笔者认为，数据不是数字，数据之"据"决定了其社会意义。应用不是套用，应用的"应"代表了力求与研究对象相应（即理论和方法的"外部一致性"）的基本要求（邱东，2019b）。基于这两点基本认知，本文讨论数据科学在社会经济领域应用的学科格局。

1 学科格局的"相关性"与重心把握

1.1 基本数据反思对学科发展的启示

本文从中国对数据分析的重大需要说起②。

---

① 本文原载于《计量经济学报》2021 年第 2 期，本研究受基金项目资助：2019 年度国家社会科学基金 "加快构建中国特色哲学社会科学学科体系、学术体系、话语体系" 重大研究专项 "新时代中国特色统计学基本问题研究"（19VXK08）。初稿写于 2019 年 12 月。2020 年 9 月第二篇形成后，曾寄送天津财经大学肖红叶教授审阅，得到充分肯定，并应时任厦门大学王亚南经济研究院院长洪永淼教授邀请，笔者以此为专题在厦门大学计量经济学与统计学 "邹至庄讲座" 系列做过系统报告，本专题也在江西财经大学、浙江工商大学、山东工商大学、湖南工商大学、湖南师范大学、东北财经大学做过时间长短不一的报告。2020 年 9 月，洪永淼教授将其与汪寿阳教授合作论文《大数据、机器学习与统计学：挑战与机遇》的文稿发给笔者，本文第三次修订时将该文作为重要参考。特置于此，一并表示感谢！

② 地球自转是其实现对太阳公转的必要方式，如果不许地球自转，也就等价于不允许地球公转。同样道理，从国家角度出发分析学科格局并不是某种狭隘的思维，也不是对科学问题刻意添加主观意识。

当今世界发展面临重大变局，而中国处于风口浪尖之中。美国发动发达国家和相关新兴国家围堵中国，表面上是逆全球化而动，究其实质是不是在搞"去中国化的全球化"，这尤其值得国人深入分析。中国的国家声誉受到一些反华势力的百般诋毁，严重影响了中国与世界各国的正常交流。在这个关键时刻，中国统计学界不应该袖手旁观，对于国外民间对中国发展的误解和刻板印象，也需要对中国社会经济数据进行合乎情理的分析，给出真相。

例如，碳排放统计。国际组织只是按总量列示"碳排放"大国，中国总是被排在第一位。长此以往，就连国人自己都觉得理亏，似乎中国真的损害了世界人民。其实，这里有一个按什么指标排序的选择问题，仅仅考察碳排放总量，貌似客观，实则并不合理。

如果切实认定人权平等，循着"丁仲礼之问"的思路，考察"人均排放量"，按照国际组织给出的基础数据口径，2019 年中国在前 15 个碳排放大国中仅仅排第 10 位。回想十年前气候变化问题的国际谈判，如果不是丁仲礼院士的坚持，中国仅在 2020 年一年就需要额外支付 1 万亿美元去购买所谓的碳排放权。然而，仅考虑人均指标还不够，更能揭示真相的是"直接责任国"与"实际责任国"的区分。中国工业生产量大，且多数产品生产处于全球产业链的低端和中端。从事初级生产，也承担着更多碳排放的角色，这是全球分工格局所致，碳排放中的相当部分其实是服务于全球消费者的需求。因此，别国在进口中国工业品时，减少了如若由本国生产势必造成的"碳排放"，实际上是对中国输出了"碳排放"。在国际贸易中存在着隐性的"污染输出国"。一般而言，如果不是发展中国家从事低端产业，发达国家就需要在其国土上从事所谓"非清洁生产"①，"碳排放"责任就无法转嫁给别国。因此，邱东（2020）提出"多生产多排放"的责任辨识思路，计算"单位制造业增加值碳排放量"，这样，中国的全球排名就在十名之后，碳排放的实际责任并没有那么大，由此可见，"碳排放总量"所示的"事实"在真实责任辨识上存在严重偏误。

这个典型事例告诉我们，在社会经济计量②中，统计指标的选择与应用往往是有立场和态度的，所谓"典型化事实"（stylized facts），究竟如何概括事实，势必隐含着行为主体的立场，从而未必能完全反映客观现实。即便国际通行的指标，也不能完全描绘出具体事实。与其他国际规则一样，世界统计规则往往由发达国

---

① 到目前为止，人类尚无法完全取缔"非清洁生产"。

② 美国古生物学教授斯蒂芬·杰·古尔德（Stephen Jay Gould）指出，科学运用纯粹无偏见的观察作为发现自然真理的唯一的、最终的方法，这个独特的观念是我这一行基本的（且相当有害的，我将论证这一点）神话。科学哲学家汉森（Hanson）认为，"理论的蹄印"（the cloven hoofprint of theory）必然会侵入任何观察方案。达尔文对"客观"记录这一神话有过这样一段评论："观察若要有用的话，那它必定要么支持要么反对某种观点，有人竟看不出这一点，真是太奇怪了。"（以上三段语录均引自古尔德《刺猬、狐狸与博士的印痕：弥合科学与人文学科间的裂隙》）第 44-45 页，商务印书馆 2020 年中文版。

家的专家制定或主导。他们多数秉持职业精神，但毕竟精力和时间有限，未必能切实打破其生活、工作环境所带来的认知局限①。从而，国际规则切实基于全球格局达成公平，相当困难。

了解了社会经济数据背后的形成背景，我们就应该警醒，并不是国际规则必须完全照搬，也不是抓到手的数据就能用，特别是基本数据，偏误可能产生无法估量的决策放大效应。如果不做深入分析，如果不探索更为科学的测度格局和视角，很可能被隐含谬误的数据污染，进而误导决策，导致本可以避免的社会危害。

科学无国界，但在人类追求福祉的过程中，国家始终是一个基本的利益单位。这意味着，发展中国家从事经济统计时，既需要遵守规则，又需要注意如何争取改进规则，以真正反映出本国的实际状态，经济统计是一种具备层次特性的非实物公共产品，是一个国家"社会基础结构"的重要组成部分，也是国家"软实力"（soft power）的重要支撑。知己知彼百战不殆，高质量发展基于高质量的国势研判，从而中国的社会经济统计还需要大补课，还有大量的测度陷阱需要我们去揭示，还有不少的指标机理亟待我们去挖掘，任重道远。

大数据兴起、人工智能方兴未艾，所谓"前沿方法"肯定会成为社会经济计量的得力工具，但能否替代常规的社会经济统计，这取决于揭示测度陷阱和挖掘指标机理的功能能否照常实现。知识生产有两个基本功能，除了认识世界，还要改造世界，让知识服务于人类的福祉。千里之行始于足下，宏伟目标功在手头。从而，我们对学科格局的"相关性"思考尤为重要。由于学缘和学科功能取向的不同，这种把握学科格局的努力常常会引发不同的认知，从而需要严肃的学术讨论，需要开放和包容的文化氛围。

1.2　本文对大数据时代统计学学科格局的思考

数据科学应用的一个主要场合应该是社会经济领域，在此领域中对学科格局及其重心究竟应该如何把握，是制定和实施学科发展战略所不能忽视的一个基本问题。

几年来，笔者对大数据时代统计学科格局的相关问题持续进行了思考。2014年笔者提交了《大数据时代对统计学的挑战》一文（邱东，2014），作为第十七次全国统计科学讨论会的大会特邀报告，就此做过专论。2019年8月，第13届全国企业经济统计学会年会在山东工商学院召开，笔者做了《社会科学统计学者的操守——数据之"据"和应用的"应"》的报告（邱东，2019b）。2019年10月，

---

① 1999年，世界银行统计专家到河南省考察中国统计数据的可靠性，方才感悟到，不能用北京、上海和广州的发展状态来概括中国整体的发展。由此可见，除非亲自深入现场接触，否则要求发达国家高层人士客观、透彻地理解发展中国家所面临的资源硬约束，比较困难。

第二十次全国统计科学讨论会在内蒙古财经大学召开，笔者应邀做了大会报告《宏观管理·政治算术·国势学问——在 360 年世界经济统计学说发展中反思中国的近 40 年》（邱东，2019a），对相关问题提出了自己的看法。

2019 年 12 月 7 日，对外经济贸易大学召开"统计发展与创新"研讨会，对数据科学在社会经济领域应用的问题，江西财经大学罗良清教授和西安财经大学张维群教授等几位学者提出了比较深入的看法。受其启发，笔者对此问题又做了接续思考，形成了一些新知。

2019 年 12 月 14 日，清华大学许宪春教授在上海财经大学主持召开了"大数据背景下经济统计学科建设"高端论坛。笔者在大会致辞中概要提出：如何把握数据科学在社会经济领域应用的重心，应该更加注重"数据整理"、"模糊不确定性"和"问题导向"三个方面。

该会之后，笔者将致辞内容进一步整理成文，恰好又读到美国国家科学基金会（National Science Foundation，NSF）2019 年底发表的一篇统计学发展报告，该报告由何旭铭（Xuming He）、马迪根（David Madigan）、余斌（Bin Yu）和乔恩·韦尔纳（Jon Wellner）四位统计学家执笔，以下用四位执笔人姓名英文字头组合，简称"HMYW 2019 统计学报告"。阅读后发现，笔者与该报告在学科格局思考上有相通之处，同时也认为该报告还存在需要进一步深入研究的课题，遂将对该报告的点评作为本文的一个部分，斗胆提出自己的一孔之见。参照该报告的内容，笔者对把握数据科学应用重心的思考，也更加深化。

在本文第二次修改后，又读到《大数据、机器学习与统计学：挑战与机遇》一文（洪永淼和汪寿阳，2021），相比而言，洪永淼、汪寿阳两位教授在学理剖析上更为深刻，对学科变革的内在机理挖掘得更为深入，从而在学科格局把握上也就更值得重视。

本文共分为 4 节。第 2 节是"HMYW 2019 统计学报告"的要点概述和评论，第 3 节提出并论述数据科学在社会经济中应用时应该把握的三个重心，第 4 节专门阐述数据科学在社会经济领域应用时如何处理好数理统计与经济统计的关系。

2   "HMYW 2019 统计学报告"的要点和评论

《十字路口的统计学，谁来应对挑战》是 He 等（2019）几十位统计学者写给美国国家科学基金会的学科发展报告[①]，开篇引用了当代统计学方法大师级人物图

[①] 该报告呈给美国国家科学基金会，以其名义发布，但未必代表美国国家科学基金会认可其观点，当然，这个标签容易被误解为美国国家科学基金会是在该领域的代言人，具有"举旗效应"。

基（Tukey）教授 1962 年在《数据分析的未来》中的一段话（Tukey, 1962）。图基先生明确指出了数据分析的两条道路：一条是解决实际问题的坎坷道路，另一条是由"不实假定、武断标准和没有实际附着的抽象结果构成的坦途"①。从图基先生的开创性贡献以来，学科又发展了近 60 年，"HMYW 2019 统计学报告"直言："统计领域正处于十字路口，要么通过拥抱和引领数据科学而蓬勃发展；要么沉沦而变得无关紧要"。应该看到，该报告传承了图基先生的精神，对统计学的学科发展格局做了较为冷静的剖析。

该学科报告指出：如果谋求长期发展，统计学需要领域内的"再定义、拓展和转型"（redefine, broaden, and transform），需要演变成为一门"跨学科科学"（transdisciplinary science），需要重新构思本学科的教育计划、重新思考专业教师的招聘和晋升，还需要进行学科的"文化变迁"（culture change）。从"HMYW 2019 统计学报告"指出的这几方面的"需要"看，统计学的改革转型任重道远，甚至到了变革"学科文化"的层次上，的确指向一条坎坷之路。

那么本学科的现状呢？② "HMYW 2019 统计学报告"坦诚相告：统计教育相对而言停滞不前，多数统计专业师资对数据科学的发展准备不足，统计学者在数据科学对话中并没有占据主导地位，统计学学科评估仍然偏重"成果发表数量"（publication quantity）。统计本来应该包括实践、计算和理论三大构成部分，但它们之间的平衡被严重扭曲，而且彼此缺乏联系。

笔者以为，如果切实接受"HMYW 2019 统计学报告"的判断，我们就不能因眼下专业发展的某些表象而沾沾自喜。虽然时下统计专业得益于毕业生需求的增长，但主要是因为专业人才市场还不够成熟，事物新生逐潮而动，用人单位和家长、学生对数据科学人才要素的辨识能力不足，可能仅凭时尚的名称就做出人事和专业选择，所以我们的专业教育并不应该满足于一时间需大于供的轻松。

数据科学的发展本是竞争性的、开放性的，统计学在其中并不具有天然的和垄断的主体地位（王汉生，2016）。"HMYW 2019 统计学报告"指出：数据科学实体在企业、政府和高校中快速建立，其他学科正在积极参与数据科学的建设，吸引走了有天赋的学生，从而对未来统计学专业的师资水准提升造成压力。本学科成功转型的机会窗口期或许有限，需要好好把握。

该报告的主要"调查结果和建议"是：①确定实践的中心作用；②强调对社会的影响；③独特作用是为更好的实践做研究；④应该迎接开放的重大挑战；⑤学科评估需要转型，更关注"稳健性"（stability/robustness）、"可再现性"（reproducibility）、"公平性"（fairness）、"计算可行性"（computational feasibility）、"经验证据"

---

① 原文为：the smooth road of unreal assumptions, arbitrary criteria, and abstract results without real attachments.
② 该报告叙述的应该是美国大学统计学的情形，中国高校的统计学界如果切实以之为前沿，自当参照反观。

（empirical evidence）和"领域科学"（domain science）中"已经证明的影响"（proven impact）；⑥需要训练"批判性思维"（critical thinking）等现代技能。这些建议表明，统计学发展的重心的确需要转移。

总体上，"HMYW 2019 统计学报告"对统计学面临的机遇和挑战进行了较为系统的分析，特别强调了数据科学应用的社会价值，这与 2004 年"LKS 报告"[①]的基本精神是高度一致的（邱东，2013），并在学科发展的操作层面也做了深入拓展，值得引起专业学者的重视。

在高度认同"HMYW 2019 统计学报告"基本精神的同时，笔者认为，该报告还存在一些问题需要进一步澄清，具体如下。

第一，该报告是否包括了计算机学科等其他学科专家的见解？报告的形成过程是否有相关学科的专家参与？开放式研究对"跨学科科学"非常重要，究竟如何把握数据学科的学科格局？统计学是否一定处于数据科学的中心地位？特别应该关注的是，计算机科学家和数学家如何认识数据科学的格局？

从笔者接触到的国外相关文献看，学者对数据学科的认识并不一致。有的学者将数据学科定义得比较狭窄，仅将其视为数学、计算机科学和领域知识三者之共，而数学与领域知识交叉为"统计研究"（statistical research），计算机科学与数学交叉为"机器学习"，计算机科学与领域知识交叉为"数据处理"（data processing）。也有的数据科学的定义范围比较宽泛，包括了数学和统计学、计算机科学和领域知识。还有的数据科学定义的示意图中，统计学与人工智能（含机器学习）、模式识别相交叉，但与数据挖掘并无交叉。

王汉生（2016）强调指出，就数据科学的发展而言，统计学家与计算机科学家相比并不占优势，在数据科学发展的对话中统计学家并不能占据主导地位。如何看待这种对统计学学科地位的判断？究竟是不同学科的使命和实力差异使然，还是统计学家在学科发展机遇上的疏忽所致？值得深思。

第二，作为学科发展的展望报告，没有对本学科不同流派之间的历史性争论做出相应的说明。比如，贝叶斯学派在 21 世纪统计学学科格局中究竟应该占据什么样的地位，反观过去的学科流派争论，究竟应该如何深化对统计学科的系统认知。

第三，"HMYW 2019 统计学报告"多处把统计学和数据科学相提并论，实质上代表了"等同说"的学科观点，如此阐述，固然可以强调统计学发展的时代性，但就学科定义的准确性而言，恐怕容易引起争议。因为有学者将统计学视为"数据科学群"中的一个构成分支，持"从属说"的学科观点；还有学者认为两者的研究对象和内容互有交叉，持"交叉说"的学科观点。

---

① Lindsay（林赛）、Kettenring（凯特灵）、Siegmund（西格蒙德），《统计学：二十一世纪的挑战和机遇》，2004 年美国国家科学基金会发布。

笔者曾强调（邱东，2013），数据科学是一个"学科群"，这一点应该已经成为共识，争议恐怕聚焦于这个学科群的内部结构。如此说来，将统计学定义为一门数据科学就不能算错，但对学科的准确定义而言，仅仅说出这四个字还不够，恐怕对学科认知并没有增加多少新的信息。

比较是提升认知的利器。笔者坚持1990年写作经济学博士学位论文（邱东，1991）时提出的比较"四点论"，在辨识学科关系时，需要明确统计学与数据科学的"相同点"和"差异点"，在差异点中又应该进一步辨别其相对于应用场合的"优点"和"缺点"，如果切实把握了这四点，也就容易达成对学科格局更为明确的认知。

当然，究竟什么是数据科学，还在争论之中，统计学与数据科学的关系，也仍然在形成过程之中，目前还无法给出确切的定论。不过，给出大致的同异及其趋向剖析，总是好过泛泛而谈。

第四，作为数据科学和统计学的"服务对象"，专业领域的科学家是否需要参与这种"跨学科科学"的讨论？如果统计学切实将自己定位为服务于各领域科学的基础性学科，就应该是"用户友好型"的服务者，就不能在服务对象缺席的情况下讨论如何为之服务。在真正的领域应用中，方法论学科工作者不能抱以居高临下、唯我独尊的心态，至少应该与领域科学学者在一起平等地讨论，而非以君临天下的姿态讨论学科交叉问题。

第五，报告中没有强调"数据整理方法"在数据科学应用中的重要性，而数据整理方法恰恰是从数据科学方法到各领域应用整个机理挖掘链条中非常重要的一环。进而言之，该报告在学科格局分析、变革方向与变革措施之间的逻辑衔接究竟如何？需要深入思考的问题恐怕还不少。比如，如果确实强调理论、方法应用和社会实践，那么领域科学知识在学位教育的课程设置中如何预留空间？再比如，2013年天津财经大学肖红叶教授敏锐地捕捉到一个新的专业方向——"数据工程"，如果它对数据科学的社会实践操作非常重要，那又该如何建设？该专业方向的构建与数据整理方法的关系如何？此类问题都应该给予关注。

总之，数据时代的学科格局还需要继续探究。事实上，这种探究也正在进行之中。就"数据"与"大数据"差异的学科变革意义而言，洪永淼和汪寿阳（2021）的《大数据、机器学习与统计学：挑战与机遇》给出了更为深入的思考。该文第5节较为系统地阐述了大数据、机器学习与统计学的内在关系，分8个方面剖析了统计学在数据时代的变与不变，以及哪些挑战可以转化为机遇，颇具启发意义。

3　数据科学在社会经济中应用的重心

统计学的基本理念非常强调"分布"概念，对学科格局而言也就是其内在结构。那么，如何考虑学科内容的分布问题，尤其是当我们强调数据科学在社会经济领域应用时，学科重心究竟何在？

笔者呼吁，我们应该从三个方面深入、提升并拓展思考，在重视"数据分析方法"、重视"随机不确定性现象"、重视"方法导向"的同时，更加重视"数据整理方法"、重视"模糊不确定现象"、重视"问题导向"的思路，以切实达成"应用"内涵中"应"之本意，使得数据之"据"更为充实。

3.1   在大数据时代的社会经济计量中，除了"数据分析方法"的深化与拓展，应该如何看待"数据整理方法"？

究竟如何把握"大数据"之大？并不仅仅是数据的数量增多，更重要的是，研究对象持续在变，总体变了、样本变了，数据本身也变了。原来的数据通常是指"结构化数据"，而大数据中的数据还包括"非结构化数据"和"半结构化数据"，原来的数据往往是"经过设计的数据"（designed data）、"系统收集的数据"（systematically gathered data），而大数据则往往是"偶发数据"（happenstance data）、"有机数据"（organic data），往往是包含"使用者生成的内容数据"（user gathered content data），或是"行为痕迹数据"（behavioral trace data）。

现代数据不同于传统数据，仅套用原有分析方法恐怕难以收到实效。北京大学耿直教授 2014 年在第十七次全国统计科学讨论会报告中提出警告："大数据的到来将对传统的统计方法进行考验。""当年统计学最得意的回归预测方法将被淘汰。"（耿直，2014）

大数据对统计学的挑战是全方位的，而在社会经济计量应用中，尤其需要关注"数据整理方法"与"数据分析方法"之间的关系。

罗良清（2019）指出，进入大数据时代，"从数据产品生产所耗时间和精力来看，主要的工作在资料的收集和资料的整理上，而不是在资料的分析上"。一方面，大数据中的数据，没有统计调查方案中所限定的各种主动要素，势必造成资料整理时的难度加大。总体的内涵与外延、指标的具体含义等将要在统计整理过程中重新定义，这其实是统计测度问题。如果沿用传统的统计整理方法（分组和汇总等），很难产生合格的"数据中间产品"，反而可能会为进一步的数据分析留下遗患。另一方面，统计分析方法的研制面临着一个竞争相当激烈的市场，"几乎所有的分析都有相应的统计软件和模型"（王汉生，2016），各种软件和模型往往趋向于用户友好，使得统计分析智能化，也即被机器替代的成分越来越多。

笔者高度赞同罗良清（2019）的这个判断。试想，现在机器人撰写的数据分析论文已经可以通过国外正规学术期刊的"盲审"了，这对数据分析工作者来说是一个危险的信号。随着人工智能的发展，许多初级的数据分析将成为机器人能够胜任的工作，如果到今天仍然让多数学生把精力仅放在数据分析方法上，他们可能将面临失业的危险。课堂作业式的数量分析不过是"虚证分析"，形式化动作，其职业效用很低。

"行为痕迹数据"往往不能直接用来做模型运算，那样做通常缺乏实际含义，最后数据结果不知所云，恰如图基先生所言的"抽象结果"，并没有"真实附着"。从计算效率看，没有经过"预处理"的数据，其计算过程通常比较缓慢，甚至很可能在运算中途就宕机，根本无法得到计算结果。对于非专门生成的数据而言，往往要有数据的预处理，包括数据清洗、不完全数据填补、数据纠偏和矫正等（耿直，2014）。

此外，不同来源的数据如何整合，也是应用"非专项调查数据"时需要添加的新工作。虽节省了专项调查的成本，但需要添加数据整理的新成本，天下没有免费的午餐，任何工作，因节省环节而减少成本，就会派生出另类成本，或许为隐性成本。专项调查省了，数据整理环节就更重要了。

张维群（2019）有个非常贴切的比喻，常规数据整理与大数据整理不同，就像洗煤和选金之别。常规数据分析也需要进行数据整理，但对象是一种基于专门调查产生的数据，在数据调查设计和实施时，已经根据对象特点和研究要求对数据做了增加"紧致性"的处理。当然常规数据分析仍然需要分组和汇总，做进一步的数据处理，但相对大数据的整理而言，其工作量少了很多，如同在高密度煤矿石中洗煤。而大数据分析所面对的海量数据则大为不同，具有信息稀疏性的特征，相对于研究目的而言，数据虽多但呈低价值密度，故而这里的数据整理如同在低含量金矿石中选金。

美国威廉姆斯学院的理查德·D.沃（Richard De Veaux）教授指出了"数据科学的七宗罪"[①]，其实是提出应用数据科学需要当心的七个方面：①问题误定义，误解问题，片面理解问题或包含不切实际的期望；②低估数据准备；③忽视潜在事物；④迷恋自己的模型；⑤忽视数据的渊源；⑥混淆相关关系和因果关系；⑦自傲。

针锋相对地，理查德·D.沃教授又提出数据科学应用中的七宗美德：①清晰定义问题；②准备好数据；③使用领域知识；④对新方法和模型开放；⑤警觉缺失数据；⑥开展小组作业；⑦确保数据质量和数据的道德使用。初看论文题目，理查德·D.沃教授似乎是在否定数据科学，其实"挑货才是买货人"，只有深入挖掘数据方法的局限和可能的陷阱，才真正是建设性的。理查德·D.沃教授在教学之余也做数据咨询，在当地颇具市场美誉。他在大会报告中坦言，一个咨询项

① 参见 2019 年 8 月，理查德·D.沃教授提交国际统计大会的论文提要，该论文尚待发表。同年 12 月李金昌教授邀请他到浙江财经大学，出席"第一届经济统计测度与国民经济核算国际研讨会"，他再次阐述了对数据科学应用的基本观点。笔者在这里郑重向理查德·D.沃教授表示感谢，他同意笔者引用他尚未发表的论文内容。

目中，90%以上的精力需要用在数据整理上。

笔者认为，在大数据时代，工作重心从数据分析向数据整理转移，至少需要采取两种方式。第一，开发并使用专门的"数据整理方法"，取代或补充原来数据收集阶段的某些功能。第二，开发并使用具备数据整理功能的新型数据分析方法，比如数据集整合分析、高维变量选择方法和统计并行计算方法等（朱建平，2019），而不是仅套用原来传统的数据分析方法。

总之，在大数据背景下，"数据整理方法"至少与"数据分析方法"同样重要。罗良清（2019）建议，要在统计学人才培养方案中加大如何进行数据整理的教学内容。可惜的是，即便是美国大学的统计科学系，对此问题也重视不足。在Coursera（课程的时代）所列的网络课程中，只有约翰·霍普金斯大学开设了"获取和整理数据"课程，华盛顿大学开设了"分类"课程，各高校的课程还是以数据分析为主（朱建平等，2019）。

当然，"数据整理方法"的课程很难开展。笔者认为，这是一种对基础数据的深度"管理"，恐怕需要采用管理学"案例教学"的方式进行。教师应该留心大数据应用研究中比较典型的项目，剖析整理原始数据的过程，提出值得深究的问题，总结正反两方面的经验，形成案例。让学生提前阅读案例原件和思考题，在课堂上集体讨论，再共同总结，提升和扩展对此案例的认知，从而使学生熟悉数据整理的真实过程，这对他们实际参与大数据应用研究将大有裨益。

3.2　在社会经济计量中除了"随机不确定性"，如何看待"模糊不确定性"？

有一种说法，社会经济统计研究"确定性现象"，数理统计研究"不确定性现象"，从而有了学科优劣之分。笔者以为，这种说法失之偏颇。客观事物并不存在确定性现象与不确定性现象之分，严格而论，所有事物都是不确定的，只是其程度高低存在差异。出于简化的惯常思路，人们往往将不确定程度比较低的事物约略当成所谓"确定性现象"，这不过是一种认知和处理的粗略手段，经济统计会用到，其他学科也会用到。只要这种约略近似于客观事物，不是随意到处乱用，则无可厚非。

从总体上看现象的类型，"不确定性现象"可以分为"时间不确定性现象"与"空间不确定性现象"。需要特别注意的是，"随机不确定性现象"并不是"不确定性现象"的全部，至少还存在"模糊不确定性现象"。在这种类型的不确定中，人们面对着对象的"亦此亦彼性"，或者如外国学者所说的"亦此亦彼悖论"（this and that paradox）。

刘应明和任平（2020）指出，至少存在两种不确定性：随机性和模糊性。模糊性背离了排中律，随机性背离了因果律。在《统计与真理：怎样运用偶然性》第一章附录的《讨论》中，著名统计学家 Rao（1997）专门有一节阐述了"模糊性"。他指出，"除了我们已讨论过的偶然性和随机性以外，在解释观测数据时还存在着另一个障碍，这就是在识别物体（包括人、位置场所或事物）所属不同类别时存在着的模糊性"。"为了避免在交流思想和调查研究工作中引起混乱，最基本的是要尽可能准确地定义分类。但是，在引入概念和给出定义时，模糊性是不可避免的。"更早地，Knight（1921）将可以通过概率刻画的不确定性称为"风险"（risk），将不能通过概率刻画的未知称为"不确定性"，Ellsberg（1961）将后者明确称为"模糊性"（ambiguity）（姚东旻等，2020），可见"模糊不确定性"一直存在，只不过我们在研究不确定性时，过多地强调了"随机不确定性"，而"模糊不确定性"没有受到应有的重视。

大数据意味着巨大的"数据选择空间"，然而，这个优势实际上又如双刃剑，同时也意味着数据杂乱、多样和不规整（李金昌，2014），原来有针对性地获得数据叫作"数据收集"，如今则需要有选择地从大数据中剔除所谓的噪声，进行"数据清洗"，数据识别和整理工作成了进一步分析的前提。

2014 年笔者在第十七次全国统计科学讨论会上明确提出，大数据时代本身也就是"大噪声时代"（邱东，2014）。也是在该讨论会上，李金昌（2014）指出："大数据的不确定性就不再是样本的获取与总体的推断，而是数据的来源、个体的识别、信息的量化、数据的分类、关联物的选择、节点的确定，以及结论的可能性判断等方面。"对待这种模糊不确定性现象，往往需要人为地确定其边界，需要"切一刀"，需要明确所研究对象的"定义域"，需要将对象按照一定的标志分类，形成一个结构化的描述，需要用概括性指标来描述，还需要"指标解释"。可见在大数据中，特别是在社会经济计量中，人们首先而且更多面对的是"模糊不确定性问题"，需要有效地将原始数据分组，划定不同类别现象的边界。之所以需要将工作重心从"数据分析方法"转向"数据整理方法"，此乃客观现象本身的"模糊不确定性"使然，是高质量的实证量化分析的内在诉求。至于"随机不确定性现象""模糊不确定性现象"与"时间不确定性现象""空间不确定性现象"的关系如何，还需要深入思考。不过有一点比较明确，在社会经济计量的许多场合，研究"模糊不确定性"恐怕更为重要。至少有一种错误是十分明显的：不管什么类型的现象，只是用随机概率方法去套裁。

除了"随机不确定性"和"模糊不确定性"之外，是否存在其他类型的不确定性？华中科技大学邓聚龙教授在 1982 年开创了"灰色系统理论"，刘思峰（2017）进一步对几种不确定性方法进行了比较，其中，灰色系统理论着重研究概率统计和模糊数学所难以解决的"小数据""贫信息"不确定性问题，其特点是"小数据建模"。此外，国外还有学者开创了"粗糙集理论"，采用精确的数学方法研究不确定性系统，其主要思路是利用已知的知识库，近似刻画和处理不精确或不确定的知识。看来，不确定性不止一种类型，故而解决不确定性问题的方法库也应该是开放的。

3.3 在社会经济计量中究竟是"数据导向""方法导向"，还是"问题导向"？

数据挖掘，直接行为对象是数据，但挖掘的目的却是事物自身变化的逻辑机理[①]，因其隐藏在茫茫数据海洋之中，故而需要挖掘。诸事道理为大，"数理"应该服务于厘清"事理"。

面对海量数据，"机理挖掘"存在着以什么为导向的问题，究竟是新启的"数据导向"（data-driven），或者惯常的"方法导向"（model-driven），还是应用者偏爱的"问题导向"（problem-driven）？

时下数据科学诸多讨论中，所谓"数据导向"（data-driven）之说颇为流行，"HMYW 2019 统计学报告"也采用了这个说法。但需要深入思考的是，数据本身是否真的具备导向功能？"让数据说话"是时代流行语，可究竟是谁在"让"？隐含的行为主体到底是谁？以聚类分析为例，我们将距离相近的变量归为一类，聚类过程是否预设了一个特定的二维平面和坐标系？谁预设的？这个二维平面和坐标系是天然存在的吗？再者，所谓"距离"是否基于预设的特定含义？如果不同距离定义可能导致不同分类结果，原始数据本身能指导我们选择合宜的某个距离定义吗？

大数据的存在是分析的前提，茫茫"数海"之中，究竟往什么方向走？怎么走？看似数据处于"静默状态"，其中是否隐含着某种知识框架？分析所得的相关关系是一般化结果，还是仅仅基于某个特定维度和视角？所谓"典型化事实"（stylized facts），究竟是谁将之典型化？如果笔者的上述质疑成立，数据分析恐怕还是得回到"方法（模型）导向"与"问题导向"交互作用的过程中。但无论如何，"问题导向"是不可忽视的。

从学说发展的角度看，任何一门学科（包括自然科学）都具备历史科学的性质。秉持历史学科观，"HMYW 2019 统计学报告"指出：统计本身产生于科学家需要量化地使用测度、观察和试验，以更好地理解科学现象。可见，"问题导向"是学科产生和发展的本意。

作为致用之学的经济学，典型地说明了"问题导向"的重要性。与郭大力先生共同翻译马克思《资本论》的著名经济学家王亚南先生在新中国成立前就撰写

---

① 这里的"机"往往是有机的"机"，而非无机的"机"，不宜只做经典物理式的理解。

了《中国经济原论》，他明确指出："经济科学是一门实践的科学，是在实践的应用的过程上形成的科学；是要在实践的应用的意义和要求上才能正确有效地去研究去理解的科学。"（王亚南，1942）王亚南在《中国经济原论》导言中的话至今发人深省："我们是以中国人的资格来研究。中国人从事这种研究的出发点和要求，是与欧美大部分经济学者乃至日本经济学者不同的，他们依据各自社会实况与要求，所得出的结论，或者所矫造的结论，不但不能应用到我们的现实经济上，甚且是妨阻我们理解世界经济乃至中国经济之性质的障碍。"本文开篇所提及的不同碳排放指标的选择和应用，就典型地印证了王亚南先生的远见卓识。

在实证分析中，数据分析需要预处理，而数据预处理依据什么？不可或缺的是"领域知识"，而在社会经济领域中，则往往需要以社会经济统计作为桥梁。"指标"是社会经济计量模型中的"变量"，"指标口径"搞不清楚，变量的"定义域"模糊，计量模型结果不会真的令人满意。将方法凌驾于问题之上，并不是科学的态度。如果实际状况与已有认知不符，就将人们的实践视为错误，更是"知识的僭妄"。数据处理，最终还是需要先验的、动态的领域认知与研究目的相结合，从而发挥导向作用。

在李志军和尚增健（2020）主编的《学者的初心与使命：学术研究与论文写作中的"数学化""模型化"反思》一书中，学者对学术研究与论文写作中的"数学化""模型化"进行了反思，对如何理解"问题导向"给出了正反两个方面的意见，值得重视。当然，"问题导向"的分析很难做出一般化的概括，这是应用研究本身的特性。应用本身就是抽象的反面——一个具象化过程。如何实施这个过程，倒可以总结出某些一般性的做法，与"数据整理方法"相同，管理学的案例式教学法或可以借鉴使用。

计量分析方法库中存在多种类型的方法，究竟选择哪种方法？其依据是什么？就应用研究而言，即便方法选择可以采用"试错法"，方法优劣的标准（错与没错）最终还是要以实际问题的解决作为判据，至少是其重要的判据。

社会知识生产的分工引发了纯理论和纯方法论研究的倾向。"HMYW 2019统计学报告"指出，优雅和深度是数学中合理的治理指标，偶尔统计理论也可以优雅而深入，但不管怎样，我们的指标不同。"HMYW 2019统计学报告"还提出，统计学家需要"超越具体问题的解决，以区别于领域科学家"，笔者高度认可这种坚守，因为这是方法论学科发展的正途。在"HMYW 2019统计学报告"看来，"所谓应用，不仅仅意味着要使用现有的方法来解决问题，更重要的目标是，运用统计理论和原理来开发新的、在实践中有用的方法"（He et al.，2019）。但需要补充指出，同时不可忽视的是，专业的一般性提升往往需要建立在诸项具体实证问题的解决之上，从众多的特殊中总结概括出一般，才能真正为数据科学提供学理见解，就像早年数理统计一般原理产生于生物统计和农业统计的特殊研究中一样。

在大数据时代，即使数据分析方法的讲授也需要改革，教学重心应该是方法的计算机理、适用范围，包含的假设条件及其对计算结果的可能影响。至于数据分析方法的论证推理和计算过程则可略过，现成的计算软件已经可以替代人工计算了。传统的"方法带问题"模式对学生提高学习效率用处不大，因袭旧法其实是对学生不负责任。

4　统计学作为数据科学构成在中国的发展

4.1　经济统计学就是经济学中与数据科学应用对接的领域科学

王汉生（2016）提出，数理统计学者应该向生物统计学者学习，即在发展中强调数理方法与领域知识的结合。显然，数理方法应用在社会经济领域会产生更多的效益，那么在社会经济领域应用数理统计是否需要这种结合呢？有的人想当然地认为，理科比文科难，把理科知识用到文科非常简单，这种跨学科介入恐怕仍然停留在抽象空间，并没有"应用"所要求（内含）的"具象化"过程，似乎比较容易实现，其实没有真正与社会现实对接。

这里隐含着一系列深层次的问题，需要澄清。

第一，是否需要打破重理轻文的刻板印象？

生物领域和社会经济领域哪一个更为复杂？与习惯文理分野的日常看法不同，这需要变换判断角度（有机还是无机，复杂还是简单）再做区分。人的"自反性"（reflexivity）决定了社会科学面临的是"复杂有机系统"，而非"简单有机系统"，更不是"无机系统"。人，正是所需解决的复杂问题之来源，复杂本身就是多维度的，从某些维度判断，硬科学未必比软科学更复杂，"高攀之难"未必比"深入迷途"那种"悠远之难"更容易对付。

第二，如何完整把握经济学科群的整体格局？

笔者想强调的是，经济科学基于牛顿经典物理学的理念而构建，在面对"复杂有机系统"时存在或隐含着"基因缺陷"。数理背景的学者如果重视"领域知识"，在学习现代经济学的时候，还需要警惕，并不是现成理论搬过来就能用，也不能把某个经济学流派的主张当成经济学的全部。同时，经济学科群现存的结构缺陷不应该成为轻视和否定经济统计学的理由。生产率分析大师 Jorgenson（2018）教授等对西方经济学中忽视经济统计学的现象非常不满，希望新一代专业经济学家能够改正这一重大缺陷。

第三，如何完整地把握统计学的历史？

在"数理统计学"（mathematical statistics）这个名词出现之前 100 多年，经济统计学就与经济学科一起发展。只是到数理统计学完成学科"体系化"，并大量应用于各种计量分析后，人们才更多地将数理统计学认作统计学。美国固然出版了不少数理统计应用于经济领域的教材，但国际上也有相当数量的经济统计学研究成果发表（邱东，2020），或许因为主要针对宏观管理层级，流传面没有那么广。故而，不应该片面地对学科格局做出判断，不能仅仅将经济统计学视为数理统计学在经济领域的应用。

第四，如何把握经济统计学的主要内容？

宏观经济统计包含了三大主体内容：经济测度（economic measurements）、国民核算（national accounting）和国际比较（international comparison）（邱东，2018）。它们作为经济学学科群的基础而独立存在。对数据科学在社会经济领域的应用而言，经济统计学是领域科学的构成学科之一，经济统计学者是领域科学家的组成部分。Jorgenson（2018）概括总结了经济测度的十二项进步和贡献，值得我们珍视。回顾国内，2020年厦门大学曾五一教授从学科性质和评价标准等方面对"经济统计学如何才能做到不忘初心"，做了较为深入的分析。

然而，有的跨领域判断对统计学学科格局并没有整体性认知，比较典型的是对金融统计的认识。个别人仅仅把所谓风险分析（risk analysis）作为现代金融统计的全部内容，似乎用上些数理方法就可以包打天下而唯我独尊。其实在发达国家和国际组织的经济管理中，现代金融统计的内容颇多，如货币金融统计（currency and finance statistics）、资金流量（flow of fund）分析、资产负债表（balance sheet）、金融稳健指标（financial soundness indicators）、银行统计（banking statistics）等。以金融最发达的美国为例，金融统计的内容占据了其经济统计教材的主要篇幅。高盛集团出版过《理解美国经济统计》（*Understanding US Economic Statistics*），甚至专门编制了系列的"高盛指数"（Goldman Sachs Index）。如果对诸多金融统计分支缺乏应有的认知，或当作过时的内容一概蔑视，势必会加大中国与发达国家在金融统计上的距离。

第五，学术资源与社会需求，究竟应该以何者为重？

数理统计学在数学门类和概率论中一直难以受到重视，才有国内这种在"学科级别"上狠下功夫的"壮举"，争取成为独立的一级学科。问题在于，搞成了所谓"大统计"后，却反过来用数学的学科标准来对待经济统计学，似乎多年的"媳妇熬成婆"，就可以歧视"鄙视链"低端的学科了。笔者看来，这种"形大实小"的做法，只是着眼于学术资源的竞争，是基于零和博弈的思维。

然而，对经济统计学的蔑视和边缘化，真正受损失的是国家的统计事业。须知，中国的社会经济统计基础至今还相当薄弱。一个典型的例子就是，联合国启动的"2030年可持续发展议程"，离目标实现截止期限还剩下不到六年时间，而我们现在能提供基础数据的指标却非常有限，就是说，还不知道我们距离指标目标究竟相差多远。

经济统计与社会发展的相关性显然高于数理统计，经济统计学科发展在更大意义上是基于国家需求，并不只是从事该学科学者的学科资源诉求。其实，如果只是基于个人事业发展，转向应用经济学研究和管理学研究是相当明智的，已经有一些经济统计学者成功转型，成为经济学与管理学某个应用领域中的知名专家。

真正的问题在于，事关国家经济安全的重大经济统计事项，谁来承载国家利益的担当？当前中国发展面临关键时刻，存在不少事关国家安全的现实重大经济问题，迫切需要从经济测度、国民核算和国际比较等方面深入研究。从科学研究者本应具有的专业良知和社会道德出发，我们决不能无动于衷，应该充分意识到统计学对国家、对社会的专业责任，而不能以科学性作为占用学术资源的依据。

应该看到，面对数据科学的发展，对中国统计学者而言是挑战大于机遇。因此，对"HMYW 2019统计学报告"的转型"机会窗口期"之言，决不可掉以轻心。拥抱数据科学，有一个时空摆位问题，或学科态度问题。如果只准套用数理统计方法，不准或严重限制发展作为社会科学的经济统计学，恐怕不是"包容性增长"，其后果对数理统计学自身也并不好，难以使其真正成为数据科学的核心学术力量。我们应秉持开放互补的学科观念，着眼于开源，在社会经济现象的实证研究中真正做跨学科的发展，如同"HMYW 2019统计学报告"所建议的学科开放，才可能体现现代统计学应有的功能。

4.2 "数据工程"专业方向的构建

天津财经大学肖红叶教授的团队在2013年9月启动经济统计专业对接大数据的教学改革，构建了"数据工程"专业方向。就数据科学在社会经济领域的应用而言，这是一个非常有益的探索。

肖红叶教授的核心观点和研究路径是：①大数据是有"领域主题"的；②目前大数据应用推广存在数据供求断层瓶颈，需要具备领域知识的复合人才，而经济统计同时具备经济、统计和计算机专业的知识集合优势；③不同于"数据科学"（该概念学术界尚未取得共识），基于经济统计的"数据工程"对应大数据领域应用的数据工程师培养；④按基于经济主题的数据生成、数据组织和数据应用逻辑形成专业课程体系。

"十三五"期间，肖红叶教授主持开发的"数据工程"方向已毕业135名学生，受到用人单位好评，该项教学改革获天津市第八届高等教育成果二等奖。目前74所高校及其机构组建了全国经济统计学专业数据工程方向教学联盟，统一课程体系，编写相应教材，已完成10部书稿。同时又基于"数据工程 X 专业领域"的模式，开发金融数据工程、财务数据工程等相关课程与教材，并为各经济领域专业开设拓展数据认知素质的通识课程。

国务院在《促进大数据发展行动纲要》中提出："创新人才培养模式，建立健全多层次、多类型的大数据人才培养体系。鼓励高校设立数据科学和数据工程相关专业，重点培养专业化数据工程师等大数据专业人才。"按照肖红叶教授对学科发展格局的判断，社会经济统计应该积极参与经济领域数据工程师专业人才培养。

基于经济统计专业的数据工程师培养探索研究主要包括四方面。①大数据技术进步与经济领域大数据应用需求；应用专业人才培养目标和规格。②基于认知科学的经济统计学教学体系与大数据技术应用对接的研究：课程体系设计和教材体系建设，试验与实践设计。③基于大数据的社会经济问题研究范式的探索。④大数据技术对经典经济统计学教学体系的影响，探索经济统计学教学变革的研究等。

4.3　从学科管理角度看统计学如何介入数据科学发展

基于上述讨论，笔者提出以下问题以便深入探讨学科的管理。

第一，在中国的高等教育管理背景下，统计学究竟应该按照哪个门类进行管理，是理学、工学，还是管理学，或者有没有其他办法？这是一个值得深入思考和审慎处理的学科管理问题。"HMYW 2019 统计学报告"对统计学的定位是"跨学科科学"，而且特别强调学科与社会实践的结合。从中可以得到一点明确的启示，以所谓科学之名强行把统计学按照理学学位管理并不妥当。

第二，以某些所谓"学科领军院校"的学科发展模式为标准，只开设数理统计课程和计算机课程，极度限制领域知识课程，特别是经济统计学的相关课程，将这种偏科模式推广到全国所有院校，恐怕将是一种学科灾难，对满足中国经济高质量发展的现实社会需求危害极大。如同"HMYW 2019 统计学报告"所述，图基先生所批判的那种没有"实际附着"的研究，由"不实假定、武断标准和抽象结果"构成，国家资源沦为个别人争名夺利的盘中餐，实质是学术和教育资源的极大浪费。

第三，中国学生的特点和极化的危险。教育强调基础知识训练，这固然正确，问题在于防止课程结构畸形。数据科学及其社会应用是否需要领域知识的基础训练？学生的课程分布，强调数理基础究竟应该达到什么程度？极而言之，主要甚或全部学时都用来打数理基础行不行？把本校毕业生能够到美国名校读博士作为高水平取向和教育业绩，是否合宜？对于社会经济计量分析为专业方向的学生而言，经济学的课程究竟应该达到什么标准？

从个人成长背景看，中国的大学生都"成功"地经历了十多年的"高考隧道"，好多学生本身就存在偏重数理知识的结构性缺陷，若再一味加大数理课程，可能就是一种极化接续极化的学习，使一些学生长者更长，短者更短，可能铸成畸形的知识结构，对数据科学在社会经济领域的应用究竟有何益处？

总之，如果真正重视应用型数据科学人才的知识需求结构，如果明白"问题导向"在数据科学应用中的切实重要性，如果明白"模糊不确定性"在社会经济现象中的普遍存在性，如果明白"数据整理方法"在数据科学应用中的不可或缺性，就会明确认识到：数据科学在社会经济领域应用时的重心需要做战略调整，而"HMYW 2019 统计学报告"为这种调整提供了基本思路。

参 考 文 献

（1）耿直. 2014. 大数据时代统计学面临的机遇与挑战[J]. 统计研究，31（1）：5-9.

（2）洪永淼，汪寿阳. 2021. 大数据、机器学习与统计学：挑战与机遇[J]. 计量经济学报，1（1）：17-35.

（3）李金昌. 2014. 大数据与统计新思维[J]. 统计研究，31（1）：10-17.

（4）李志军，尚增健. 2020. 学者的初心与使命：学术研究与论文写作中的"数学化""模型化"反思[M]. 北京：经济管理出版社.

（5）刘思峰，等. 2017. 灰色系统理论及其应用[M]. 8 版. 北京：科学出版社.

（6）刘应明，任平. 2000. 模糊性：精确性的另一半[M]. 北京：清华大学出版社.

（7）罗良清. 2019. "大数据时代"的数据产品生产[C]. 对外经贸大学 2019 年"统计发展与创新"研讨会大会论文集.

（8）尼克. 2017. 人工智能简史[M]. 北京：人民邮电出版社.

（9）邱东. 1991. 多指标综合评价方法的系统分析[M]. 北京：中国统计出版社.

（10）邱东. 2013. 经济统计学科论[M]. 北京：中国财政经济出版社.

（11）邱东. 2014. 大数据时代对统计学的挑战[J]. 统计研究，31（1）：16-22.

（12）邱东. 2018. 经济测度逻辑挖掘：困难与原则[M]. 北京：科学出版社.

（13）邱东. 2019a. 宏观管理·政治算术·国势学问——在 360 年世界经济统计学说发展中反思中国的近 40 年[R]. 2019 年第 20 次全国统计科学讨论会（新时代统计改革与发展）特邀学术报告.

（14）邱东. 2019b. 社会科学统计学者的操守：数据之"据"和应用的"应"[R]. 2019 年第 13 届全国企业经济统计学会年会大会报告.

（15）邱东. 2020. 践行社会经济统计的历史使命高质量研判国势（上）：落实中共中央《十四五规划建议》精神的专题思考[J]. 中国统计，（12）：60-62.

（16）王汉生，2016-05-21. 统计学发展方向的选择[EB/OL]. https://cosx.org/2015/10/choice-of-statistical-development-direction.

（17）王亚南. 1987. 经济科学论[M]//王亚南. 王亚南文集：第一卷. 福州：福建教育出版社.

（18）肖红叶. 2015. 经济学理论中的概率统计逻辑[R]. 2015 年全国企业经济统计科学讨论会（内蒙古财经大学）大会特邀报告.

（19）姚东旻，王麟植，庄颖. 2020. 模糊性情形下互动决策的行为探析[J]. 经济学报，7（3）：112-140.

（20）曾五一. 2020. 经济统计学如何才能做到不忘初心[J]. 中国统计，（2）：43-46.

（21）张维群. 2019. 大数据对统计科学的影响及其应用实例[C]. 对外经贸大学 2019 年"统计发展与创新"研讨会

大会论文集.

（22）朱建平，谢邦昌，马双鸽，等. 2019. 大数据：统计理论、方法与应用[M]. 北京：北京大学出版社.

（23）Ellsberg D. 1961. Risk，ambiguity，and the savage axioms[J]. The Quarterly Journal of Economics，75（4）：643-669.

（24）He X M，Madigan D，Yu B，et al. 2019. Statistics at a Crossroads：Who Is for the Challenge[R].National Science Foundation.

（25）Jorgenson D W. 2018. Production and welfare：progress in economic measurement[J]. Journal of Economic Literature，56（3）：867-919.

（26）Knight F H. 1921. Risk，Uncertainty and Profit[M]. Boston：Houghton Mifflin Company.

（27）Rao C. R. 1997. Statistics and Truth：Putting Chance to Work[M]. Singapore：World Scientific.

（28）Tukey J W. 1962. The future of data analysis[J]. The Annals of Mathematical Statistics，33（1）：1-67.

格局·相关性·方法论：领域应用中统计研究的聚焦[①]

摘要： 本文在内容上是《数据科学在社会经济领域应用的重心：兼评〈十字路口的统计学，谁来应对挑战〉》[②]的续篇，试图从更为一般性的角度进一步探讨"应用统计方法研究"相关的"学科规范"问题，即数理统计方法在社会经济领域应用过程中应该侧重做什么和怎样做，关键是为什么这样做。全文分为三个部分：研究的格局、研究的相关性和应用过程中的方法论研究。研究聚焦所面临的第一个选择是：偏理论，还是偏应用？这需要把握好研究的学科格局，进而对论题的聚焦则需要注重"研究的相关性"，否则实证就失去了其不可或缺的社会经济意义。要达成实证研究的"内在一致性"和"外在一致性"，统计学者应该充分发挥自己的专业优势，深入开展"统计应用方法研究"，其内涵便是本文试图概括阐述的，以便统计实证奠基于方法应用的"机理"。统计应用过程也需要方法论研究，这便是本文的核心观点（聚焦点）。

关键词： 格局；相关性；方法论；学科规范；内在一致性；外在一致性；机理

统计无所不在。业内人士为这种普遍存在而自豪，然而相反相成，正因为存在这种弥漫性（也即"无指向性"），往往让学统计的人甚至搞统计的人找不着"北"，缺乏专业发展的方位感。特别是数理方法在社会经济领域应用中，统计研究到底应该聚焦在哪里？往往容易出现种种疑惑，故而应该深入探讨以拓展认知。如果对研究重心不知所措，所谓论文自然就容易沦为"大作业"，实证分析就容易

---

① 本文原载于《计量经济学报》2023年第1期，本研究受助于基金项目：国家社会科学基金"加快构建中国特色哲学社会科学学科体系、学术体系、话语体系"研究专项项目（19VXK08）。本文发端于一篇随笔，几经交流，演变为这篇探讨学科规范问题的论文。成稿后曾向天津财经大学/河南大学肖红叶教授、厦门大学/吉林财经大学曾五一教授、浙江财经大学李金昌教授、浙江工商大学苏大华教授、江西财经大学罗良清教授等征求意见。2021年12月受厦门大学方颖教授、林明教授邀请前去做学术交流，与经济学院部分教师做了较深入的讨论（会议交流由杨灿教授主持）。其后，本文内容在江西财经大学统计学院和湖南工商大学统计学院做了专题讲座。厦门大学经济学院是笔者多篇重要论文的"首发地"，在此向帮助形成本文思想的诸位老师表示诚挚的谢意。本文刊发稿按照几位评审专家的意见做了修改，观点阐述更为明确，以利于避免歧解，谨致衷心谢意。

② 载于《计量经济学报》2021年第2期，该文针对只认可数据分析方法、只认可随机不确定性、只认可"方法导向"这三种偏差，提出应该注重数据整理方法、注重模糊不确定性、注重"问题导向"。而在大数据时代，"数据导向"很可能成为"方法导向"的一种变形。

沦为虚证分析，或人们所诟病的伪计量，这是社会经济定量研究中值得警惕的流行病，它从反面告诉我们，对学科如何规范发展进行探讨，确实很有必要。

1　对研究格局的认知和把握

无论哪个学科，研究者通常都愿意强调学术观点的创新，然而研究格局的把握更为重要。相比其他学科，格局对统计相关学科尤为重要，因为一个最为基本的道理：分布是统计的底色。无论是公开揭示，还是隐秘蕴含，统计理论和方法的所谓好坏①，往往只是相对于特定分布而言。只有切实把握了自己所面对的学科格局，研究者方能恰如其分地确定其"专业定位"，进而在研究中较好地聚焦于对其合适的论题，提升其研究的生产率。

本部分 1.1 节先一般性地描述知识状态迁移的格局；1.2 节分析统计学在人工智能时代所面临的严峻态势；1.3 节强调纯理论、纯方法论研究与应用研究的区分；1.4 节则提出区分"定量分析小循环"和"定量分析大循环"。

1.1　知识状态迁移的格局

首先尝试用一张图描述从学生到学者知识状态迁移的格局，见图 1 "知识状态类别图"②。

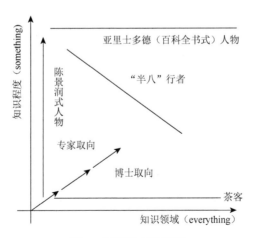

图 1　知识状态类别图

---

① 东北师范大学史宁中教授曾经说过：数学是关于对错的学科，而统计学是关于好坏的学科。

② 人通常需要两种类型的学习，尽可能广泛地涉猎各门学问，并且尽可能深入地择一钻研（To learn something about everything and learn everything about something）。

如果坚持努力学习，究竟能学成什么样子呢？学习行为的格局大致可以分成四类。

第一类，陈景润式的专家。现在专家的称号到处用，其实少数人能成为真正的专家。不过相反相成，有些专家过于专业，在其知识领域外，这类专家竟然可能显得比较平庸。

第二类，百科全书式人物。这里且以亚里士多德为代表。天才的成就似乎难用后天努力来解释，此类人物当然颇为稀少①，而到了知识大爆炸和学科分工极度细化的当代，真正的博士更是凤毛麟角。

第三类，"茶客"。这个称呼取自四川街头的独特景观。"茶客"们有空就在那里喝茶、聊天，似乎什么都知道，可以信口开河。然而单个"茶客"往往所知有限，一个话题在某一位"茶客"口中不会持续多久，内容并不能真正深入下去，需要有人"接龙"。"茶客"属于社会大课堂的"学生兼先生"，"不求甚解"是其特色。不过如果要想弥补认知的广博，这倒也是一种社会知识的补充方式。

第四类，"半八"行者。这是绝大多数在学之人的状态。处于学习过程之中，有的偏向钻研，深度学习（deep learning）；有的则偏好通识，倾向于"广度学习"（breadth learning）。

这里称之为"半八"，一来是因为其在图 1 中的线条就是汉字"八"的右半部分②，"半八"的形态又可以分为两大类：一类曲线是先平后降，呈现倒"U"曲线的右半边③，往亚里士多德先生那种又专又博的智者靠；另一类曲线则先降后平，呈现"U"形曲线的左半边，往陈景润先生那类专家靠。

取名"半八"的另一个理由是提示我们自警"斤两"，与无穷现实和广袤知识相比，个人习之所得无非"半斤八两"，还得对学、对问都保持敬畏之心。过程持续，人在旅途，知识生产尤其如此，我们往往很狭隘，即便拿到高等学位也并非名副其实的"博士"，而好多所谓专家又往往沦为"砖家"，不可不防。

图 1 的意义在于，向学之人都应该尽可能往原点的右上方推进，也即朝着专与博相协调的方向提升自己。然而，专业教育往往将人推进狭窄的胡同里，不管受教育者的特质，也不管毕业后被替代的可能性多大。图 1 也有助于启发多数学人，在理论和应用这两大研究领域中，究竟应该如何做出选择。

---

① "格格不入"的爱德华·赛义德（Edward W. Said）先生曾被誉为"最后一位'文艺复兴式的通才'（a Renaissance man）"。笔者初读他的著作，对他的总体印象是"又东又西，有真东西"，他作为"第三世界知识分子"的"身份确认"尤其值得我们重视。中国本土的通才名人包括张衡、嵇康、苏轼，还有李叔同等。

② 如果纵轴放右边，则是八字的另一半。

③ 厦门大学经济学院钟威博士建议做这种描述。

1.2 人工智能发展对统计学的压迫及应对

在大数据时代，人工智能的发展呈压倒性态势，社会变化呈现加速状态，个人在好多时候犹如身处"过山车"上，定位尤其艰难，但又很迫切。人工智能的发展导致了一种悖相：人越来越像机器，而机器越来越像人，人类竟然与机器相向而行。"自然人"被"数字人"替代的可能性①究竟如何？时间到底在谁手里？终极追问令人茫然。

在这种紧迫的人生格局下，知识生产领域也需要注意发挥学者的"比较优势"，同时也需要充分注意到往往隐含着的"比较劣势"，它与"比较优势"一体两面、密切相关。比较还需要注意其对象，究竟与什么比？至少需要关注以下三个方面。

1）人与机器比较

人能否跑赢机器，已经成为切实问题。机器越发聪明，即人类智能的"相对矮化"，对知识界的冲击究竟是什么？如果时间在计算机手里，则应对挑战的核心就转变为：如何延缓"被替代"。新闻、法律、会计……好多领域相继沦陷，"替代"正在快速进行。学生和学者所持"人力资本"亟待确定投资方向，机不可失。

2）人与人比较

就本学科的相关学科（往往也是竞争性学科）而言，数理统计学者与数学学者、计算机学科学者、各实质性学科的领域学者相比，哪类学者被人工智能替代的可能性比较低？不同学科领域之间的优势和劣势又如何判断？

统计学学者与数学学者、计算机学科学者的差异可能主要在于对象空间的选择重心。都宣称从事数据科学，究竟谁来主导这一新兴学科？北京大学王汉生（2015）教授曾经提出过一个判断，统计学家与计算机科学家相比处于劣势。再者，如果都强调面对现实社会的应用研究，统计学与领域学者的比较优势又如何建立？恐怕需要在学科大格局中深入思考。

3）人的精力与待学习知识比

知识界不乏具备聪明头脑的学者，他们理解和接受知识比较快，然而不可忽略的是其连带的负面效应，往往缺乏深入思考和反思的机会。很多人把所学到的认知当成一种理所当然，甚至天经地义，并作为拓展新知的基础和前提。缺乏"问题意识"，其头脑就容易沦为大号的知识储存器。由此可见，似乎聪明也需要区分不同的类型，至少在东方知识传统中，"问"之于"学"非常重要，是为"学问"。

不管聪明与否，学无止境，学生和学者都面临着现实选择："厚基础"与"宽

---

① 参见《数字人——人，还是非人？》，原载于《经济学家茶座》2014 年第 4 期，收录在笔者所著的《统计使人豁达》，中国统计出版社 2014 年版。

口径"，精力究竟如何分布，即面对"深度课程"（depth courses）和"广度课程"（breadth courses）这两类，时间如何分布？有一点需要明确，"打基础"的工作其实无法彻底完成。你学到的知识越多，你所意识到的未知世界的边界（即你的未知与已知的边界）越长，则你"已知的未知"越多[1]。传统的"仓储式"学习方式与当代知识爆炸趋势相悖，学习精力的深度和广度间取 1-0 分布恐怕不妥。学生能够承受的学时总数有限，如果全部用来构建数理基础，那样势必挤占领域专业核心课程和选修课程的时间，课程分布严重偏态，培养出来的人只具备抽象空间中的思维方式，到了实际应用场景就容易迷失方位感。

统计学习和研究到底应该聚焦在哪里？首先要明确学科格局，而且要注意发挥学习安排的自主性[2]。学习效用优化的前提是学科格局把握得好，而把握统计学的学科格局，我们应该特别关注两个统计学学科报告[3]。

1.3　纯理论、纯方法论研究，还是应用研究

明确了学科格局，就需要做出一个方向性的选择，本人的统计研究到底应该聚焦在哪里？格局把握的第一条，或者说需要明确的一条基本界限，是选择做统计学纯理论、纯方法论的研究，还是做"应用统计方法研究"[4]？

从社会需求和个人素质看，恐怕多数人得选择后者——从事理论或方法在某个领域的应用研究。任何偏好都基于特定约束，如果不考虑自己面临的内外两方面约束，随心所欲，就容易"撞墙"[5]。

如果选择做"应用统计方法研究"，就得认真看看，这种研究到底应该是个什么模式，也就是其"学科规范"问题。这里要注意，本文特意用了引号，指明这种研究应该落实在应用阶段的方法论思考，特别强调这种研究与领域学者的"统计应用研究"还有所不同。

领域从业者只是把统计方法当成工具，可用的数理工具多着呢，从业者未必

---

① The more you know, the less you know. 英文这个说法不过是学生对学习必要性的一种调侃或诡辩。

② 笔者相关的经验之一是：处理好"规定动作"与"自选动作"的关系，前者及格即可，后者则力求优秀，这样整体学习效果会比较突出。

③ Bruce G. Lindsay, Jon Kettenring and David O. Siegmund(2004). A report on the future of statistics. And Xuming He, David Madigan, Bin Yu, Jon Wellner(2019). Statistics at a rossroads: who is for the challenge? 笔者称之为"LKS 报告"和"HMYW2019 统计学报告"。 在《"LKS 报告"对经济统计学的启示》和《数据科学在社会经济领域应用的重心：兼评〈十字路口的统计学，谁来应对挑战〉》中，笔者提出了对这两个学科报告的评价。

④ 参见《从市场实现看应用统计方法研究的桥梁作用》，载《统计研究》2001 年第 4 期，收录在笔者所著的《谁是政府统计的最后东家》（统计百家丛书）中国统计出版社 2003 年版，也收录在《经济统计学科论》，中国财政经济出版社 2013 年版。

严格而论，纯理论、纯方法论研究与应用研究二者之间并没有绝对界限，但是对两个取向做出区分，有利于人力资源的有效分布。

⑤ 这种墙倒未必有形，可"玻璃墙"就是让人难以真正达成原本的求真意愿，除非存心甘当南郭先生。

在乎某种工具的效用改进。然而高质量的实证研究，为了得出更合乎现实的科学结论，也往往得同时注意定量方法的改进和数据质量的提升，这也正是统计学者的专业优势所在。如果统计专业出身的学者也停留于方法"套用"，甚至在方法使用上都不比从业者高明，那这份研究就失去了其应有的价值。你会的人家也会，反倒是人家的"领域知识"你不大会，如果没什么研究的"增加值"，所谓研究就容易被边缘化。好多人搞不清楚①其中的蹊跷，于是生出许多麻烦。

显然，统计方法并不是统计专业学者的"专利"，你能用，别人也可以用，而且，好多"别人"用得未必比你差。到了人工智能时代，甚至机器都会来抢饭碗。不能抱怨这种专业竞争，方法发明出来，就是给大家用的，统计方法在任何意义上都属于公共产品。这样一来，统计专业学者在应用过程中的优势到底在哪里，本专业的增加值究竟体现在哪里，就得好好琢磨琢磨了。

笔者一直强调：应该是方法"应用"而不是"套用"，别看只是一字之差，研究的格调立见高下。"纯理论和纯方法论研究"可以只在抽象空间②思考，偏重方法的数理逻辑自洽——"内部一致性"。而"应用统计方法研究"则须聚焦于方法与研究对象的"匹配性"，也就是方法的"外部一致性"，即"应用"的"应"。只有"相应"，方法才确实有其效用，其代价便是应用场合的约束，便是选择方法"应用"随之而来的"紧箍咒"。

两种"一致性"，内外有别。既然选择了做应用研究这份差事，就不能再顽固地端着"纯理论研究"的架势，得有面对现实甚至虎落平阳的心理准备。背熟了几种工具的使用说明书，未必可以凌驾四方，"占领军"的心态可要不得，"重理论、轻应用"的高位姿态也不得不放弃。

尤其是在社会经济领域，面对的是"复杂有机现象"，更需生敬畏之心。对研究者而言"实地"未必净土，既然投身应用领域，就不可无拘无束地天马行空，就得脚踏实地——自恃高贵的"脚"就得往"实地"上"踏"，即追求"外在一致性"。实践结果会警告我们，方法"应用"并没有"公式套用"那么简单。其一，研究往往面临多重不同类型的不确定性，究竟如何处理，莫衷一是。其二，在领域应用时，数据和方法的"可调整空间"比较大，但不可因此暗自得意，莫忘了有一利必有一弊，反之亦然。调整的权力大，研究者的学术责任也大，故而，应用过程中也需要方法论的思考。

1.4 "定量分析小循环"和"定量分析大循环"

究竟如何理解应用过程中的统计方法论研究？我们可以通过论文的一般构成

---

① 如果过于明白这个道理，也容易走投机取巧的路子，应用就沦为"应付差事"。

② 由于空间的同质性，自然可以天马行空，不必脚踏实地，外人嫉妒不得。

格式来理解这一点。众所周知,海外学术期刊发表论文也有不可或缺的构成要素①。择要而言,统计应用研究类论文包括以下五个部分:论题综述、投入数据、定量方法、数据结果、相关对策建议。定量分析过程如图2②所示。

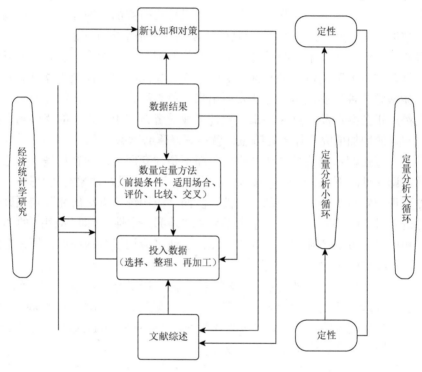

图 2　定量分析过程图

如图 2 所示, "定量分析大循环"包括了五个部分,所谓"循环"是指其构成部分的多轮次互相作用,这确定了应用统计方法研究和高质量实证研究的基本格局,与"定量分析小循环"相比,主要的区别自然在于"论题综述"和"相关对策建议"这两部分,要保证"外部一致性",关键在于"小循环"中所用的数据和方法与论题要相应,而对策建议要别出心裁,正检验了这种相应性的程度。

相对而言, "定量分析小循环"仅包括其中数据和方法三个部分(即图 2 中数据结果、数量定量方法和投入数据),数据和方法之间也应该多轮次地相互作用,但这种相互作用不能局限于自身,不然就成了"没头没尾的大作业",定量

---

① 古代的科举考试有所谓"八股"之说,古今中外,大道相通。

② 图 2 是笔者"经济统计研究循环路径图"就交叉学科角度的细化,参见笔者的《社会科学统计学者的操守——数据之"据"和应用的"应"》。

研究就会"失魂落魄"，论题综述和对策建议成了摆设。须知，数据与方法调适的"缘由"或"动力"乃至"依据"正来自大循环中的定性分析两个部分。只有让"定量分析小循环"实质性地成为"定量分析大循环"的有机组成部分，才可能达成研究的"内部一致性"和"外部一致性"。

如果这五个部分缺乏实质性内容，哪怕到了研究生的层次，所做的研究还是缺乏灵魂，有的应用型论文就像"大作业"一样，没头没尾，形式大于内容，只是在数据和方法之间打转转。这样一来，自称的"创新点"差强人意，严格而论，不具备所在领域博士甚至硕士的品质，并不合格。这种学生毕业了，无论到企业，还是政府部门，统计分析总是避不开的"本职工作"，估计届时只能应付差事，勉为其难。

因此，论题综述是应用研究的逻辑起点，尤其需要"第一性思考"，需要思想的纵深穿透力，需要发现和应对"异质性问题"的能力，需要所用数据和方法与"领域知识"交叉的能力。如果定量分析是在社会经济领域应用，经济统计学便可以为此奠定基础，从而需要构建"经济统计意识"，作为一种不可或缺的专业素养。

中国科学院洪永淼教授 2016 年撰文指出："作为经济测度方法论的经济统计学，不仅是提供定量描述经济实际运行的理论、方法和工具，也是经济实证研究的先决条件与基础。""经济统计学面临不少挑战，但有深厚的学科基础与巨大的发展空间，其作用是任何相关学科均不能替代的。"[①]

2021 年 12 月 26 日，洪永淼教授还为中国统计教育学会青年经济统计学者分会做了年会的主题报告——《大数据革命和经济测度》，分为 12 个部分：经济测度与经济统计学、经济测度与经济理论、经济测度范式演变、经济测度与时代背景、大数据与经济测度、高频宏观经济指标测度、文本数据与社会经济心理测度、基于估计与预测的经济测度、新型结构化数据与经济测度、数据可视化表示、大数据的代表性与测度偏差、结论与展望。这份大容量的主题报告是基于时代背景对经济测度做出的系统阐述。

值得强调指出的是，本文图 2 中实际上列出了两门经济统计学。国外流传好多"商业和经济用统计学"（statistics for business and economics）教材。应该注意到，英文中的"for"意味着"外在"，从一般到特殊，从数理统计方法到应用领域。不可忽视的是，国外还有"经济统计学"（statistics of economics）的用法，英文中的"of"意味着"内在"，所谓"内"即在经济学的学科群中，也即 economic statistics，主体内容是宏观经济学（macroeconomics）的首要组成部分。所谓统计

---

① 洪永淼. 2016. 经济统计学与计量经济学等相关学科的关系及发展前景. 统计研究，33（5）：3-12。洪教授的这篇专文对两个学科的关系做了较为系统的论述，本文专门阐述计量经济研究的数据基础，或可视为对洪教授该文的一个补充和支持。

之"统"，即为宏观（state），在全球化时代则还需扩充为全球视野。

在考虑两门经济统计学对接的母学科背景时，需要注意以下几点。

第一，"微观、宏观、计量"并不是经济学的全部内容，只是主流学派的教学安排。经济学是个"学科群"，还存在其他流派的经济学认知。特别是，还存在与主流学派基本观点相悖的学派，这些年来"行为经济学""复杂经济学"等纷纷兴起，值得注意其创新对数理方法应用的影响。

第二，一部经济学教科书往往可以用作多门课程教材，如财政学、国际经济学等，也包含了经济统计学的基础内容。不同国家学科分类详细程度不同，教学内容安排的方式也有区别。

第三，经济学中的经济统计内容只是其最为基础的内容，不能以为经济统计仅此而已。例如，宏观经济学第一章通常都要论述 GDP 统计，作为理论阐述的基础，看似简单明了，但 GDP 测度将会遇到的种种陷阱却极少涉及。从事定量分析的大循环，需要充分掌握领域知识，而经济统计学正是数理方法与领域知识的连接之桥，仅掌握宏观经济学第一章的内容显然不够。

2　"应用统计方法研究"的相关性

明确了宏观的专业定位，明确了应用研究中的统计学者的使命，在论题的把握中就特别需要关注"应用统计方法研究"的相关性。这里所说的相关性与我们所熟悉的"统计相关性"有关系，但并不完全相同，主要指向研究的社会经济意义，是宏观意义上的相关。本文作此番强调，自然有其针对性和现实价值，因为应用研究中常见的误解和误操作是，盲目地以所谓客观性或者科学性为教条，似乎完全可以坚守研究者的"中性"立场，不屑于或不敢于追求研究的社会经济意义。这种迷信正是实证虚化的缘由所在，故而需要展开剖析。

本部分由 4 节内容组成。2.1 节阐述相关性在应用统计方法研究中的必要性；2.2 节从论文结构角度说明如何用定性分析保障定量的相关性；2.3 节从三个领域说明因果关系探索与研究的相关性；2.4 节试图打破计量模型"错但有用"的迷信，追问应用研究的"应"之所在。

2.1　相关性为什么是应用统计方法研究所不可或缺的？

人是追求意义的高等动物，而意义往往相对于研究对象的格局而言。第一部分所说的格局主要是研究的格局，这部分的阐述也要涉及格局，是应用对象格局（或领域格局）。

　　这里需要注意这样几点：①把握应用对象格局，方能实现研究的意义，统计学科是为实证研究服务的得力工具，把握"应用统计方法研究"的相关性，则有助于充分体现统计专业工具的价值和优势；②如同数学分析离不开"定义域"，关注相关性，也是应用过程中进行方法论思考不可或缺的要素，否则，观念的误读和误用，容易使得定量分析失去本应该有的意义，貌似精确的结论却可能扭曲对社会经济现象的认知；③意义赋予方法以生命，而分析的相关性让这种赋予切实、持续；④做任何定量结论都需要思考并交代出方法可行性实现的语境或论域。

　　对实证和定量分析的学人而言，注重相关性可能存在着某种心理障碍，这是源自"事实与价值二分"的悠久传统。好多学者以单纯从事"事实判断"为己任，试图逃开"价值判断"的烦恼。真正能看透研究格局主客观关系的学者不多。在《数据科学在社会经济领域应用的重心：兼评〈十字路口的统计学，谁来应对挑战〉》中，笔者引用了达尔文先生、科学哲学家汉森先生和美国古生物学家古尔德先生的论断，他们明确地指出了似乎比较残酷的人类认知现实——主观性从根本意义上无法从研究中消除。

　　关键在于，所谓客观事实庞大且多元，而人的认知能力却是有限的，再聪明的头脑也只能是认知到事实的某个方面或某个部分，哪怕是基本方面或基本部分，但绝对不会是其全部。典型的如碳排放的"国别责任"，至少可以从现期排放总量、人均排放量、历史累积排放量、全球生产链"链位"相关排放量等不同指标来判定，总归需要选择一个基础指标作为研究工具或平台。而当实证者选择采用某个指标时，主观性就已经进入到研究当中了。因此，研究者不应该自以为客观，似乎计量和实证只进行"事实判断"，似乎能完全避开"价值判断"。

　　美国哲学家希拉里·普特南先生曾撰写了《事实与价值二分法的崩溃》，这是当代实践哲学最富有挑战性的辩题，值得深入探讨。笔者在《SFD 测度报告的经济统计学评论》中分析了经济测度所隐含的四大矛盾，其中之一便是主观性与客观性的矛盾。此外在《经济统计学：从德国传统到当代困境》中，笔者概述了"经济测度的中性悖律"。对研究相关性的科学哲学思考，有助于深化、提升和拓展我们对事实的认知。

　　尽管我们承认研究和认知中主观因素的存在，但还是要追求定量分析的客观性，如同我们追求真理，虽不可能达成终极真理，但还是要向真理不懈探索。

　　追求客观性，应该注意到相反相成的道理，基于这个思想，基本对策就是"去蔽"，采取多维的思维来应对多元的事实，就是要把隐含在所谓客观事实后面的各种主观倾向都尽可能地揭示出来，把各种行为主体（利益相关方）的主观性都尽可能地揭示出来，让这些不同观点交叉、冲突、博弈，才可能形成一个比较接近客观事实的认知。

　　由此可见，注重研究的相关性，并不是刻意强化自己的主观见解，而是让多维思维落到实处，帮助形成更为客观的认知格局。毛病并不在提出所谓"偏见"，因为往往"偏才得以形成新见"①，根本问题在于不同观点的交锋太少，而套用计量模型往往是用数值计算代替了真正的学术研究。

而且，如果现有认知格局存在着偏差，提出新观点时就没有义务给出一个平衡的说法，没有义务为对方辩手提供依据，仅提出一个方向或方面的看似单一的说法，正是要强力去对冲已有的偏差认知，所谓"偏执"恰恰有利于形成社会对该事物认知的一个动态平衡格局。人们在裁判不同观点时往往会有"各打五十大板"的习惯，所以才需要辩方各执己见。

2.2　用定性分析保障定量的相关性

下面进一步剖析定性与定量相互提升的过程。

好多人觉得既然是定量研究，那么论文主体就应该是数据和数理方法，对论题综述和对策建议不大在意，热衷于在数据和模型的表面打转转，以为这才是定量分析的正事儿。这种处理手法的狭隘，在于把"数据"仅仅当成"数值"，局限于"定量分析小循环"，忘了"数据"是"有据之数"②，更不懂得"汝果欲学诗，功夫在诗外"的理儿。

我们说某些论文"没头没尾"，就像没有研究之魂的"大作业"，并不是论文真的没列"论题综述"和"对策建议"，而是指这两部分与数据、方法部分没有切实的逻辑联系，只是一种形式化的存在。

特别是文后所罗列的几条对策建议，做不做该文的定量分析都能"写"出来，十有八九是从网上抄写过来的，其实这种结尾直接就把作者的模型运算过程及其数值结果否定了。应用研究要得出"相应的用"，"干货"就是咨询建议：今后如何在社会竞争中相应地博弈。如果你的判断和对策了无新意，那辛辛苦苦进行的数据分析又何苦来哉？洋洋好几万言，用了那么前沿的新方法，最后告诉读者：吃饱了不饿，怕饿多吃点，如此云云，不是在出洋相吗？

好多人崇拜纯理性思维，总感觉应用研究比纯理论、纯方法论研究容易，其实未必全然如此。起码有一点，让真心做应用研究的人非常沮丧：应用研究面对的现实空间往往多元、异质、混频、随机、混沌、模糊……受到的约束比抽象空间更多。

应用理论概念和方法时，必须进行一个"具象"的过程，把理论和方法构建时所抽象掉的特别因素再还原到分析中，否则，就不会得出切实有效的对策建议。

---

① 笔者曾发表过《"偏"往往得以"见"》的随笔，参见《偏，得以见》，广西师范大学出版社 2010 年版。

② 尤其到了大数据时代，定量并不仅仅针对数字，还需要思考：非结构化数据的存在意味着什么？

研究就是"再寻找"（re + search），即便司空见惯，还得深究。如果套套公式、跑跑数据，就能超越前人开创新意，如此便宜的事儿哪能剩下来？研究机会本身就意味着陷阱、矛盾和疑惑的存在。所以，还得扎扎实实从头做起，论文的灵魂正是在综述部分孕育的。

论题综述，针对研究得以展开的论域背景，来阐述为什么要做这个题目？研究的起点如何？以往相关研究已经做了哪些工作？得到了哪些阶段性的认知？不同的研究者达成了哪些共识？又各有哪些不同的见解？从不同角度看论题，对这些见解应该如何评价？特别是，已有研究存在哪些缺陷？如果要加以弥补，是否（或在哪些方面）初步具备了深入、提升和拓展的条件？或者，如何补充推进研究的条件？

概括而言，就是要把握前人相关研究所构建的认知格局——概括而言就是"四点论"：已有认知的共同点、差异点、优点和缺点[①]。明确了这四点，研究的方位感就建立起来了，就大致知道自己的研究应该如何着手了。

既为综述，就不能光是"述"没有"综"，所谓"梳理"并不是平行地转录人家的话，还得做出自己的系统评判，是为其"综"。综述部分决定了该项研究的必要性或意义，也决定了该项研究的出发点，及其内容重心。有了高质量的、真正意义上的综述，数据和方法之间就可以"灵动"了，不再是冷冰冰的数值计算。

2.3　因果关系的探索与研究的相关性（意义实现）

人们进行科学研究，探索世事之间的因果关系是最为要紧的兴趣，论题中的因素相关关系是因果关系存在和成立的前提，所以保持研究的相关性才有助于明确对象因素间的相关关系，也才可能深入探索世事间的因果关系。

还要看到，因果关系相对而言是一种"紧致性关系"，而论题中各因素间的相关关系则往往是一种"松散性关系"，只有多维度地考察世事间的相关性，才可能达成对世事间因果关系的真实认知。计算方法和定量模型，是对已有数量关系认知的概括，该种关系得以成立的"有效空间"值得关注和深究，这便是坚持研究相关性的意义所在。

然而，不少人把现成的计算方法和定量模型当成教条甚至宗教信条，迷信所谓科学的力量。殊不知，现实世界中确定真实的因果关系何其难，哪里来那么多天经地义。从物理世界到日常生活，再到社会关系，探索因果关系所带来的疑惑只会越来越多，而且都与研究的相关性密切相关。下面给出若干正反两方面的研究实例。

第一，人类何以笃定成为全球变暖的主因？2021 年诺贝尔物理学奖授予了进

[①] 即笔者 1990 年做博士学位论文时所强调的。

行因果推断研究的真锅淑郎（Manabe Syukuro）、克劳斯·哈塞尔曼（Klaus Hasselmann）以及乔治·帕里西（Giorgio Parisi），其主要研究结论是全球变暖的主要原因是人类活动。这等于设立了一个不等式：人类活动对大气的影响大于自然变化对大气的影响。该式成立的前提是，两种影响都是可测度的。笔者的疑问①在于：就算人类可以测度自身活动对大气的影响，可以测度大气层内自然变化对全球变暖的影响，可是人类能够测度外空间自然变化对地球的影响吗？测度边界究竟在哪里？

第二，吸烟与健康的弊与利②。生活中的一个典型例子就是，"吸烟有害健康"这个因果推断，真的那么理所当然吗？在笔者看来，该结论正确至少隐含着一个前提：仅从生命"长度"来定义健康③。但如果改从生命"丰度"看吸烟的功效呢？例如，不少人认定吸烟可能减少帕金森病的概率；再例如，吸烟可以构建一个改变精神状态的机制；还例如，吸烟可能让女士性感……这个所谓"吸烟益处"的单子还可以开下去，都能让生命，至少是生活，更加丰富，岂不是"吸烟有益健康"么？

于是，貌似"不二"的断言也面临着选择问题：如果减少生命长度 n 年，但增加生命"丰度"，幸福指数提升 Y 个百分点，确定一个生命不同维度之间的"当量转换"关系，多少人会选择吸烟？民间从生命意义（医生问病人，抽烟、喝酒等什么都不干，治疗还有什么意义）或人性维度（"人无癖不可交"）对健康从"丰度"进行反思，可见对吸烟并非完全负面评价。这个例子告诉我们，科学认知并没有那么多天经地义，越是在社会经济领域，事物就越多维复杂，因果关系就越容易出现疑点。凡事儿还是较真的好，于所谓"不疑之处"再多问一些为什么。

第三，学科的文理划分与有机无机划分哪个更为基本？国人习惯将文科、理科作为学科的基本分类，且习惯上认为理科比文科更难。哈耶克先生将对象是否"有机"作为学科的基本分类，并认定研究复杂有机现象的学科更为困难，即生物学比经典物理学更难，而社会科学应该比生物学更难。社会科学研究需要探讨人的"自反性"（reflexivity）。这是需要采用模糊学方法、动态方法的根本性原因。统计界都知道，不懂生物学无法搞好生物统计，然而对当代经济科学却表现出极端的漠视，典型的是在实证研究中无视经济统计学，否认学科基础，这是认知逻辑倒置的一种表现。

① 参见邱东《2021 年诺贝尔物理学奖对经济测度的启示》，载《中国统计》2022 年第 1 期。

② 本文有关吸烟利弊的辨识，不过是笔者借题发挥而已，核心和重点并不在于深究吸烟到底是有害还是有益，主要目的是说明因果推理的实质性困难。

③ 其实就长度看，也有不少人并不认同"吸烟有害健康"，例如民间讲是否抽烟喝酒与寿命长短的段子，抽烟喝酒的生存年龄是从 63 岁、73 岁、83 岁到 93 岁，否定了抽烟喝酒对寿命的伤害。当然这里都说成 3 这个数值，隐含着线性思维的习惯。

第四，库兹涅茨的贡献与实证分析的全过程。作为米切尔先生的学生，库兹涅茨教授并不是国民收入概念及其测度的首创者，按照罗考夫教授的概括[1]，在经济统计学领域他至少有以下四个方面的创造性：①各种不同来源的数据如何结合，以得出有说服力的估计；②探讨对测度造成困难的各种经济和哲学事项；③展示基于估计的有关经济发展的重要问题；④对一代经济学家作为"学者型导师"（scholar-teacher）典范的作用。这个概括凸显了库兹涅茨作为经济统计学大师的专业贡献，也体现了"问题—数据—方法—方法论—问题"的全过程。

在人文社会科学研究中，还需要提防"文明等级论"的误导和"行为主体隐身"造成的"观念误读"[2]。从全球视野看，资源和利益的分配往往呈偏态，但如果采用作为"平均数科学"的统计方法进行定量处理，数据结果却容易隐含"平均假设"：平均人、平均企业、平均国。须知：只定量不定性的前提是，定性问题已经得到解决，显然，在社会现象的实证分析中并非如此。明确将国家作为事实而非形式上的基本测度单位，补充"主体追问"或"谁的追问"（who's questions），如提升了谁的效益和推动了谁的可持续发展。深究"受益主体"，有助于纠正各种国势误判。

国势的研判，历来都是统计学最为相关的事项，是统计本源和社会意义所在。选题本身就是应用研究的一种主观态度，我们中的一些人掌握了那么多高精尖的计量模型和数理方法，为什么不用来为中国的高质量发展奠定量化认知基础？为什么听任国外恶意竞争者对中国的歪曲和诽谤？为什么听任国内一些似是而非的说法谬传？

当下，诸多国势判断问题需要澄清，需要深化、拓展和提升。例如，中国到底是不是全球化的最大赢家？中国究竟是不是最大的碳排放国家？"全球化"与"国家产业链完整"存在怎样的逆向关系？欧美政客究竟是在搞"逆全球化"，还是在搞"没有中国的全球化"？保持中国作为"最大消费群体"（市场）的可持续性，需要注意些什么？究竟应该如何估计一国的经济增长潜力？

反思一下前些年最深刻的教训，有专家曾预测放开生二胎中国人口就会激增7000万，这是严重背离现实的预测。套用人口预测模型为什么错得那么离谱？因为活生生的人在模型里仅仅成了数字，人之为人的属性都不见了，这种"计量不较质"的做法对社会危害相当大。由此可知，模型所表现的精确性看似更为权威，切不可四处套用。异质性无法避免，导致在加总和比较上存在测度陷阱，这是"应用统计方法研究"比纯理论、纯方法论研究更难的一个重要原因。

---

① 参见邱东《社会问题导向的方法论——〈联邦经济统计开发过程背后的论战〉述评》，载《基石还是累卵：经济统计学之于实证研究》，科学出版社 2021 年版，第 90-110 页。

② 莫热先生专门强调指出了不同文化交流中的"观念误读效应"，值得警惕。

2.4　计量模型"错但有用"的追问——"应"之所在

在经济计量界流行这样一个很受用的判断：所有的模型都是错的，但有些是有用的[1]。而且此言出自统计学名家，于是有人便理直气壮、不分青红皂白到处搬用模型。的确，模型大多有其正面作用，但恰恰因为有用的模型非常多，我们反而不能"抄作业"了。

做研究起码需要知道：就特定论域而言，哪些模型是有用的，模型推断是否客观。反对"套用"，则模型有用性判断的接续问题在于："有用"的标准是什么？谁制定了这个标准？对谁、对什么事物、在哪里、在什么时候"有用"？一旦涉及"谁"、"什么"、"哪里"和"什么时候"，即"行为主体"、"研究对象"、"空间"和"时间"，主观性就介入了。所标榜的"科学"和"客观"就可能打折扣了，就需要真的"研究"了，就需要关注研究的"相关性"了。我们不能既以模型的"有用性"为骄傲，同时又标榜模型的"客观性"，以精密科学自诩，这两个判断在基本逻辑上相悖。

问题还远未完结。进而，所谓的这个"用"有没有成本和负面效应？按照经济学公理，天下没有免费的午餐，欲其"有用"，就必然会连带产生"成本"，除了显性成本，还有隐性成本，换个判别思路来看还有机会成本，甚至带来"负效应"。如果模型有用但同时具有正负效应的话，那么隐含的计量麻烦就是：每次使用模型的"净效用"有多大？谁来真正承担这个"净效用"？即需要进行模型应用的"成本效益分析"[2]。而且从长期来看，模型使用成本和效益的动态过程如何？这些问题都指向笔者所强调的应用之"应"。

从科学哲学角度看，这也是在化解"一般性"和"特殊性"之间的基本矛盾。"模型应用"与"模型构建"正相反，主要需要做两方面工作：首先需要辨识，抽象之后所形成的"一般"在此应用场合是否成立。所要应用的计量模型对现实问题而言是相匹配的，从而是可靠的。其次，应用其实是进行抽象的逆过程——"具象化"，根据所分析的现实问题，把构建模型过程中抽象掉的特殊因素再添加回来，这也是一种"还原"[3]，即对现实世界的回归[4]。

---

[1] George Box. All models are wrong, but some are useful（所有的模型都是错误的，但有些是有用的）。

[2] 笔者郑重建议对"套利"（arbitrage）做广义理解，人们的所有行为都是一种套利。"利"不仅是利润（profit），而是利益（benefit），区分二者在经济测度中非常重要。从"当事人角度"看学科问题，对教师而言是教什么；对学生而言是学什么。知识的供求双方都涉及选择，也即套利。

[3] 这与"还原论"中的"还原"还有所不同。

[4] "现场统计学会"这个概念很好，但不宜搞成"伪现场"。

模型应用时必须包含一个"具象过程"，这就是需要注重"相机抉择"①本领的原因。关键在于这个"机"字——时机？机缘？机理？然而总归不是"机器的机"②，大机器时代过去了，经典物理学需要经历重大反思，当下选择的大背景为：从"大数据时代"到"人工智能时代"，显然随着历史的发展，注重机理挖掘，才真正达成了"应用统计方法研究"的相关性。

3　方法论——"应用统计方法研究"

在把握学科格局的前提下选择了应用研究，对论题相关性的重视又为研究意义的实现奠定了基础，接下来自然就是应用过程的方法论思考了，避免在数据和方法的小圈子里"打转转"，借此可以大大提升研究的水平和质量。

本部分包括以下四个小节。3.1"数据"不仅仅是"数字"。3.2统计方法应用经验的概括：过程中的方法论思考。3.3概述：为什么在应用过程中"方法"还需要"论"。3.4事理逻辑的真实连接："定性—定量—定性"的大循环。

3.1　"数据"不仅仅是"数字"

综述部分主要解决研究的"必要性"问题，而数据和方法部分则主要解决研究的"可行性"问题。可行性决定了必要性的实现程度，研究的增加值究竟能达成几何？应用研究，最终还是受制于可行性，可以说多半是可行性为王。数据和方法部分是各种可行性与必要性的博弈，尽可能让二者匹配。究竟应该做些什么？

2001年，笔者提出了开展"应用统计方法研究"的七条建议③，未必全面，但可以作为参考，以利于明确学科发展的方向。其中两条是关于数据的：一是如何分析数据以得出相关论题的正确结论；二是如何选择数据，如何进行数据的再开发。

---

① 相机抉择的英文译文似有偏颇。The discretionary（任意的、自由决定的）approach，如果只看字面意思，选择中不可分割的"约束"就没有表达出来，discretionary choice，生活中"选择"（choice）是一个大词，但肯定基于"约束"，进而，我们日常生活中讲的"见机行事"与相机抉择是什么关系？2004年驾校的师徒有这样一段对话。师傅：开车得记住一条——该快不快是等死；该慢不慢是找死。徒弟：师傅，什么时候"该快"？什么时候"该慢"？师傅：那得看现场！徒弟过后的点评：师傅说的并不是废话，而是铁律。开车必须调节速度，但快慢不能预先确定；不能一概而论——"看现场"就是"相机抉择"。

② 英文中"机理"（mechanism）这个词是从大机器时代流传下来的，与"机械的"（mechanical）在词源上太近了，需要使用者自警。

③ 参见《从市场实现看应用统计方法研究的桥梁作用》，载《统计研究》2001年第4期，收录在笔者的《谁是政府统计的最后东家》（统计百家丛书）中国统计出版社2003年版，也收录在笔者的《经济统计学科论》，中国财政经济出版社2013年版。

这里要注意以下几点。

首先，"基础数据"连接着"待研究问题"与备选方法，统计专业出身的人不应该把自己当"局外人"。好多统计学学位论文在交代其研究尚存问题时，通常都会列上一条：由于缺少合适的数据，本来可以使用的流行方法却无法操作，留待将来补充云云。检讨中还暗示自己具备了使用最先进方法的能力，似乎应该有人把现成的数据准备好，供自己使用，这种"摆位"很不专业。连库兹涅茨教授都亲自动手做数据采集和整理的基础工作，我们的研究人员居然以"数据用户"自居，居然忘记了自己就是"搞数据的"。

其次，如果在社会经济领域应用，指标就是计量模型中的变量，从而基础数据就是数理统计与经济统计的连接点。重视数据基础结构，也存在一个适度的问题。例如，有人提出的"数据导向"[①]其实很可能造成偏误，因为数据本身是沉默的，一定是某个（些）行为主体"让数据说话"，数据清洗也存在用什么方法、清洗哪些等待选择问题，须知，"噪声"本身是相对于特定数据用户而言的。[②]

再次，数据是研究"可行性"与"必要性"博弈的主战场，要开展的研究应该具备哪些方面的数据，又能够得到哪些数据，其质量如何？如何将不同来源的基础数据整理、协调和再加工？"数据基础结构"（data infra-structure）不可掉以轻心。

最后，大数据本身的数据分布特点是"厚今薄古"，越是靠近的年份，数据就越充分，而且往往是压倒性的充分；而历史数据则比较稀疏，往往只有独一份的估计值。例如，安格斯·麦迪逊教授搞的世界经济历史数据（Maddison，2005）。搞实证分析时需要提醒自己，数据在不同时期的薄厚差异可能扭曲人们对现实的认知，似乎现实本身的复杂程度也如同现有数据表现得那样，大比例的偏态，因而需要某种"校正"。

3.2　统计方法应用经验的概括：过程中的方法论思考

"七条建议"中有五条涉及计算方法[③]在应用过程中的方法论思考：①如何从论题研究的角度评判现有统计方法；②现有统计方法中此论域应用时需要的前提条件，包含的假设；③现有统计方法应用的场合与范围；④不同方法应用于同一论题的比较研究；⑤不同学科方法交叉应用研究。

---

① 在《数据科学在社会经济领域应用的重心：兼评〈十字路口的统计学，谁来应对挑战〉》中，笔者专门强调了"数据整理方法"，以避免单纯搞数据分析的套用习惯。

② 参见邱东. 2019. 社会科学统计学者的操守：数据之"据"和应用的"应" [C]. 全国企业经济统计学会第13届年会论文集。

③ 这里的方法是狭义的，单指计算方法。如果广义地理解，数据整理方法也是一类方法。

在应用过程中进行方法论思考，应该注意以下几个问题。

第一，方法是演进的，为什么需要持续改进所得到的方法，为什么需要方法之衍生？例如，抽样技术方法的演进，从简单随机到系统抽样、分层抽样、整群抽样和多阶段抽样等，都有其缘由，有其各自适合的应用场景。再例如，动态随机一般均衡（dynamic stochastic general equilibrium，DSGE）模型与一般均衡（general equilibrium，GE）模型相比，从方法增加值的理念加以分析：在"一般均衡"的基础上，再加上动态（dynamic）和随机（stochastic）的视角，模型的模拟效果就比较好，当然并不是绝对地好，数据结果的精确性提升在什么意义上可接受，还需要结合所分析的课题做出解释。而且模型的改进是开放的，是否需要再增加模糊学（fuzzy）视角[①]？即是否可以搞 FDSGE？扩展而言，恐怕可以进一步探索"FDSGE"模型。

第二，随着学科发展，方法库越来越丰富，通常并非只有一种方法可用于该问题研究，这便出现了"方法选用"问题。要避免"随大流"的做法，不宜按照流行程度（所谓"学科前沿"）来选用，而应注重问题分析的特征性要求和数据的可得性。这与买东西类似，只买贵的，不买对的，令人耻笑。

第三，始终保持"怀疑"的治学态度，不管多么高深的前沿模型，都应该深入思考其应用所面临的约束，还有这些约束对数据结果的可能影响，从方法"可用"提升到"好用"，才能真正得出可靠的数据结果。同时，这样的应用研究才能为纯方法论研究提供案例和素材，保持本学科的可持续发展。

第四，即便是应用研究，也可以并应该进行"第一性思考"。笔者多次强调，再复杂的模型也不过是加减乘除的衍生品，因而，模型有效的基本要求就是保持可加性和可比性。尤其要注意，在数学空间可加、可比，到现实空间则未必，所以方法应用时就需要注意论域（语境）的变迁及其影响，否则，结论容易出现颠覆性风险。始终记在心头的一个问题是：在数学和领域科学之间，交叉学科究竟如何定位？

3.3　概述：为什么在应用过程中"方法"还需要"论"

概括而言，方法是活的，真正动态（广义）的，是有生命的，是有灵魂的，所以需要"论"（ology），需要"方法论"（methodology）。

"套用"之所以逊于"应用"，关键在于对"方法"的态度。前者把方法当成固化之物，当成没有灵魂的器具，可以随意处置；而后者则对方法抱有敬畏

[①] 在《数据科学在社会经济领域应用的重心：兼评〈十字路口的统计学，谁来应对挑战〉》中，笔者专门强调了对"模糊不确定性"的分析。

之心，方法本身带有生命意义，从而，方法需要"论"，即思想的交锋，且需要学者代代相"论"，其中有传承、有质疑、有争辩、有批判、有放弃、有悬置、有割舍、有添加……通过种种"论"为方法增添价值，从而使得方法的生命意义趋于"充满"。

"应用方法论要素"包括：方法产生的背景和格局、方法的设计理念和意义所在、方法构建所需要的基础性概念及其关系、方法应用所依赖的假设和条件、方法成立的逻辑机理（如各概念节点如何切实链接等）、适于方法应用的场域及其范围、诸方法比较中的优点和缺点（局限性）、方法之间如何互相借鉴优化，如此等等。

总体来看，方法论研究应该是分层次的动态演化过程，"应用统计方法研究"要为"纯方法论研究"提供背景资料和案例，也要为特定领域的量化分析提供工具支撑，这是统计方法应用到各领域的坚实桥梁，故而需要应用过程中的方法论研究，否则，就难取得高质量的实证分析成果，也难有统计方法自身的可持续发展。

强调应用过程中的方法论探索，并不否认"一般方法论"的研究。毋宁说，应用过程中的方法论探索，恰恰为"一般方法论"的研究提供了不可或缺的素材。例如，弗朗西斯·高尔顿在遗传和心理领域的统计实验，还有罗纳德·费歇尔基于农作物统计实验的"收成变异之研究"，都为数理统计学的一般化理论和方法论体系提供了坚实基础。北京大学耿直教授在因果推断方法论研究上成果颇丰，中国实践能否为其提供有益的案例素材？

方法论发展是方法与其应用互相促进、多轮次的完整过程，从特殊到一般，从一般到特殊，构成了这个完整过程的两个方向相反的子过程。故而，在方法的应用过程中，还需要进行某种逆过程——与方法构建中的抽象过程方向相反，即需要将特殊场景因素再添加回来，需要让一般化的方法"脚踏实地"，使理论与实践真正打通。因其一般性，方法自然放之四海皆可用，但不等于放之四海而皆准，不能将"可用"与"皆准"混为一谈。准不准，就得看"用"得是否"相应"。

3.4 事理逻辑的真实连接："定性—定量—定性"的大循环

如果投入数据质量高，方法应用过程切合实际，那么数据结果部分的质量也容易得到保障，进而对策建议也就可能产生更好的应用效果。顺理成章，良性循环。

对"定量分析大循环"，笔者概括提出以下几点认识。

第一，五部分构成一个轮次循环。

前文论述了论文格式的五个部分，需要注意的是，它们构成了应用研究的一个轮次的循环，其中包含了数据与方法之间的"定量分析小循环"。强调"定量分析大循环"，论题从领域诸问题中提炼而来，结论对应解释领域特定问题而去，小循环在其中起到量化的支撑作用。从定性研究，到定量研究，再到定性研究。请注意，前面的定性与后面的定性不同，经历了"定量分析小循环"，后面的定性应该得到升华，这也是定量分析的"增加值"所在。

第二，定性也支撑着定量。

言说统计方法的应用，总强调要包含定性内容，是不是越界？或者工作重心不对头？请看控制论之父的教导，维纳先生曾强调指出：如果要仿效现代物理学，数学经济学必须从批判地叙述这些定量概念开始。笔者以为，这句话至少包含了以下三个意思：①起点是"叙述概念"，也即定性工作；②叙述是动态的——应该批判地进行；③"概念"与"定量概念"还有所不同，领域科学中的概念可能是"理论概念"或"定义性概念"，未必可以直接进行定量处理，这就需要将之转化为"定量概念"——"可测度概念"或"操作性概念"，在经济领域，这正是经济统计的一项基础性工作——从概念到指标。

第三，研究顶多得到"小结"。

应用研究有了定性结论，并非完事大吉，严格而论，"结论"是一个非常自傲的词，体现了某种"知识的僭妄"。世事吊诡，人类唯一能确定的就是"不确定"。毕竟，事情还未完结，研究哪里就可以得出结论，充其量可以得出一些"小结"。强调这一点，主要是为了避免对自己的定量数据结果做"过度解读"，要知道自己的定量数据结果必定基于一定的前提条件，如果能在某些设定下成立，就已经是很好的研究成果了。

第四，负面结果也有正效应。

数据和方法的高质量工作，未必就能得出预期的数据结果及其相应结论，但这个貌似失败的探索过程也有其价值，甚至也可以达成一类研究成果，应该做出总结，在什么背景下这种数据定量分析无法奏效，指出"此路不通"，也具有研究的增加值。

第五，是否具有学术上的增加值？

如果对科学和知识真正怀有敬畏之心，老老实实用量化来支撑定性，就笃行在靠近真理的路上。科研之路漫长，高质量的应用研究应该是一个多轮次的循环过程。身不由己，寻求"外部一致性"非常艰难，这里就需要具有经济统计中"增加值"的理念，扪心自问，自己在这个论题上是否切实做出了创新，推动了知识进步。

无论就学科整体，还是其某方面内容而言，方法改进和创新都非易事，不可期望过高。"最优"难以企及，"次优"都难能可贵。过于精确和漂亮的数据结果反倒需要警惕其真伪，"真计量"往往陷于难以匹配的困苦之中。不过，"增加值"思维也有助于建立信心：我的思考确有一二新的成分，略加"演进"[①]，就

---

① 甚至未必非得是"进化"，在多维思考格局中，"退化"也可能是一种贡献。

当得起"创新"二字了。

判断认知的新旧和真伪，也需要学科格局的把握，格局大于观点。或者说，学科格局是认知创新和探索的宏观基础。

第六，倡导"问题带方法"的路径。

真正的研究应该倡导"问题带方法"的进路，为什么不能反过来——"方法带问题"？因为那是写教材的做法，列出公式，找几个算例，再加上现成软件，这种套路很难让学生真正掌握方法的内在机理。用教学的路子来做研究，学生的迷茫多半来自"满堂灌"的陋习。教学固然能扩充工具库，十八般武艺可供使用，但好不好用，还得在具体论题的研究过程中得到某种程度的确认。

授之以渔而非授之于鱼，应该是"授业"和"传道"之要。既然是"应用"，就得把重心放在"应"字上。教师采取负责任的职业态度，就需要努力实践"授之以渔"的师者文化传统。所谓"渔"，在这里就体现为应用的"方法论"。

此外，"解惑"这个说法有个前提——所论及的"知识点"固化，学生不懂，需要老师解释。其实，知识往往还在演进过程中，师生间、学生之间更应该是"论惑"，不仅需要解答学生提出的疑惑，还应该努力揭示论题所隐含的陷阱和矛盾，让学生在议论过程中增强"理解问题"的能力，还应该增强"发现问题"的能力，是为"研究生"之本意。知识并不是固定的，正是在"论惑"中勃发了生命。现在我们的学术研讨会召开得比较多，但真正的论点交叉却很不够，"会议"不仅要"会"，而且要"议"，为"议"而"会"。

第七，规规矩矩探讨方法"机理"。

无论哪个专业或行当，都得把事儿当成事儿，正经做事，不该对付，对学者而言，就得认真进行"学科规范"方面的思考。既为匠人，就该独具匠心。匠心何在？笔者的回答是：应用方法时聚焦于"机理"——探索支撑着"如何"做的"为什么"，前面所讲数据与方法的七条思考，都围绕"机理"二字展开。"脑书"（headbook）[①]和"手册"（handbook）俱备，得心应手，心手相通，才可丰富"应用统计方法研究"的灵魂，正经心思应该聚焦在此。

第八，避免学术研究的三种通病。

社会上做研究存在三种通病：一是把学问只当作数学，二是把所谓"主流"认知当作迷信的教条，三是把知识当成了饭碗。"唯数理"的认知混淆了抽象空间与现实空间。而认知即便成为"主流"，也未必就是天经地义。在谋学位、求职位时或许容易出现"把学问当饭碗"的举动，但内心应该知道所欠的"研究债"，不能循此一条道跑到黑，捧上了饭碗，就应该做一些真正的研究，知识分子的良

---

① 2015年笔者在国际收入与财富研究会 SNA 专题研讨会大会报告中首次提出，系自创的英文单词，以强调推进经济统计发展仅有系列手册（handbook）的不足。

知应该让我们选择走图基先生所言的"坎坷道路"。

第九，注意"统计"一词的使用语境。

需要指明的是，本文是在社会流行的语境下使用"统计"这个词的。有人说，数理统计方法在经济领域应用，就是经济统计学。从文理渗透、学科交叉的角度来认定，只要不是方法"套用"，在经济领域应用时尊重"领域知识"，同时注重应用中的方法论思考，这种经济统计学确实应该大力提倡。

不过，社会科学领域还存在与之不同的经济统计学，不能忘了，statistics（德文为 staatenkunde）这个词的原意本是"国势学"[1]，这门学问 17 世纪流行于欧陆各国，以德国为盛。其时英国还有威廉·配第开创的"政治算术"，即"定量的国势学"。360 多年来，经济统计学一脉相传及至现代，SNA、ICP、SEEA（system of environmental-economic accounting，环境经济核算体系）等都是其分支组成。

究竟什么是作为社会科学的经济统计学，好多人对此并不清楚，2016 年笔者曾发表过专论[2]，近年来系列出版的专业著述（集中体现为"当代经济统计学批判系列"）也多有涉及，还准备再撰一文做进一步阐述。

参 考 文 献

（1）耿直. 2014. 大数据时代统计学面临的机遇与挑战[J]. 统计研究，31（1）：5-9.

（2）洪永淼. 2013-07-09. 站在中国人的立场研究经济学——忆著名经济学家王亚南教授[N]. 湖北日报.

（3）洪永淼，汪寿阳. 2021. 大数据、机器学习与统计学：挑战与机遇[J]. 计量经济学报，1（1）：17-35.

（4）劳 C R. 2004. 统计与真理：怎样运用偶然性[M]. 北京：科学出版社.

（5）李金昌. 2014. 大数据与统计新思维[J]. 统计研究，31（1）：10-17.

（6）李志军，尚增健. 2020. 学者的初心与使命：学术研究与论文写作中的"数学化""模型化"反思[M]. 北京：经济管理出版社.

（7）刘思峰，等. 2017. 灰色系统理论及其应用[M]. 8 版. 北京：科学出版社.

（8）罗良清. 2019. "大数据时代"的数据产品生产[C]. 对外经贸大学 2019 年"统计发展与创新"研讨会大会论文集.

（9）尼克. 2017. 人工智能简史[M]. 北京：人民邮电出版社.

（10）普特南 X. 2006. 事实与价值二分法的崩溃[M]. 应奇，译. 北京：东方出版社.

（11）邱东. 2013. 经济统计学科论[M]. 北京：中国财政经济出版社：137-141.

---

① 2015 年诺贝尔经济学奖得主安格斯·迪顿教授在 *The Great Escape：Health，Wealth，and the Origins of Inequality*（《逃离不平等：健康、财富及不平等的起源》）中对测度与政治关系做了明确的描述：Poverty statistics are part of a state's apparatus for governing，for redistribution of income，and for trying to stop people from falling into destitution in the face of misfortune；they are part of the machinery of justice. Their existence marks the acceptance by the state of responsibility for addressing poverty and for offsetting its worst consequences. They allow states to "see" poverty and are part of the apparatus that allows what the political scientist James Scott has memorably called "seeing like a state". As always，just as it is hard to govern without measurement，there is no measurement without politics. The "stat" in statistics is not there by accident.

② 参见笔者的《经济统计学：从德国传统到当代困境》，载北京师范大学学报（自然科学版）2016 年第 6 期，也收录在《经济测度逻辑挖掘：困难与原则》科学出版社 2018 年版。

（12）邱东. 2014. 大数据时代对统计学的挑战[J]. 统计研究，31（1）：16-22.

（13）邱东. 2018. 经济测度逻辑挖掘：困难与原则[M]. 北京：科学出版社.

（14）邱东. 2019a. 宏观管理·政治算术·国势学问——在 360 年世界经济统计学说发展中反思中国的近 40 年[C]. 中国统计学会第 20 次全国统计科学讨论会大会论文集.

（15）邱东. 2019b. 社会科学统计学者的操守：数据之"据"和应用的"应"[C]. 全国企业经济统计学会第 13 届年会论文集.

（16）邱东. 2020. 践行社会经济统计的历史使命 高质量研判国势（上）：落实中共中央《十四五规划建议》精神的专题思考[J]. 中国统计，（12）：60-62.

（17）邱东. 2021a. 数据科学在社会经济领域应用的重心：兼评《十字路口的统计学，谁来应对挑战》[J]. 计量经济学报，1（2）：250-265.

（18）邱东. 2021b. 基石还是累卵：经济统计学之于实证研究[M]. 北京：科学出版社.

（19）王汉生. 2014. 统计学发展方向的选择[EB/OL].https://zhuanlan.zhihu.com/p/653808006.

（20）伍德里奇 J M. 2003. 计量经济学导论：现代观点[M]. 费剑平，林相森，译. 北京：中国人民大学出版社.

（21）肖红叶. 2015. 经济学理论中的概率统计逻辑[C]. 2015 年全国企业经济统计科学讨论会论文集.

（22）肖红叶，杨贵军，尚翔. 2022. 数据技术应用概论[M]. 北京：科学出版社.

（23）徐宗本，唐年胜，程学旗. 2022. 数据科学：它的内涵、方法、意义与发展[M]. 北京：科学出版社.

（24）姚东旻，王麒植，庄颖. 2020. 模糊性情形下互动决策的行为探析[J]. 经济学报，7（3）：112-140.

（25）刘应明，任平. 2000. 模糊性：精确性的另一半[M]. 北京：清华大学出版社.

（26）曾五一. 2020. 经济统计学如何才能做到不忘初心[J]. 中国统计，（2）：43-46.

（27）张维群. 2019. 大数据对统计科学的影响及其应用实例[C]. 对外经贸大学 2019 年"统计发展与创新"研讨会大会论文集.

（28）朱建平，谢邦昌，马双鸽，等. 2019. 大数据：统计理论、方法与应用[M]. 北京：北京大学出版社.

（29）He X M, Madigan D, Yu B, et al . 2019. Statistics at a Crossroads：Who Is For the Challenge？ [R]. National Science Foundation.

（30）Lindsay B G, Kettenring J, Siegmund D O. 2004. A report on the future of statistics[J]. Statistical Science，19（3）：387-413.

（31）Maddison A. 2005. Measuring and interpreting world economic performance 1500-2001[J]. Review of Income and Wealth，51（1）：1-35.

新时代中国特色统计学问题研究与国际统计标准的中国参与[①]

社会科学"三大体系"建设是新时代中国实现"两个十五年"规划目标的基础性战略任务，是中国实现高质量发展，提升人民福祉的"社会基础结构"，其重要性正如经济增长首先要构建"物质基础结构"。在社会科学发展的新格局中，中国特色统计学问题研究是"三大体系"建设和"社会基础结构"构建的重要组成部分，是基础的基础。

对社会科学领域的统计学而言，完成"三大体系"建设任务所面临的一个突出问题是，中国特色统计学问题研究与国际统计标准的中国参与，如何把握二者关系？有人以为，社会经济统计已有现成国际标准，中国执行开放国策参与全球化发展，就得执行国际统一标准，无须再做什么研究，更不用关注统计学的中国特色问题。这是一种亟待澄清的误解，完全照搬国际标准的态度，对践行统计学学科使命构成极大的障碍。

社会经济统计是国际交流的语言，当然应该满足通用性。不少人采用语言来类比统计国际标准的必要性，要扩大国际交流范围，就得学好流行语言。同样要搞开放，就必须遵守经济统计的国际标准。什么都自己另搞一套，与世界发展的潮流不合，对自身发展也非聪明的选择。尤其在全球化业已形成的格局下，完全封闭将相当困难。

问题在于，任何事情都要把握"度"。只讲一般性不讲特殊性，放弃了每个国家都应该具有的话语权，迷信国际标准，其实是一种偏执。我们应该深刻认识国际统计标准的多维属性：①国家历来是基本的经济测度单位；②国际统计标准一直在历史演化过程中；③国际标准完全可能隐含测度陷阱，不能确保公平和正义；④国际统计标准是经济测度一般性与特殊性的矛盾产物。只有从学理上加以科学把握，才能切实意识到中国特色统计学问题研究的必要性和重要性，才能明确社会科学领域统计学"三大体系建设"的方向、重心和路径，才能切实完成我们的学科使命。

1 国家历来是基本的经济测度单位

国家从来就是一个基本的利益单位，因而也是基本的测度单位。社会经济统

---

① 主要内容曾发表于《光明日报》2021 年 4 月 21 日理论版。

计当然要反映"事实",但世界本身是多维、多元的复杂有机体,有限的统计资源,究竟反映其中的哪些事实?势必出现最为基本的统计"相关性"问题。在现实国际社会中,也就出现了议题选择问题,也即社会经济统计的"国家立场"问题,并不存在纯粹的"描述统计"。

构建国际标准,以便国际事务的协调。作为宏观管理的工具,对"国势"做统计意义上的"反映",其中往往隐含着平均化的处理,从某个特定视角看其综合"离差"最小,但由于无法顾及各国的国情特色,注定存在着其他视角下对现实国际关系的背离。

不同国家其经济统计的"相关性"不同。马斯洛的需求层次在统计重心上也有所体现。富国比较关注福利测度,特别是社会福利(广义福利),当下则比较关注中产阶层的状态。穷国比较关注生产和就业测度,主要是基本福利(物质福利),更关注贫困阶层的状态。

新兴国家的出现是全球化时代的新现象,是发展中国家的分层,新兴国家 GDP 总量在全球 GDP 总量中的比重加大,使得国际竞争出现了新的结构性变化,社会经济统计重心也需要做出相应的变革。然而,发达国家对此并没有准备,新兴国家需要自己提出统计主张。

国际标准应该是世界各国实践的一般化,将一般测度、核算原理与具体统计实践相结合。第一,需要研究标准如何落地。第二,需要各国对之做出反馈。第三,需要深入研究,并揭示其与本国实践矛盾之处。第四,国际统计标准设计并未齐全,不可能对所有现实疑问都给出明确的处理方案,仅照搬条文,无法满足统计实践的需要。执行国际标准,意在遵循其基本原则,还有大量社会经济统计难题亟待解决,学说的历史并未终结。中国这样的新兴大国,应该为国际统计标准的改进做出应有的贡献。

2 国际统计标准一直在历史演化过程中

考察国际统计标准构建和执行的历史,行为主体主要有"制定者"(maker)和"接受者"(taker),后来才有所谓"共同制定者"(co-maker)。当发达国家的数目增多,且发展中国家在世界经济中的地位有所提升时,现代国际标准才可能在各国博弈中形成,参与国在其中作用的大小,则取决于其经济和文化实力。

社会经济统计的国际标准最初由发达国家主导形成,这些国家最先完成物质基础和财富的原始积累,最先开始关注"软实力"建设,也最先遇到国际交流的数据需求,所以,这些国家的管理精英能够也需要放眼世界,思考社会经济统计国际交流的一般方法论问题。

世界上多数国家是国际标准的接受者，而非其制定者，发展中国家在其中的作用往往相当小。毕竟，社会经济统计是公共产品，穷国没有那么多资源用于"社会基础结构"的建设，初级阶段势必将重心放在硬件建设上，"软实力"的构建和积累还有待于一定的物质基础。穷国往往受限于现有的资源约束，尤其在国际规则上，即便面对明显不合理的条款，也很难进行修订和改变。

各国在经济现实认知上存在矛盾，引发国际标准动态演化。但是，规则制定时不可能解决所有矛盾，有些议题能达成共识，有的则不能，从而需要妥协，产生一个在当时历史条件下博弈各方基本上都可以接受的统计方案，以解当务之急。

在所制订方案的实施中，统计对象（社会经济现象）本身还在持续演化，可能与既定测度方案产生新的矛盾，从而产生指标如何与现实动态匹配的问题。在已有规则执行过程中，博弈各方也可能遇到标准所忽视的问题，这就需要局部地创新。同时还伴随着认知工具的改良，有助于发现问题和解决矛盾。矛盾积累到一定程度需要更新标准，标准更新的条件也是积累到一定程度，于是博弈各方通过争论，达成新的共识和妥协，完成一个轮次的标准修订。

社会科学统计学的功能就在于由表及里，由里及表；由彼及此，由此及彼。如何结合国情落实国际统计标准，如何按照发展中国家出现的新情况，如新兴国家现象，来改进国际统计标准，如何按照数字经济的发展来充实现有国际标准，都需要专门的方法论研究。这是一个长期过程，我们应该摒弃静态乃至固化的统计标准观。

3　国际标准完全可能隐含测度陷阱，不能确保公平和正义

国际标准的权威性来自其本来应该具备的公平和正义，对各国的等效性，然而世界大同仅仅是一种理想，现实国际关系是各国间的竞争合作关系，不能只看其中一面，不能误以为国际标准完全秉持国际公平和正义。

第一，国际标准由人而非神制定，必定包含弱点、缺点甚至错误，即使部分专家确实秉持国际主义态度，其学识和经验也会造成某种局限，他们很难切实知晓穷国的社会现实。国际标准与制定者的偏好高度相关，即便同样的"测度陷阱"，往往对发展中国家的危害更大。

第二，其背后可能隐含着制定者的利益，必定有某个具体国家不相适应的地方。欧洲有学者指出了国际经济统计中的"四大偏误"，也指出了新兴国家增长成果中的"GDP幻觉"。就标准的实质而言，"带病运行"其实是常态。

第三，所有国际标准都是妥协的产物，对强者是固化既得利益，对弱者则是

及时止损的博弈。国际标准还存在着理念对现实的妥协。例如1993年版SNA，就是对核算标准使用范围扩展的一种妥协。

第四，世界上还存在着由跨国公司和非政府组织制定国际标准的现象。在实物生产中，做产品的与做品牌的地位层次不同，获利不同。扩展来看，接受国际标准的弱国与"做标准（规则）"的强国差距更大。"软实力"有很多种，其中之一就是做标准的实力，强国可以借力打力，通过维系国际标准，就能够达成维系本国利益的目的。在好多场合，这种"软实力"的功效并不亚于硬实力，特别是在后殖民时代，更可能成为比较方便和实惠的经济殖民手段。

典型的如信用评级机构，美国金融危机调查委员会在其最终报告中指出其是2008年金融危机的"关键推动者"。欧盟央行的研究报告也曾指出，三大信用评级机构倾向于给其客户较高的评分。我们不应该将信用评级仅仅看作一种金融技术，误以为其客观公正。

究竟应该如何应对国际标准？典型的反例是美国，作为世界头号强国，美国在当代国民核算制度中是供给者。公共产品只供全世界使用，但美国自己却并不实施SNA，而是坚持使用具有"美国特色"的核算制度NIPAs（national income and product accounts，国民收入和生产账户），只是近些年才做了某些适应性调整，"美国例外论"是美国特色的极致。

坚持"国家立场"倒也无可厚非。毕竟，自转是地球实现其对太阳公转的必要方式，如果不允许地球自转，那么地球恐怕也就无法完成对太阳的公转。问题在于，若是其他国家像美国这样做，却往往会遭受打压，甚至难以与他国有效地交流。

在现代国势研究的重大问题上，照搬并迷信国际流行的指标，就放弃了话语权。那样可能扭曲对国势的判断，容易误导各种决策和政策的制定与实施。具体如下。

中国是否应该接受按"碳排放总量"确定国家责任的做法？"丁仲礼之问"值得深思，如果真是"人人生而平等"，为什么发达国家在环境资源责任上坚持"国家单位"，而在其他测度上却特别强调"个人单位"？除了人均视角外，是否应该确立"多生产多排放"和"多消费多负责"的原则，并开发新的国家责任辨识指标？

按照PPP计算，中国已经成为世界上第一大经济体。这个结论被国内外多数经济专家接受。ICP结果意味着发展中国家的GDP质量普遍高于发达国家，按照2021年轮ICP的结果数据，中国2017年的GDP与美国相比，居然可以"以六当十"，其实是反常识的。究其原因，ICP无法在国家间找到"同质产出"进行比较，隐含了"纯价比"和"等价比"假设，从而其结果存在系统性偏误。

多数人无视GDP与GNI的区别，深究"国外净要素收入"可以看到，美国自

2010 年以来,每年有平均高达 3566 亿美元的盈余,超过了日本、德国、法国三国盈余之和。再看中国近十年的"国外净要素收入",只有 2014 年该指标数值为正,平均每年负值为 376.57 亿美元,值得引起重视。我们长期用 GDP 排位,对中国在全球化中的"真实链位"缺乏更为理性的认知,自以为是"最大受益者",忽略了快速发展的潜在成本,内在逻辑上迎合了美国政客所鼓吹的"中国占便宜"说,容易造成国际竞争中的被动。

从社会经济统计专业视角深入挖掘,这种测度陷阱还有不少。后发国家面对不平等的现实,只能逐步改善发展的国际环境。但如果忽视国家作为基本利益单位的现实,什么都按照所谓国际标准套裁,缺乏对自己国情的认真考量,轻易放弃为国家正当利益的争辩,没有动态的国际标准观,往往会对本国人民造成不应该承受的损失。

4 国际统计标准中隐含着经济测度的一个基本矛盾:一般性与特殊性

从社会经济统计的学理上看,统计社会功能的实现取决于其"相关性",确定测度对象范围、选择测度因素都应该适于宏观管理要求,其隐含前提即"国家立场"。然而统计方法的核心特征在于"比较",在全球化大背景下,各国面临着相悖的场景:究竟如何确定统计的相关性,即更注重国际可比的一般性,还是与不同国家行为者决策相应的特殊性?

社会经济统计的重心究竟如何确定?如果没有统一标准,难以保证社会经济统计的可比性,无法满足国际交流的需要。但如果标准制定和执行过程中过于刻板,社会经济统计又难以服务于本国的特殊决策要求。这两种要求往往内在地矛盾,需要做出抉择。

问题在于,国际标准的"共同制定"能否真正落实?究竟谁在发挥主导作用?即便发达国家精英代表着先进技术和方法主流,但理念上仍然存在局限:他们往往只从其所处的高端经济环境看全球性问题,往往以为其理念和认知放之四海而皆准,往往断定其他国家应该按照他们设定的道路前行。

发展中国家对国际准则大都尊敬有加,但限于自身条件又很难完全落实,往往陷入现实约束与发展预期的张力中彷徨。国家间的差异多元,经济发展水平差异只是其中一项。历史阶段差异、自然资源和环境差异、社会文化差异,对社会经济统计的需求都可能不同。

对不同时间和空间的行为主体而言,相关性不同,统计难以硬性标准化,应该且需要做出更为灵活性的制度演化安排。"测度倡议"（measurement initiative）作为"全球公共品"，当然应该经过认真的国际对话，否则容易产生法国学者热拉尔·莫热（Gérard Mauger）先生所指出的危险——"国际观念贸易"中的"错位误读"效应。只有各国将其特色的社会经济统计实践提升为新观念，并补充到国际标准中，标准才是可行的，才是真正世界意义的。

　　一般性与特殊性相反相成，正是基于这种辩证关系，我们强调"中国参与"，而非仅仅执行标准。特色实践需要理论指导，一般观念需要特色实践的验证，从而体系化。学术体系是学科体系的内涵，而话语体系是学科体系外在功能的实现。如果放弃话语权，遑论话语体系的构建。全球化发展导致国势研究更为重要，因此，我们应该持续地、系统地、开放地、深入地进行中国特色统计学问题研究。

中国不应在资源消耗问题上过于自责
——基于"资源消耗层级论"的思考[①]

摘要：改革开放以来，中国经济保持了年均 9.6% 的增长速度，但同时也面临着 5 个方面的资源压力，中国的资源消耗问题备受国内外关注。本文提出并初步剖析了"资源消耗层级论"，认为中国资源消耗巨大是与中国目前所处的特定发展阶段以及特殊的国情密切相关的。中国人口众多，人均资源消耗量实际上处于世界较低水平。中国当前城市化速度非常快，居民消费结构正向住、行方面升级，建筑和交通已成为中国资源消耗的重点领域，表现出对资源需求量巨大的阶段性特征。此外，由于中国的出口多为高资源消耗产品，在出口额占 GDP 比重越来越大的背景下，中国实际的资源消耗量要大大低于名义的资源消耗量。尽管中国资源利用效率还不高，但不应忽视的是，中国资源利用的相对效率水平正不断提高。随着中国经济社会逐步进入新的发展阶段，对资源的巨大需求将相对地缓解，我们应该理性地应对现存的资源消耗问题，而不必过于自责。

关键词：经济增长；资源消耗；资源消耗层级论；效率

1 面临巨大资源压力时应有的理性思考

改革开放以来，中国经济增长速度较快，经济总量增长了 11 倍，取得了巨大的建设成就，同时也面临巨大的资源压力。这种压力主要表现在以下几个方面。

一是中国的产出占世界产出的比重与消耗所占比重不相称。2005 年我国 GDP 占世界 GDP 的比重大约是 4%，还并不大，但是资源消耗占世界的比重却不小，就主要品种看：石油为 7.4%，原煤为 31%，钢铁为 27%，氧化铝为 25%，水泥为 40%，仅从指标数值看，二者是很不协调的。

二是资源消耗增长的压力。2005 年，全国能源消费总量高达 22.2 亿吨标准煤，比 2004 年增长 9.47%，其中煤炭消费量 21.4 亿吨，增长 10.6%；原油 3.0 亿吨，增长 2.1%；天然气 500 亿立方米，增长 20.6%；水电 4010 亿千瓦时，增长 13.4%；

---

① 曾发表于《统计研究》2007 年第 2 期。本篇相当于一个示例，专门就资源消耗问题阐述坚持国家视角的重要性。

核电 523 亿千瓦时，增长 3.7%。主要原材料消费中，钢材 4.0 亿吨，增长 20.1%；氧化铝 1561 万吨，增长 21.7%；水泥 10.5 亿吨，增长 9.0%。

三是中国的资源利用效率仍然偏低。2005 年万元 GDP 能耗为 1.43 吨标准煤，与 2004 年基本持平。2006 年上半年，全国单位 GDP 能耗同比上升 0.8%，从主要行业单位增加值能耗来看，煤炭上升 5.5%，石油石化上升 8.7%，钢铁下降 1.2%，有色金属上升 0.4%，建材下降 4.5%，化工下降 5.0%，纺织下降 5.5%，电力上升 0.8%。从工业的能源效率来看，8 个主要耗能工业的单位产品能耗比世界先进水平高了 40% 以上，而这 8 个主要工业部门能耗占整个工业能耗的 73%；工业用水重复利用率要比发达国家低 15 到 25 个百分点；矿产资源的总回收率大概是 30%，比国外先进水平低了 20 个百分点；建筑能耗高的问题也十分突出，我们的节能居住建筑仅占全国城市居住建筑的 3.5%，单位面积采暖能耗相当于气候条件相近的发达国家的两到三倍。单以火电为例，中国的电力结构中火力发电约占 80%，其中尤以煤发电为主，中国生产的煤炭 60% 都用于发电，每千瓦时消耗 379 克煤，比世界发达国家的水平高 50 到 60 克。中国火力发电厂一年发电量约为 20 000 亿千瓦时，按每千瓦时比发达国家多消耗 50 克煤炭计算，一年就多消耗煤炭 1 亿吨。

四是中国的人均资源占有量与世界人均占有量的差距。按说中国地域辽阔，自然条件复杂多样，蕴藏的各种资源极为丰富，在总量上并不小，但是由于人口数量庞大，人口密度不低，按人均自然资源占有量计算，中国实际上是一个资源十分贫乏的国家，很多主要的自然资源都远远低于世界人均水平（表 1）。例如，中国人均耕地面积仅为世界平均水平的 21.81%，人均石油储量介于世界平均水平的 31.6%~63.83%，人均铁矿储量仅为世界平均水平的 53.79%。从总体形势上看，中国工业化与现代化过程受资源的制约极为严重。土地、森林、水资源等的过度开发，对环境造成了很大破坏，不仅加剧了水土流失、土地荒漠化、江河污染，同时致使水旱灾害频繁发生。以淡水资源为例，全国用水量由 1949 年的 1031 亿立方米增加到 2000 年的 5497.59 亿立方米，增长了 4.3 倍，缺水城市有 300 多个，日缺水量为 1600 万立方米，其中严重缺水城市有 100 多个，与此同时，农业每年缺水 300 亿~400 亿立方米。特别是石油、天然气、矿产资源等不可再生资源的过度开采，既占用了大量农田，又破坏或污染了水系，而且对未来资源供给能力提出了严峻挑战。2010 年，在我国 45 种重要矿石资源中，可以保证需求的只有 23 种，2020 年仅有 6 种，具有战略意义且消耗量极大的铁、铜和石油资源中国都将无法自给。

表 1　主要自然资源中国与世界人均拥有量的比较

资源类别	中国人均拥有量	世界人均拥有量	中国人均量占世界人均量比例/%
国土	14.4 亩	49 亩	29.39
林地	1.8 亩	15.5 亩	11.61

续表

资源类别	中国人均拥有量	世界人均拥有量	中国人均量占世界人均量比例/%
耕地	1.2 亩	5.5 亩	21.81
草原	4.3 亩	11.4 亩	37.72
淡水	2 563 立方米	10 800 立方米	23.73
煤（地质储量）	1 465 吨	3 146 吨	46.57
石油（地质储量）	30~60 吨	94 吨	31.6~63.83
水能（总储量）	0.67 亿千瓦	1.1 亿千瓦	60.91
铁矿（探明储量）	46.8 吨	87 吨	53.79

资料来源：钟阳胜：《追赶型经济增长理论》，广东高等教育出版社 1998 年版

注：1 亩 ≈ 666.7 平方米

　　五是原材料进口的压力。伴随着经济的不断增长，中国大宗初级产品进口大幅增长，中国成为全球初级产品市场上最重要的买方之一。在中国进口额最大的 4 种初级产品中，原油进口额 2003 年增长 55%，2004 年增长 71%；铁矿石进口额 2003 年增长 75%，2004 年增长 162%；铜材进口额 2003 年增长 61%，2004 年增长 38%；大豆进口额 2003 年增长 119%，2004 年增长 29%。2003 年，中国已经成为铁矿石、铜材、大豆的全球最大进口国，以及原油的第二大进口国（美国第一）。2004 年中国对原油的进口依存度已达 40%，对大豆的进口依存度达 53%，2003 年中国对铁矿石的进口依存度达 36%，而对铜材的进口依存度早在 2002 年就已达 60%。我们还应看到：全球初级产品价格自 2002 年开始迅速上涨，原油价格 2003 年上涨 7%，2004 年上涨 30%；铁矿石价格 2003 年上涨 9%，2004 年上涨 17%；铜材价格 2003 年上涨 38%，2004 年上涨 43%；大豆价格 2003 年上涨 36%，2004 年下跌 30%。国际初级产品价格的大幅上涨（下跌），恶化了中国企业的进出口贸易条件，将对中国经济的持续增长造成巨大冲击。

　　到底应如何看待中国的资源消耗问题？资源压力的确是一种客观现实，但透过这些表象，也还有不少问题值得我们进一步深入思考：比如，中国进口初级产品是全部用于中国人的消费品生产吗？如果进口是为了出口，那么是不是应该区分名义资源消耗量与实际资源消耗量呢？再看世界那么多国家，有哪一个是严格按照其资源拥有量来确定资源消耗量的呢？还有，如果考虑人均消耗量指标，而不仅仅看资源消耗总量，中国的消耗水平到底是不是那么高？又比如，中国产出占世界的比重与资源消耗占世界的比重不相称，这到底是中国之过，还是中国受到了双重的盘剥？再一点，中国资源的绝对利用效率目前还不高，但其变化趋势如何？从资源相对利用效率来看情形又是怎样？

　　总之，我们认为，面对巨大的资源压力，中国人应该保持冷静和清醒的认识，

搞清楚名义消耗与实际消耗、人均拥有与人均消耗、绝对利用效率与相对利用效率等重大区别，从而理性地应对中国的资源消耗问题。

2   资源消耗层级论的基本内涵和实证分析

从人类社会发展历史来看，从原始的采集狩猎活动到今天的芯片研制、新能源及新材料开发、生物工程等，各种经济活动无不包含人类对资源的开发利用过程。任何财富都是由各种资源转化而来的，包括自然资源与社会资源（孙树琦和张志昌，2005）。人类对不同资源的开发利用能力同样决定了生产力的时代特征，人类社会的发展受生产力运动规律支配，而伴随生产力发展变化的是资源与财富的转化规律。与生产工具相对应，人类对资源利用层级的演进也是社会生产力发展变化的主要特征之一，一般地，资源利用层级的演进包括质与量两方面的内容，质的规定性主要是指资源利用能力，即资源使用效率；量的规定性主要是指资源消耗的规模，可以从总量水平与人均水平两方面来反映。

长期来看，经济社会的发展本身是连续性与阶段性的统一。一方面，不同国家或地区的经济社会状况一直处于持续的发展变化当中，具有连续性。另一方面，在某些特定的时期内，社会经济的主要特征表现出极大的相似性，如科学技术条件、生产工具、能源、动力的使用等，即社会经济发展呈现出阶段性。处在不同发展阶段上的经济体，虽然具有某些相同的时代特征，但由于各自的自然条件、历史文化状况、科学技术条件等方面差异巨大，其社会运行状况往往也不尽相同。

生产力发展水平的高低很大程度上也体现为对资源利用层次的高低，资源利用层次的升级和递进既是社会生产力发展的体现，同时也是经济技术水平发展到一定历史阶段的产物。生产力的发展，与人类对资源的开发利用层次以及技术进步都是密切相关的。无论是原始人对天然物品的使用，还是现代人对石油的利用、对芯片的研制、对航天技术的开发，都是对资源开发和利用的结果。纵观人类历史，对资源的开发与利用经历了一个从低级到高级的演进过程。人类社会之所以处于不同的生产发展阶段，一个主要方面在于人类所开发资源的种类、性质及层次的变化。原始社会的采集、狩猎、捕捞业，主要针对自然资源的可直接利用性；而种植、养殖、畜牧业主要针对某些资源的可简单改造性；手工业生产主要针对资源的可加工性；工厂化生产时期对资源的利用涉及了人们的经验及技能；专业化的高技术行业主要针对某些资源加工的可深化性与可交融性，如石化、汽车、精密机床、电子、高级芯片、纳米、生物技术等产业的生产活动。

在这个演进的过程中，越是处于资源利用层级低端的经济体，其资源利用效率越低，而资源消耗量一般也较少。随着文明程度的提高，社会的工业化与现代化程度不断推进，人类对自然资源的利用效率不断提高，相应的资源消耗量也增大。例如，处于资源利用层级高端的美国，资源利用效率非常高，国民经济中高附加值产品所占比重大，人均资源消费量也非常大。

我们看到，人类社会从原始走向现代化经历了三个资源利用层级的跃迁：首先是处于资源利用效率低、资源消耗规模小的层级，其次转向资源利用效率低但资源消耗规模大的层级，最后到资源利用效率高、资源消耗规模大的层级（图1）。仅少数经济体受特殊环境或条件的影响，可以不经历中间层级，直接由低效率、低消耗的层级跃迁到高效率、高消耗的层级。

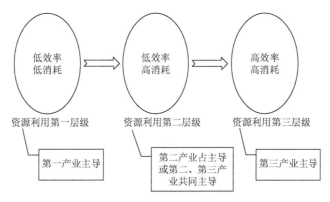

图1　资源利用层级的跃迁

在传统的农业社会中，各国居民的生产活动以对土地资源的利用为主，以水力、畜力为主要动力，对资源的利用处于第一层级，农业在国民经济中占主导地位。

从18世纪60年代开始，由于动力机和工作机器的发明与使用，劳动密集型的轻纺工业成为工业化的先导部门，并逐步带动早期制造业和运输业的蓬勃发展，英国、法国、德国、美国等相继进入工业化时期，率先转向资源利用的第二层级。特别是随着以电力技术为标志的第二次技术革命的推动，电气、钢铁、化工、机械、汽车等资源密集型产业逐步兴起和发展起来，制造业成为国民经济的主体。英国在19世纪60年代，法国、德国等在19世纪后半期，美国在19世纪末，日本在20世纪20年代相继完成了早期工业化过程。在整个工业化过程中，各国城市化加速，交通运输业飞速发展，由此带动钢铁、建筑、重化工业等资源密集型工业的快速发展，少数几个工业化国家几乎包揽了当时世界绝大部分的资源消耗。例如，在1830~1870年，世界煤产量增长7倍，英国占了一半左右，德国、比利时、法国产量约占1/4。德国早在19世纪60年代即形成了较为密集的铁路网，1871年铁路里程数达21 471公里，拥有机车5927辆，1850~1870年短短20年间，煤的消耗量由 670 万吨上升到 3400 万吨，生铁产量则从 21 万吨上升到 139 万吨，1960 年德国钢铁产业产值在工业产值中所占比重高达 6.7%，20 世纪 50 年代中期德国成为世界第二的汽车大国。

从美国的经济发展过程来看，19 世纪后半期至 20 世纪初期，是美国由农业经济转变为工业经济的关键时期。1800 年美国仅有纽约这一座 5 万人以上的城市，1860 年美国全国劳动人口为 1111 万人，其中从事农业生产的人口为 588 万人，占全部劳动人口的 53%，从事制造业的人口为 153 万，约占全部劳动人口的 14%。到 1900 年，美国人口总数大约为 7620 万人，其中城市人口已经为 3000 多万人，占美国全国人口的 39.6%。到了 1920 年，美国人口达到 1 亿 600 万人，城市人口占 51.2%，首次超过了农村人口。高速的城市化使城市经济成为美国国内经济的主体，其实早在 1890 年美国制造业产品的总价值就已超过农业产品价值的 3 倍，进入 20 世纪后，美国已经由农业国转变为一个工业国，1910 年美国制造业产值已占世界制造业总产值的 35%。在工业化的过程中，美国交通运输、建筑业与重化工业一样快速发展，1916 年美国专门出台了第一个公路法令，由联邦政府拨专款、州政府负责建筑和管理汽车公路，现在覆盖全美的 8 万多公里州际高速公路中有 65 969 公里是 20 世纪 70 年代以前建成的，耗资为 370 亿美元以上。快速的城市化以及公路、铁路等交通设施建设的兴起，对钢铁等资源的需求巨大，到 20 世纪初期美国钢铁产量超过英国、德国之和，1913 年美国石油消费量占了世界总消费量的 51.8%，1913 年美国电力消费高达 248 亿千瓦时。二战后，美国汽车工业快速发展，并成为汽车、钢铁、建筑等三大支柱产业之首，消费了全美 25% 的钢铁和 60% 的橡胶，美国迅速发展成为世界第一的汽车大国。

西方发达国家早期工业化后经济快速增长，伴随而来的是普遍的物质巨量消耗。一般而言，从各国经济社会发展进程来看，人均 GDP 在 1000~3000 美元的阶段对一个经济体至关重要，是现代化能否实现的关键时期，社会经济结构处于重大变革之中。这一阶段之后，工业化社会开始跨入一个稳定发展的成熟期，经济技术水平提高速度非常快，资源利用效率提高速度也非常快（钱纳里和塞尔昆，1989；伦达尔和恩杜鲁，2000）。当进入后工业化社会后，一般将逐步转入资源利用的第三层级，经济对资源的直接依赖关系开始变弱，现在的多数发达国家在 20 世纪 70 年代前后进入后工业化社会，完成了这一步跃迁。

进入后工业化时代后，资源利用效率普遍较高，但发达国家仍然是全球资源消费的主体，不足世界人口 15% 的发达国家消费了全球 62% 的石油和 50% 以上的金属铝、粗钢和精炼铜，而占世界人口 80% 的发展中国家仅消费了全球 33% 的石油和不足 40% 的金属铝、精炼铜和粗钢（王安建，2005）。但是，进入后工业化社会后，社会财富已经积累到了一定水平，基础设施建设趋于完备，第二产业让位于第三产业，资源消费增速趋缓甚至回落，经济增长与物质消耗增长之间直接的强依赖关系有所弱化。

　　Jänicke 等（1989）对以联邦德国为代表的工业化水平较高的西方发达国家物质消耗增长与经济增长关系进行了研究，证实联邦德国 GDP 增长与能耗增长和道路运输量增长的"脱钩"始于 20 世纪 70 年代末，GDP 增长与水泥消耗增长的"脱钩"始于 20 世纪 70 年代初，而 GDP 增长与原钢消耗增长的"脱钩"则始于 20 世纪 60 年代。另外，一些研究者（如罗伯特·U. 艾尔斯、乌多·欧内斯特·西莫尼斯等）也对物质消耗增长与经济增长之间的关系做了大量研究，发现工业国的物质消耗总量在工业化之初随着经济总量的增长而一同增长，但是到达某个特定的阶段后将会出现反向变化，经济增长表现出对资源的直接依赖性降低的趋势，即经济增长与物质消耗增长开始"脱钩"，欧洲各工业国在 20 世纪七八十年代的实践也反复证明了这一趋势（表 2）。

表 2　欧洲工业化国家的脱钩情况　　　　　单位：%

国家	一次能源消耗增长	原钢消耗增长	水泥消耗增长	道路运输量增长	GDP 增长
比利时	7.1	24.5	17.6	2.2	42.7
丹麦	2.7	15.6	33.2	20.1	40.8
法国	30.3	34.8	23.4	14.5	51.6
瑞典	26.4	37.9	41.2	21.4	32.7
英国	2.3	43.5	28.7	18.2	32.4

　　注：①本表引自 Ayres R U，Simonis U E. 1994. Industrial Metabolism[M]. New York：The United Nations University；②表中 GDP 以 1980 年的固定价格和汇率计算

　　日本在工业化初期经济增长与资源消耗增长之间也表现出了显著的正相关关系，但是随着资源利用效率迅速提高，当逐步进入后工业化社会后经济增长与资源消耗增长"脱钩"的特征也非常明显。1934 年日本钢铁消费量即达 315.5 万吨，是 1910 年消费量的 18.9 倍；电力装机容量 1910 年为 258 千瓦，1937 年增加到 6977 千瓦，发电量达 303.91 亿千瓦时。1937 年日本重化工业在工业总产值中所占比重高达 57.2%。战后日本经济重建对资源的需求迅速增长，1973 年世界日产原油 5704.5 万桶，日本的日消费量占世界的 10%，达 570 万桶。此后日本工业化过程基本完成，对原油的需求基本维持这一水平，1990 年世界日产原油 6548 万桶，日本日消费量反而下降到 523.84 万桶，所占比重也下降为 8%；2003 年世界日产原油达 7811.2 万桶，日本日消费量略有上涨，为 546.78 万桶，所占份额为 7%；2004 年日本日消费石油量为 530 万桶。近 30 年来，日本的日消费石油量基本维持在 550 万桶左右，可见日本的经济增长与石油消费量增长从 20 世纪 70 年代开始"脱钩"。

　　工业化过程是人类大量耗费自然资源，快速积累社会财富，高速发展经济，不断提高生活水平的过程，是人类社会发展历史不可逾越的阶段。理论上处于工业化过程中的国家一般都要经历一个资源消耗迅速增长的发展阶段，最近20年中国石油消费增长了192%，作为另一个发展中大国的印度，同期石油消费增长了240%，甚至高于中国。

　　新兴工业化国家韩国的发展历程为此提供了有力的证据，1977年韩国人均GDP突破1000美元，1987年人均GDP达到3170.9美元。这段时间是韩国工业化和现代化的关键时期，资源消耗量迅速攀升，经济社会结构发生重大变化，1977年人均耗电量为627千瓦时，1987年达到1525千瓦时，增长了1.43倍；1980年人均钢材消费量为153千克，1990年为501千克，增长了2.27倍，1997年再增至857千克；1975年人均煤炭消费量为476.02千克，1989年达到1208.13千克，增长了1.54倍；1975年人均石油消费量为392.99千克，1989年达到798.49千克，增长了1.03倍。1966～1978年韩国石油消费随着GDP的增长而迅速增长，1978年世界爆发石油危机，韩国石油消费增长短暂停止，而1984年后又开始迅速增长。1990年韩国汽车普及率只有7.8辆/万人，1995年迅速增至19辆/万人，5年内人均汽车保有量翻了一番，石油消费量也从1990年的4950万吨增至1995年的9480万吨，5年几乎翻了一番。20世纪后20年里韩国石油消费量增长了306%，到1999年前后韩国经济对石油的依赖性开始下降，GDP增长与石油消费增长出现"脱钩"现象。纵观韩国的整个工业化过程，在20世纪70年代石油消费一直在韩国一次能源消费结构中占65%左右，工业化导致韩国对石油消耗迅速上升，但石油利用效率却曾出现过一个短暂的下降，从0.13吨/（$\times 10^3$美元）上升到0.15吨/（$\times 10^3$美元）。

　　我们知道，衡量社会经济进步程度的一个重要指标就是人均收入水平，按照世界银行的收入分组标准，从不同收入国家1990年与2002年的人均能源消费（图2）与单位能源使用产生的GDP（图3）的对比来看，以2002年为例，下中等收入国家人均能源消费量约为低收入国家的2.6倍，上中等收入国家人均能源消费量约为低收入国家的4.5倍，高收入国家人均能源消费量约为上中等收入国家的2.4倍。与此同时，四类不同收入国家单位能源使用产生的GDP分别为4.1、4.1、4.3和5.2美元。很明显，一国或地区的资源消费与社会经济发展水平之间存在着对应关系，一般地，收入水平越低则人均能源消费量越小，能源使用效率一般也较低；反之，收入水平越高则人均能源消费量越大，能源使用效率一般也较高。

　　从变化趋势来看，低收入国家在1990～2002年人均能源消费增长6.48%，远高于世界0.77%的平均水平，中等收入国家人均能源消费数量不仅没有增长反而略有下降，而高收入国家仍保持11.03%的增长势头。但是从单位能源使用产生的GDP来看，中等收入国家能源利用效率提高速度最快，达41.38%，而低收入国家和高收入国家能源效率的改善要慢于世界平均水平（17.95%）（表3）。

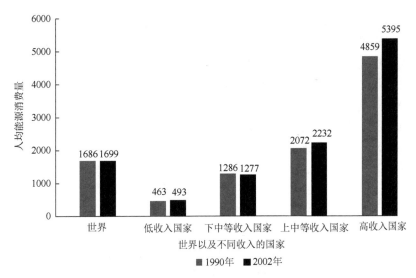

图 2　不同收入国家人均能源消费量比较

图中数据单位是千克石油当量

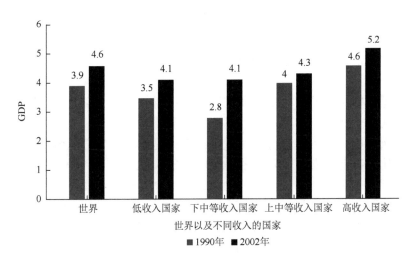

图 3　不同收入国家能源效率对比

数据单位是经 PPP 调整的 2000 年美元

表 3　1990～2002 年能源消费与能源效率变化对比　　　　单位：%

指标	世界平均	低收入国家	中等收入国家	高收入国家
人均能源消费增长	0.77	6.48	-2.48	11.03
单位能源使用产生的 GDP 增长	17.95	17.14	41.38	13.04

资料来源：笔者根据世界银行《2005 年世界发展指标》相关资料整理

　　由此可见，从低收入国家向中等收入国家转变的发展过程中，一个典型特征是人均能源消费的迅速增长；从中等收入国家向高收入国家转变的发展过程中，一个典型特征是能源效率大幅提高，而人均能源消费量变化幅度相对更小；高收入国家在能源效率改善的同时能源消费量继续较快增长，呈现出明显的高效率、高消耗特征。直观上看，由低收入经济体向中等收入经济体的转变一般都要经历工业化的过程，在这个过程中，重化工业将快速发展，城市化的速度将加快，交通、建筑等对资源需求量巨大的行业将迅速发展，因而这个时期资源的消耗量非常大。各国在由低消耗、低效率的农业社会向高消耗、高效率的现代工业社会转变的过程中，一般要先经历资源消耗的第二层级，即对资源消耗巨大的工业化过程。此后，到达一定阶段，随着技术的进步，资源利用效率迅速提高，经济增长对资源的直接依赖性将有所下降甚至出现所谓的"脱钩"现象。

　　理论上，顺应于资源利用层次的升级，国民经济中的主导产业部门也将发生变化。处于资源利用第一层级的经济体一般以传统的农业社会最为典型，第一产业在国民经济中占据主导地位。伴随着工业化过程的开始，国民经济格局发生的最大变化就是工业所占比重迅速上升，农业所占比重不断下降，因此，处于资源利用第二层级的经济体中第二产业比重一般较高。随着工业化过程的完成，居民消费结构发生转型，引导服务业进入一个快速发展的阶段，因此，处于第三层级的经济体中第三产业比重普遍非常高，成为国民经济结构中第一大产业。

　　钱纳里和塞尔昆的一项早期研究证实，在所有发达国家人均国民生产总值从 100 美元增长到 1000 美元的过程中，随着制造业的发展，农业部门在国民经济中的比重呈明显的下降趋势，工业部门无论是占国民生产总值比重还是就业人数所占比重都迅速增长，分别由 14.9%增长到 37.9%、由 9.1%增长到 36.8%，增长幅度远高于服务业（表 4）。例如，美国农业部门在国民经济中所占比重从 19 世纪六七十年代的 20%下降到 20 世纪 60 年代的 4%，英国从 1841 年的 22%下降到 1995 年的 5%，法国则从 19 世纪七八十年代的 42%下降到 1962 年的 9%。二战后，特别是 20 世纪 60 年代以来，随着经济社会的进步，服务行业向纵深化发展，第三产业普遍成为发达国家发展最快的部门，在国民经济中的比重大幅提高，美国 1987 年第三产业占 GDP 的比重高达 66.5%，英国 1993 年达 65.11%，法国 1993 年达 64.17%。从美国的情形来看，1960～1980 年美国高技术部门增加值所占比重由 27%上升到 38%，与此同时资源密集型部门增加值所占比重却由 28%下降到 23%，信息产业超过了传统的汽车、钢铁、建筑三大支柱产业，成为主导美国经济的支柱产业，1995 年后多年来一直以 30%以上的速度增长。

表4　人均收入水平变化与就业结构、产业结构变化的关系

人均国民生产总值/美元（1964年价格）	占国民生产总值比重/%			占就业人口比重/%		
	农业	工业	服务业	农业	工业	服务业
100	45.2	14.9	39.9	65.8	9.1	25.1
300	26.6	25.1	48.2	48.9	20.6	30.4
500	20.2	29.4	50.4	39.5	25.8	34.7
800	15.6	33.1	51.4	30.0	30.3	39.6
1000	13.8	34.7	51.5	25.2	32.5	42.3
高于1000	12.7	37.9	49.5	15.9	36.8	47.3

资料来源：钱纳里 H，塞尔昆 M. 1989. 发展的格局：1950—1970 年[M]. 李小青，等译. 北京：中国财政经济出版社

3　中国不必过于自责

基于资源消耗层级论的理论视角，我们认为，中国的资源消耗之所以在世界所占比重较高，原因是多方面的，可以说是中国基本国情和所处的特定发展阶段的产物，具有一定程度的客观必然性，中国不应在资源消耗问题上过于自责，下面将从四个方面来分析。

第一，应正确看待资源利用效率问题，当前中国对资源的绝对利用效率还比较低，但相对效率水平正不断提高。

从概念上看，绝对资源利用效率一般可以采用单位 GDP（或产值等其他产出指标）的资源消耗量指标，从横向上与其他国家相比较来衡量；而相对资源利用效率一般可以从纵向上看本国单位 GDP 资源消耗量的变化趋势，以及本国与其他国家比值的变化趋势。

毫无疑问，与发达国家比甚至与部分发展中国家相比，中国的资源利用效率依然偏低，电力、钢铁、有色、石化、建材、化工、轻工、纺织等 8 个行业主要产品单位能耗平均比国际先进水平高 40%，其中大型合成氨综合能耗高出 30%，水泥综合能耗高出 40%，铜冶炼综合能耗高出 60%，中国总能源消耗排放的 CO_2 占全球 CO_2 排放量的比重将近 11%。

中国万元 GDP 能源消费量下降了 19%，OECD 国家下降了 20%。从表5来看，中国万元 GDP 能源消费量呈明显的下降趋势，万元 GDP 能源消费总量由 1991 年的 5.12 吨标准煤下降至 2002 年的 1.30 吨标准煤，石油消费量由 1991 年的 0.61 吨下降到 2002 年的 0.21 吨，电力消费量由 1991 年的 0.34 万千瓦时下降到 2002 年的 0.14 万千瓦时。

表 5 中国万元 GDP 能源消费量（1990～2004 年）

年份	能源消费总量/（吨标准煤/万元）	煤炭/（吨/万元）	焦炭/（吨/万元）	石油/（吨/万元）	原油/（吨/万元）	燃料油/（吨/万元）	电力/（万千瓦时/万元）
GDP 按 1990 年可比价格计算							
1991	5.12	5.46	0.35	0.61	0.61	0.17	0.34
1992	4.72	4.94	0.34	0.58	0.57	0.15	0.33
1993	4.42	4.61	0.34	0.56	0.53	0.14	0.32
1994	4.18	4.38	0.31	0.51	0.48	0.12	0.32
1995	4.01	4.21	0.33	0.49	0.46	0.11	0.31
1996	3.88	4.04	0.3	0.49	0.44	0.10	0.30
1997	3.53	3.57	0.28	0.50	0.45	0.10	0.29
1998	3.15	3.08	0.26	0.47	0.41	0.09	0.28
1999	2.90	2.82	0.23	0.46	0.41	0.09	0.27
2000	2.77	2.64	0.21	0.45	0.42	0.08	0.27
GDP 按 2000 年可比价格计算							
2000	1.40	1.33	0.11	0.23	0.21	0.04	0.14
2001	1.33	1.26	0.10	0.21	0.20	0.04	0.14
2002	1.30	1.21	0.11	0.21	0.19	0.03	0.14
2003	1.36	1.31	0.11	0.19	0.19	0.07	0.15
2004	1.43	1.36	0.12	0.22	0.20	0.03	0.15

资料来源：国家统计局工业交通统计司、国家发展和改革委员会能源局：《中国能源统计年鉴 2005》，中国统计出版社 2006 年版

特别是自"九五"计划以来，通过逐步调整经济结构，全面加强资源管理，引进或自行开发节能新工艺、新技术，钢铁、建材、化工、石化、有色金属、电力等主要高耗能行业产品的单耗指标逐年下降，与国际先进能效水平的差距正逐步缩小。如表 6 所示，钢材综合能耗由 1996 年的 1.392 吨标准煤/吨下降到 2003 年的 1.08 吨标准煤/吨，降幅为 22.4%；水泥综合能耗由 1996 年的 175 千克标准煤/吨下降到 2003 年的 150 千克标准煤/吨，降幅为 14.3%；玻璃综合能耗由 1996 年的 29.4 千克标准煤/重箱下降到 2003 年的 23.2 千克标准煤/重箱，降幅为 21%；有色金属工业炼铝综合能耗由 1996 年的 10.88 吨标准煤/吨下降到 2003 年的 9.17 吨标准煤/吨，降幅为 15.7%。

表 6 1996～2003 年主要高耗能产品单耗

指标	1996 年	1998 年	2000 年	2002 年	2003 年	年均下降率（1996～2003 年）/%
钢材/（吨标准煤/吨）	1.392	1.29	1.18	1.06	1.08	3.6
供电煤/（克标准煤/千瓦时）	410	404	392	383	380	1.1

续表

指标	1996 年	1998 年	2000 年	2002 年	2003 年	年均下降率（1996～2003 年）/%
铝/（吨标准煤/吨）	10.88	10.11	9.56	9.30	9.17	2.4
铜/（吨标准煤/吨）	5.572	5.039	4.613	4.441	4.373	3.4
水泥/（千克标准煤/吨）	175	168	162	159	150	2.2
玻璃/（千克标准煤/重箱）	29.4	25.6	25.0	24.0	23.2	3.3
合成氨（引进气头、大型）/（千克标准煤/吨）	1320	1294	1273	1250	1222	1.1
烧碱/（千克标准煤/吨）	1696	1661	1563	1538	1463	2.1
炼油/（千克标准煤/吨）	14.44	14.46	14.10	12.97	12.64	1.9
乙烯/（千克标准煤/吨）	871.1	809.5	787.4	724.8	711.7	2.8

资料来源：戴炎德.2005.中国工业部门节能现状、问题及挑战[M]//王梦奎，马凯.建设节约型社会.北京：人民出版社.第 153 页的表 1

　　尽管中国能源使用效率一直低于一些发达国家，但是中国能源使用效率逐渐提高的趋势非常明显。从世界银行提供的数字来看（表 7），1990 年中国单位能源使用产生的 GDP 为 2.1 美元，同期世界平均水平为 3.9 美元，2002 年中国单位能源使用产生的 GDP 为 4.6 美元，与同期世界平均水平刚好持平。从能源使用效率的变化趋势上看，1990～2002 年中国能源使用效率提高了 119.05%，相比而言，同期日本单位能源使用所产生的 GDP 数量没有发生变化，也就是说其能源使用效率基本维持原有水平，法国仅提高了 5.45%，英国提高了 20%，德国提高了 26.53%，加拿大提高了 16.13%，可见，中国能源使用效率提高的速度明显快于世界其他国家。

表 7　能源使用效率及其变化趋势

国别	1990 年单位能源使用产生的 GDP	2002 年单位能源使用产生的 GDP	变化百分数/%
	（每千克石油当量经 PPP 调整的美元数以 2000 年为基准）		
英国	5.5	6.6	20
德国	4.9	6.2	26.53
法国	5.5	5.8	5.45
加拿大	3.1	3.6	16.13
澳大利亚	4.1	4.8	17.07
日本	6.4	6.4	0

国别	1990 年单位能源使用产生的 GDP	2002 年单位能源使用产生的 GDP	变化百分数/%
	（每千克石油当量经 PPP 调整的美元数以 2000 年为基准）		
韩国	4.3	3.9	9.3
巴西	7.2	6.8	5.56
阿根廷	6.2	6.9	11.29
智利	5.6	6	7.14
泰国	5.7	5	12.28
中国	2.1	4.6	119.05
全世界	3.9	4.6	17.95

资料来源：世界银行：《2005 年世界发展指标》，中国财政经济出版社 2005 年版

第二，中国人口占世界总人口比重大，人口多则消耗的资源就多，比较资源消耗多少时不仅要考虑总量，也应考虑人均水平。

据美国科普杂志《生活科学》（*Live Science*）网站援引美国人口普查局的数据，全球人口于美国东部时间 2006 年 2 月 25 日晚 7 时 16 分（北京时间 26 日上午 8 时 16 分）达到 65 亿人，2005 年末中国总人口为 130 756 万人，占全世界总人口比例高达 20%。因为人口这个因素而带来的资源消耗比重增大，是理直气壮的，这也体现了我们中国人应该享有的人权。

从矿产资源累计消费总量来看，20 世纪美国共消费了 350 亿吨石油、73 亿吨钢、1.4 亿吨铜和 2 亿吨铝，日本在 1945～2000 年消费了 85 亿吨石油、28 亿吨钢、4000 多万吨铜和 6000 多万吨铝，而中国在 1950～2000 年累计消费石油仅 40 多亿吨、钢 28 亿吨、铜 3000 万吨和铝 5000 多万吨。中国石油累计消费量不足美国的 1/8，钢铁不足其 2/5，铜、铝仅相当于其 1/4，即使与仅有 1 亿多人口的日本相比，中国石油消费量也不及其一半，铜、铝累计消费也均赶不上日本的累计消费水平（王安建，2005）。2004 年，中国石油消费量仅占全球消费量的 8.3%，大大低于美国的 24.9%，当年中国石油进口占世界石油进口量的 7.1%，美国为 26.8%，日本为 10.8%，从人均水平来看，美国人均石油消费量是中国的 14 倍，日本是中国的 3.8 倍。

从表 8 可以看出，除英国、澳大利亚外，美国、德国、法国、日本、韩国、巴西、智利、泰国等国家能源使用量大大高于本国能源生产量，都是大量依赖能源进口的国家，中国 1990 年能源使用量低于生产量，2002 年能源使用量为 1 228 574（ $\times 10^3$ 吨石油当量），生产量为 1 220 812（ $\times 10^3$ 吨石油当量），对能源的进口依赖程度并不高，能源生产与消费发展比较同步。从能源使用总量上看，

1990 年中国能源使用量仅为 879 923（×10³ 吨石油当量），相当于当年美国能源使用量的 45.65%，2002 年能源使用量为 1 228 574（×10³ 吨石油当量），相当于当年美国的 53.64%。

表 8　各国能源生产与使用情况对比

国家	总能源生产量/（×10³ 吨石油当量）		能源使用量/（×10³ 吨石油当量）			人均能源使用量/千克石油当量		
	1990 年	2002 年	1990 年	2002 年	年均增长率/%	1990 年	2002 年	年均增长率/%
美国	1 650 474	1 666 050	1 927 638	2 290 410	1.4	7 722	7 943	0.2
英国	207 007	257 541	212 176	226 508	0.5	3 686	3 824	0.3
德国	186 159	134 771	356 221	346 352	−0.2	4 485	4 198	−0.5
法国	111 439	134 379	227 276	265 881	1.3	4 006	4 470	0.9
澳大利亚	157 712	255 192	87 536	112 712	2.1	5 130	5 732	0.9
日本	76 129	98 133	444 916	516 927	1.3	3 610	4 058	1.0
韩国	21 908	36 206	92 650	203 498	6.6	2 161	4 272	5.8
巴西	97 616	161 737	133 531	190 664	3.0	902	1 093	1.6
阿根廷	48 456	81 692	46 110	56 297	1.7	1 428	1 543	0.6
智利	7 640	8 783	13 629	24 708	5.1	1 040	1 585	3.6
泰国	26 496	45 303	43 860	83 339	5.5	789	1 353	4.6
中国	902 689	1 220 812	879 923	1 228 574	2.8	775	960	1.8
全世界	8 801 246	10 274 551	8 616 766	10 196 821	1.4	1 686	1 699	0.1

资料来源：世界银行：《2005 年世界发展指标》，中国财政经济出版社，2005 年 10 月，第 154-156 页

　　1990～2002 年中国能源使用量年均增长 2.8%，增长速度远低于韩国、智利、泰国、巴西等国家，居世界中游水平。从人均能源使用量来看，1990 年中国人均能源使用量为 775 千克石油当量，仅为美国人均能源使用量的 10%，2002 年上升到 960 千克石油当量，也仅为美国人均能源消费量的 12%。与此同时，1990 年和 2002 年世界平均水平各为 1686 千克和 1699 千克石油当量，中国人均能源消费一直远远低于世界平均水平，更低于美国、日本、澳大利亚、法国、英国、德国等人均能源消耗大国。长期来看，中国人均能源消费不仅基数低，而且与其他国家相比中国人均能源消费增长速度也比较慢，1990～2002 年中国人均能源使用量年均增长速度仅为 1.8%，同期韩国、巴西、智利、泰国人均能源使用量年均增长率分别达 5.8%、1.6%、3.6%和 4.6%。

从人均水平来看，1990 年全世界低收入国家人均能源使用量为 463 千克石油当量，2002 年增长到 493 千克石油当量，年均增长 0.5%；中等收入国家人均能源使用量反而是由 1990 年的 1372 千克石油当量下降至 2002 年的 1338 千克石油当量，年均增长速度为-0.2%；二者均低于高收入国家年均 1.0%的增长速度。尽管能源的使用在低收入国家和中等收入国家一直增长迅速，但是高收入国家仍使用了多达 5 倍于其他国家的人均能源（世界银行：《2005 年世界发展指标》第 157 页）。

第三，从发展阶段上看，中国正处于资源需求量大的时期。

一国或地区发展所处的历史阶段不同，对于资源的消费需求是不一样的，随着社会经济的不断进步，资源利用层级将不断跃迁与升级。实际上，从全球来看，像中国这样的发展中国家，资源使用的增长是与本国现代化部门的发展密切相关的，其中这些部门包括工业、机械化交通运输和城市地区，同时资源的使用也反映出各国气候、地理和经济等因素的差异（如资源相对价格）。

中国能源消费增长迅速，与中国 GDP 迅速增长是相对应的，从图 4 来看，GDP 增长速度在 20 世纪 90 年代的多数年份中均快于能源消费增长速度，也要快于电力消费增长速度，仅在 2000 年后电力消费的增长速度开始超过 GDP 增长速度，而 2002 年后能源消费增长速度超过了 GDP 增长速度。从深层原因来看，2002 年后能源消费出现急速膨胀的趋势可能与亚洲金融危机后 1998 年、1999 年的紧缩政策密切相关，部分是源自压抑后的反弹，当然某种程度上这也说明，从近一轮经济周期来看当前经济形势出现了趋热的迹象，2005 年能源消费增长过快的趋势有所扭转，增长速度略低于 GDP 增长速度。因此，长期来看，中国能源消费的迅速增长尚属正常范围，这是与 GDP 增长相匹配的。

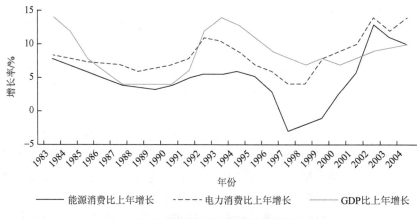

图 4　中国 GDP 增长与能源消费增长比较

中国目前正处于工业化过程中，国民经济结构以工业为主，农业所占比重仍然比较大。2005 年 GDP 为 182 321 亿元，比上年增长 9.9%。其中，第一产业增加值 22 718 亿元，增长 5.2%；第二产业增加值 86 208 亿元，增长 11.4%；第三产业增加值 73 395 亿元，增长 9.6%。第一、第二和第三产业增加值占 GDP 的比重分别为 12.4%、47.3% 和 40.3%。在发达国家和大多数的发展中国家，工业所占比例通常为 20%～40%，服务业占到 50%～70%。一般而言，工业每单位产值能耗是服务业的 4～5 倍，以工业为主导的产业结构特征一定程度上决定了中国对资源的需求量巨大。

中国城镇化迅速发展，房地产和基础设施建设对资源的需求也极大。2000 年 11 月 1 日零时开展的第五次全国人口普查结果显示，当时城镇人口占总人口的比重仅为 36.22%。2005 年末全国居住在城镇的人口达 56 157 万人，占总人口的 42.99%；居住在乡村的人口为 74 471 万人，占总人口的 57.01%，短短的 4 年多时间里中国城镇人口比重上升了 6.77 个百分点，近年来全国性的房地产热即是一个明显的例证，快速的城镇化对资源的需求极为巨大。

现在，中国居民的消费结构正向住、行方面升级，这一趋势使建筑和交通成为中国资源消耗的重点领域。目前，在中国能源消费结构中，工业用能源占能源消费的比例是 73%。据预测，随着经济的发展，人民生活水平逐步提高，建筑和交通用能的比例将快速增长，工业用能的比例将会下降到 57%，建筑增长到 26%，交通将会增长到 17%。以建筑材料为例，中国现在水泥等建筑材料消耗量巨大，这是因为我们现在就处于这样一个阶段，高速公路、住宅等建设处于快速发展期，对水泥等的需求当然是巨大的，等过了这个阶段，需求就会下降。1988 年中国开始兴建高速公路，至 2005 年末总里程达 4.1 万公里，仅 2001～2005 年中国新建高速公路 2.4 万公里，总里程数仅次于美国，居世界第二。建材工业本身是重要的基础原材料工业生产部门，建材工业也是高耗能行业之一，2003 年该行业能源消费量达到 26 204 万吨标准煤，占当年中国能源消费总量的 15.5%，占工业能源消费总量的 23.4%，高居各工业行业榜首。2003 年中国水泥产量达到 8.62 万吨，占世界总产量的 42%，实际上自 1985 年起中国水泥产量就已开始占据世界第一位；平板玻璃产量达 2.77 亿重箱，占世界总产量的 40% 左右，产量连续两年位居世界第一；同时，建筑陶瓷产量约占世界总产量的 45%，卫生陶瓷约占世界总产量的 25%，自 1993 年以来一直居世界第一位。

第四，中国处于世界生产链的低端，这使得我们的名义资源消耗量要大于实际消耗量。

这里所谓的名义资源消耗量，是指本国所有常住单位在生产过程中所消耗的全部资源总量；实际资源消耗量是指一国或地区所有常住单位在消费过程中全部消费产品所消耗的资源量。实际资源消耗量与名义资源消耗量的差别主要在于必须考虑进出口结构，理论上，实际资源消耗量大致等于名义资源消耗量减去出口产品所消耗的资源量，再加上进口产品所消耗的资源量。

一般来说，越是处于生产链高端，所需要的物质资源消耗就越少，而对人力资源的需求就越大；反过来，越是处于生产链的低端，所需要的物质资源消耗就越大，而对人力资源的需求倒不那么大。但是，在国际贸易的大格局中，一国名义消耗的资源量和它实际消耗的资源量是不一致的。比如，美国很少进行铁甚至初钢的生产，这并不意味着美国不需要消耗钢铁的初级资源，只不过美国将其他国家生产的钢锭进行精加工，为其所用，美国实际上消耗的物资资源要大大超过它表面上的消耗量。相反，中国用初级物资资源生产低端产品并大量出口，所以实际上消耗的物资资源要大大少于表面上的消耗量。

自改革开放以来，中国出口持续增长（图 5），出口额占 GDP 的比重由 1980年的 6.0%上升至 2004 年的 30.7%。中国已经成为世界最大的贸易力量之一，2003年中国商品出口已占世界总出口的 6%。目前，中国出口多为资源消耗高但附加值低的低端产品，出口高附加值的高科技产品较少，同发达国家相比，中国商品出口集中在劳动密集、资源密集型的初级产品上，高技术含量的出口相对要少得多。即使是那些领先性的电子产品出口，大多数情况下，中国产品的单位价值要低于韩国、马来西亚或新加坡，也就是说，中国出口的电子产品还是倾向于那些成本低、技术含量不太高的产品（表 9）。

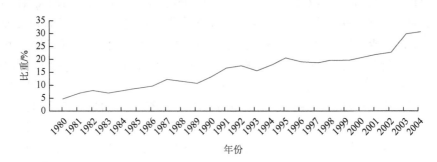

图 5　出口额占 GDP 的比重

表 9　出口的电子产品与设备的单位价值比较（2003 年）　　单位：美元

产品名称	中国	韩国	马来西亚	新加坡
变压器、变压频与整流器	0.855	5.713	0.884	0.229
蓄电池	1.317	2.519	17.295	1.248
有线电话、电报用电气设备	14.488	66.581	46.995	36.496
扬声设备，不含录音功能	13.520	50.003	52.996	68.260
录、放相机	48.733	39.356	90.926	112.492

续表

产品名称	中国	韩国	马来西亚	新加坡
音频、视频录制设备的零附件	9.875	26.222	14.299	N.A.
无线电和电视发射机，电视摄影机	62.040	259.014	117.773	92.389
录音机及收（放）音组合机	7.370	38.552	83.770	68.803
电视接收机、视频监视器和投影机	72.903	17.987	144.185	195.939
电视、收音机及无线电讯设备的零附件	31.982	47.988	15.007	N.A.
印刷电路	1.774	65.973	2.281	49.581
集成电路及微电子组件	1.101	960.988	1.478	2.337

资料来源：联合国商品贸易统计数据库，转引自 Dani Rodrik，田慧芳，2006.《中国的出口有何独到之处？》，《世界经济》第3期

　　中国出口量较大的高耗能产品主要有平板玻璃、钢材、钢铁丝、铜材、铝材、锌及锌合金、纸及纸板等，从图 6 可以看出，除锌及锌合金外，这些高耗能产品的出口额在 2000～2004 年大多一直都保持较高速度增长。相反，中国进口的多为高附加值产品，由此导致中国名义消耗的资源量要大大高于实际消耗的资源量。

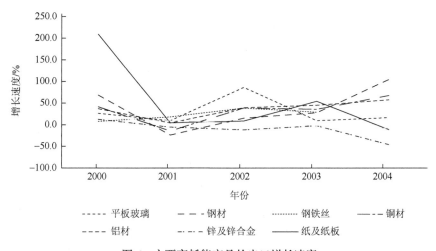

图 6　主要高耗能产品的出口增长速度

4　理性应对的两条政策建议

　　首先，应引导国人和世人正确认识中国的资源消耗问题。

　　我们应该注意到，中国的资源消耗快速增长是与经济增速相关联的，中国人

有理由从容地应对外人对中国资源消耗的责难，而不必过于自责。对发展中存在的资源消耗问题，既不宜过度缩小，也不宜过度夸大。对中国的资源消耗在世界格局中的形势可以有也应该有信心，如果其他国家能够解决发展中的资源问题，那么中国人照样能够解决发展中的这一问题。

我们应该注意到，在导致中国资源消耗量增加的上述四大原因中，人口比重大虽然可以相对改变，但变化的幅度不会太大，而其他三个因素都是可以大大改变的。随着中国社会的进步，我国会进入新的发展阶段，经济结构将不断改善，我国在世界生产链中的地位也会上升，中国的资源消耗层级将出现新的跃迁，资源利用效率也会不断提高。

因此，不能过分武断地搞线性推定，现在 GDP 多少，资源消耗多少；如果 GDP 翻倍，资源消耗又会是多少，这种推定有它的参考价值，但也有其局限性，它充其量给出了一个资源消耗的上限，实际情况一定会比那种推定的结果好得多。如果 GDP 翻倍，那意味着中国经济又进入了新的阶段，国民经济结构将发生变化，第三产业中现代服务业的比重将进一步提高，居民消费结构也将逐步转型，中国在世界生产链中的地位也将相应地进入更高的位置，资源利用效率也将提高，这些因素都将有助于化解或减缓资源压力。

我们应该注意到，即使在最发达的国家也没有出现高资源利用效率、低资源消耗量的格局，这表现出资源消耗增长的刚性特征，将来会不会出现资源消耗上的第四个阶段，我们并不清楚。这意味着，即使资源利用效率提高了，其节约出来的资源量也并不能完全替代人类对资源利用需求的增长量。

作为一个发展中的大国，我们不能说，中国一定要按发达国家的消费标准来消费资源，但至少要坚持这一点：不能把资源消耗过量的责任全都压在中国人身上。我们在测度和比较产出时要考虑人口因素，注重人均指标，以避免盲目自大；同样，在测度和比较投入时，也要考虑人口因素，也要注重人均指标，以避免盲目自卑。

其次，关键是建立起落实节约资源的长效机制。

2005 年，颁布了《国务院关于做好建设节约型社会近期重点工作的通知》和《国务院关于加快发展循环经济的若干意见》两个文件。2006 年 10 月党的十六届六中全会通过了《中共中央关于构建社会主义和谐社会若干重大问题的决定》，决定指出"加强环境治理保护，促进人与自然相和谐。以解决危害群众健康和影响可持续发展的环境问题为重点，加快建设资源节约型、环境友好型社会。优化产业结构，发展循环经济，推广清洁生产，节约能源资源，依法淘汰落后工艺技术和生产能力，从源头上控制环境污染"[1]。

---

[1]《中共中央关于构建社会主义和谐社会若干重大问题的决定》，https://www.gov.cn/test/2008-08/20/content_1075519.htm，2024 年 8 月 13 日。

必须进一步加大节能降耗力度，开发新能源、新材料，大力提高资源使用效率。中国目前正处于资源消耗第二层级，资源高消耗的特征非常明显，也正是资源效率改善的关键时期，进一步加大节能降耗力度，开发新能源、新材料，大力提高资源利用效率，是中国社会当前一项艰巨而迫切的时代任务。从另一个角度看，这也说明我们有着节约资源的巨大潜力。

中国在推动建设资源节约型、环境友好型社会的同时，应大力推进经济结构的调整，进一步加大第三产业特别是现代服务业的发展力度，大力扶持高附加值、高科技、资源节约型产业的发展。目前，中国产业结构中第二产业仍居主导，第三产业的发展空间仍然巨大，大力发展第三产业有助于降低资源压力，同时应采取有力措施促进高科技成果的产业化，大力推动高科技、高附加值产业的发展。

要制定并切实实施科学合理的贸易战略，调整进出口产品结构，适当减少资源消耗型初级产品的出口，促进高科技产品的出口。中国当前的出口结构以资源密集型、劳动密集型初级产品为主，下一步应大力推动深加工、高附加值、低资源消耗的高科技产品出口。政府应制定一个科学合理的国际贸易战略，利用各种经济政策促进进出口产品结构调整，如可以考虑对企业征收资源消费税和环境保护税，以遏制企业的资源浪费行为，推动循环经济的发展，同时从进出口补贴、税收等政策方面鼓励资源密集型初级产品的进口与高科技、高附加值产品的出口。

有了目标，还得有思路，有了思路，还得有机制。只有建立起机制，我们的目标才能真正实现，我们的思路才会真正起作用。如果我们的任务完成得好，问题解决得到位，那一定是目标、思路和机制是统一的，三者缺一不可，现在我们在节约资源这个问题上已经有了目标和总体思路，关键就是建立长效机制了。

参 考 文 献

（1）Ayres R U，Simonis U E. 1994. Industrial Metabolism[M]. New York：The United Nations University.

（2）Jänicke M，Mönch H，Ranneberg T，et al. 1989. Economic structure and environmental impacts：east-west comparisons[J]. Environmentalist，9：171-183.

（3）Maddison A. 1991. Dynamic Forces in Capitalist Development[M]. New York：Oxford University Press.

（4）钱纳里 H，塞尔昆 M. 1989. 发展的格局：1950—1970 年[M]. 李小青，等译. 北京：中国财政经济出版社.

（5）国家发展和改革委员会宏观经济研究院，我国循环经济发展战略研究课题组. 2005. 我国循环经济发展战略研究报告[M]. 北京：高等教育出版社.

（6）韩启明. 2004. 建设美国：美国工业革命时期经济社会变迁及其启示[M]. 北京：中国经济出版社.

（7）李小地. 2006. 美国和韩国石油消费历史与启示[J]. 国际石油经济，（2）：31-34，72.

（8）伦达尔 M，恩杜鲁 B J. 2000. 发展经济学新方向：当代的增长、环境与政府[M]. 罗永光，卢周来，译. 北京：经济科学出版社.

（9）倪健民. 2005. 国家能源安全报告[M]. 北京：人民出版社.

（10）邱东，宋旭光. 1999. 可持续发展层次论[J]. 经济研究，（2）：64-69，79.

（11）世界资源研究所，联合国环境规划署，联合国开发计划署. 1995. 世界资源报告：1994～1995 全球环境指南[M].北京：中国环境科学出版社.

（12）孙树琦，张志昌.2005.资源利用层次论[M].北京：知识产权出版社.

（13）王安建.2005-04-21.驳斥中国威胁论的变种——"中国资源威胁论" [N].参考消息.

（14）王梦奎，马凯.2005.建设节约型社会[M].北京：人民出版社.

（15）谢高地，成升魁，于贵瑞，等.2002.中国自然资源消耗与国家资源安全变化趋势[J].中国人口·资源与环境，（3）：22-26.

（16）周大地.2003.2020中国可持续能源情景[M].北京：中国环境科学出版社.

第 2 部分　事理与数理关系的读书笔记

因果推断之"意外"

董志强先生在《经济学家茶座》2020 年第 1 期发表《极简"因果推断"经济学入门》，不到 5000 字，概述了因果推断及其衍生工具的基本思想，让我等素人受益匪浅，确有引领入门之功效。

不过跟曼昆先生《宏观经济学》中的 GDP 阐述类似，讲得清楚似乎也有个弊端，就是容易形成错觉，入门既然可以这么容易，也许因果推断本身就是"极简"的。于是，只需要掌握随机对照试验（randomized controlled trial，RCT）及其几种衍生工具的操作，便可恣意地行进在因果关系实证的平坦大路上，却全然忘记了董先生文中的预警。

入门可能"极简"，但真正的因果实证面对的却是"复杂有机系统"（哈耶克先生的区分），我们应当如履薄冰，需要深思诸多"出乎（计量模型设计）意料"的隐问题，需要挖掘模型的"推断逻辑"尚存在虚搭或断裂的关键处。"意外"之所以出现，笃定是原来构建模型时"意"之格局还小，或者思考力度还不够强大。所以，我们应该仔细研读董先生等领域专家的高端著述，不断学习并提问，这样入门阶段的学问基础才可能扎实。

董先生开篇就坦白地告诉我们，因果关系是个争议问题，而他基于经济学视角，采用了"比较静态分析"对之的定义。笔者估摸，定义不同，认知也会发生变化，那该另当别论。而在这个定义域里的问题是：若其他条件不变，只改变一种条件，会有什么结果？董先生以药物和健康为例加以说明：科学家发明了一种新药，想知道其能否改善健康状态，该如何做？要回答这个问题，最理想的场景是：同时观察某个人服用新药和不服用新药这两种状态，同时保证这个人除了服药其他什么事儿也没干（保持其他条件不变）。

这个场景真的"最为理想"吗？在悲观者看来恐怕未必。

首先，这个理想包含了时间静止的假设，既然有服药和不服药两种状态，动作本身就意味着其前与其后的时间变化，可见"假设过假"。真要实际操作的话，这得观察两个时间点该人的健康状态；但如果其中混入了他自身的健康变化呢？是不是需要将观察间隔设定得比较短？而所谓时间长短又需要人为设定，究竟"多短"方可设其为"短"呢？

其次，哪怕观察期再短，观察时间的设定也还得与药物作用的"时间窗口期"相匹配，然而，要匹配的"标的"还存在问题，既为新药，这个作用时间窗口期恐怕还是待定的。

　　再次，如果在观察期内，被观察者可以不干其他事，但喝水和吃饭却是免不了的，如果食物与新药彼此产生作用呢？"非药物作用"不就混进来了吗？我们平时吃药常有饭前或饭后服用的规定，不正是在考虑食物与药的相互作用吗？

　　最后，最要紧的，这个被观察者如何选择？为什么他的健康状态与新药的作用关系就可以推广到其他人身上？统计推断以大数定律为基础，关系考察注定得是针对 N 个人的。

　　肯定还隐含着其他问题，但上述四点足以说明，所谓理想场景未必理想，至少未必"那么理想"，必定隐含"程度"问题，离"最"尚远。这么悲观，是不是有点儿像堂吉诃德？大战风车，意义何在？主要是表明：这种状态恐怕不宜当作思考因果推断的"基准"，如果我们在试图"逼近"这种状态时，其所隐含的"逻辑断点"悄然发作，推断后果又将如何？

　　还是"薛定谔的猫"聪明，它形象地告诉我们，一个人不可能同时处于服药和不服药两种状态。所以统计实际操作中，笃定是找一批人来观察药物与健康的作用关系，一个人固然不能同时处于两种状态，但一组人可以，这就好像可以近似地固定时间因素了。声誉斐然的 RCT 正是这么做的，将被观察者"随机"地分为服药组（干预组）和不服药组（参照组），如果两个群体在"群体层面"（这个所指非常重要）没有健康差异，也没有受到"其他任何干预"，于是，就可以放心地推断药物和健康之间的因果关系。

　　悲观者特别需要让其放心的充足理由，就 RCT 来说，应用过程中让初学者放心不下的，至少还有以下问题。

　　第一，是否需要新药（外因）作用力度的均衡假设？如果新药的作用力度在不同时期效应不同，例如先弱后强，或先强后弱等，该如何处置？笔者之所以提出这种问题，是对比经济统计中固定资产消耗（折旧）该如何测度，这一直是一个老大难问题，药的作用强度是否与此类似？

　　第二，新药（外因）的作用期究竟多长？即如何确定药的作用窗口期长短？这又与经济统计中固定资产的生命周期确定相类似。

　　第三，新药（外因）需要与身体（内因）交互作用，借助于内因，依赖于观察对象，对象之间差异会对外因的效用产生不同影响。例如，如果药理中需要"以毒攻毒"，那就需要内外之"毒项"互相对应。人种之间存在差异，测度外因作用，是否需要对象无差异的假定？从而才能保证药理的一致性？能让人稍微松一口气的是，如果试验人群足够大，且就特定分析而言呈正态分布，可以抵消个体间差异的影响，那么，人群多大才足够？

　　第四，对象（内因）自作用存在周期。如人的身体每年都会有春夏秋冬的季节变化，还有，身体健康并非单调变化，不是一直越变越好，也不是一直越变越差，存在着起伏，趋势性的变化与周期性变化交错，如果外因作用与内因作用出现交互影响，如何分别加以测度？

第五，新药（外因）的功效（作用结果）可完全测度假设，如果外因的作用测不准呢？

在社会经济领域应用 RCT，首先需要对事物内因和外因加以分割，让其内外边界清晰。恐怕还需要假设外因作用的测度指标周全，即"外因作用可测度假设"（类似生物领域中的药物检验可信、"体检"有效的假设）。在诸种社会划分中，是否存在"模糊不确定现象"？如果的确存在，那么分析结论将随着内外边界移动而发生变化。还有，是否需要"比较静态分析"作为基本假定？其影响如何？

董先生指出，经济学因果推断经验研究中几乎所有重要的方法，都可以说是以 RCT 为中心、为统帅、为灵魂。所以，深入思考其应用条件非常必要。下面概括 RCT 的基本假设。

第一，被观测对象分组随机（其他条件不变），总差异先一分为二：

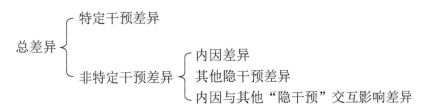

此外，还需要补充以下四条。第二，特定外因作用力度均衡假设。第三，作用窗口期假设。第四，对象的健康状态可观测假设。特定干预效果可观测假设，测度指标周全，或测度指标具备代表性。其他"隐干预"和内因自身作用作为黑箱。第五，观察对象的边界清晰，即需要满足"内因和外因可切割假设"。

在应用过程中，RCT 还衍生出一些各具特色的推断工具，也需要考虑其隐含的假设及其效果。

"双重差分法"（differences-in-differences，DID）所包含的假设。DID 也被称为"倍差法"或"差中差法"，董先生阐述了 DID 的生发过程所体现的基本思想。药物试验不能强迫进行，通常是身体存在问题的人更愿意选择服药。不过也有例外：患者如果家庭富足，即使有病也不愿意"做小白鼠"；而贫困者尽管身体不错，也可能选择参与试验而获取补贴。当试验对象及其分组不是"随机"决定，而是"选择"决定时，往往无法做出有效推断。"服药组"和"不服药组"的健康差异包含了两大类：服药所致的差异；两组间存在的系统性的健康差异，于是需要在"服药组"尚未服药时增加一次观察。此时得到的该组差异应该是那种系统性的健康差异，而服药后该组与"不服药组"的差异则为总差异，即包含了服药差异。此时，将总差异中剔除那种系统性的健康差异，就可推断得出药物的效果。从董先生的指导中，我们可以更深刻地体会到，应用 DID 恐怕需要满足以下假设。

第一，需要"对象可测假设"，指标周全或指标具备代表性。

第二，需要"平行趋势假设"。以健康为例（或为 X），$\Delta(H(t+1)-H(t))a = \Delta(H(t+1)-H(t))b$。其中，$a$ 为服药组自身在服药前后的健康差异；b 为不服药组自身在服药前后的健康差异。这里需要注意，DID 中的两个"差"并不相同。

然而恐怕存在例外情形，例如对"快闪现象"或"高频现象"而言，这种设定问题恐怕比较大。如果平行趋势不成立，或不那么充分，又应该怎么解决？问题还敞口呢。

第三，需要不存在"非特定干预"的假设。此模型需要设定，其他干预无论显、隐都不存在，这点在社会经济现实中有时恐怕很难做到，例如董先生告诉我们，"一刀切"的情形不适用 DID。

RDD 需要注意的问题如下。

回归断点设计（regression discontinuity design，RDD）似乎可以弥补 DID 的不足，此模型比较适用于"普遍干预"（全面干预）情形。

在干预切割线两边很小的区域（时间和空间）系统差异比较小，可以忽略。或许在人为切割，短期可能如此（隐含的麻烦是：多"短"是为"短"？）。在其中选择样本，如董先生所述，可视为"局部随机试验"，区域内样本分布更类似随机分组，从而观测到的差异可推断为干预后果。

人们愿意使用 RDD 来推断教育与收入增长的因果关系。笔者存疑的是教育成果的评判：当存在"人情分现象"时，如何应对？及格为 60 分，通常靠近 60 分的很少，而刚刚超过 60 分的较多，断点处两侧的区域状态，成绩偏态分布，不对称，也不均衡。如果将 60 分视为一个断点，如何避免"人情分现象"的不良影响？

算术中有"四舍五入"法则，可让数据结果更近似于实际。然而在社会经济现实中，人们往往突破其使用的限定，连续地使用之，且并不严格按顺序操作（不讲先来后到）。如果某对象每每突破临界点，就能带来"层级累积效应"，使得原本差异不大的两个评判对象之间出现鸿沟。此种现象是否会影响 RDD 的应用？

"倾向得分匹配法"全凭推断者的属性认知能力，具体分析如下。

RDD 法是挑选断点附近区域中的样本来推断，那么就可以挑选部分样本来构造近似随机分组的样本组来推断，于是就有了匹配法。从"参照组"中选出与"干预组"接近的配对，分组接近随机，推断效果就可能达成。一般而言，事物本身是多元多维的，多维度匹配才真正具有意义，所以匹配法中常用的是"倾向得分匹配法"。不过，董先生明确告诫我们，倾向得分匹配法假定：结果只受到所匹配的属性（因）影响，这意味着，推断者的认知能力很强，能将各种原因属性都考虑周全，落实此点颇为关键。

应用"工具变量法"需要注意的问题如下。

事物往往多因多果，其中各因素可能互为因果，且呈多轮次因果关系，我们所分析的"单向因果关系"不过是其时间、空间中的一个片段，需要人为择取。由于所谓"因变量"和"自变量"之分，在特定的推断中，首先需要确定何者为"自变量"或"因变量"，而这种确定本身就等于选定了一个因果多轮次过程中的某个片段。

正是由于因果互为影响的困扰，产生了"内生"和"外生"的差异，促使因果推断研究者研发了"工具变量法"，且在圈内颇为流行。然而，"工具变量法"得以"合法"的道理虽然明确，应用起来却颇为困难。董先生在其简文的最后一段明确指出了这一点。

第一，工具变量必得影响原因，但不能直接影响结果。在这个条件要求里，究竟何为影响"直接"，取决于特定观察或测度角度，而角度选取又涉及该模型废立当否的法理性。

第二，不存在同时影响工具变量和结果的其他不可观测因素。在这个条件要求中，"不可观测因素"很可能就是"隐干预"因素，不过难以察觉而已。实质上模型要求已知所有影响因素，这做到了吗？能做到吗？需要推断者扪心自问。

因果关系倒置的原因分析如下。

既然事物中各因素本身互为因果，且多轮次作用，那么就容易出现所谓"因果关系倒置"的情形，因为我们在做出该判断时已经先确定了一个特定观察视角。假设在两因素情形中，如果摘取一个时段，A 为因 B 为果；如果再摘取另一个时段，则可能 A 为果 B 为因。是否倒置，取决于采用哪个时段来做观察。

如果将所摘取的某个时段的因果关系一般化，忽略另外那个时段与之相反的因果关系，就可能以偏概全。而当别人把另外一个时段的因果关系揭示出来，那么被一般化的就可能与此特定时段因果关系指向相悖，似乎其分析结论犯了因果倒置的错误，尽管这个结论也是有其现实依据的，只不过未必普适而已。

因果类型及其解读如下。

作为剖析因果关系的拓展，下面试图从"类型划分角度"来做一探索。

先给出三张示意图（图1～图3）。

		因	
		一	多
果	一	一因一果	一因多果
	多	多因一果	多因多果

		因	
		一	多
果	一	一因一果	一因多果
	多	多因一果	多因多果

		因	
		次	主
果	次	次因次果	次因主果
	主	主因次果	主因主果

图1　概念中的因果关系两分　图2　靠近现实的因果关系两分　图3　多因多果状态的再分解

笔者的说明如下。

第一，以上的图只是"关系类型"的示意，因果关系类型的边界本应该是非线性的。第二，主次因果的边界本是移动的。第三，事物发生、发展本应该是互为因果的多轮次过程，图示仅讨论其中一个环节。第四，图3是图2中"多因多果"部分的细化，图3中"次因次果"也表明其存在关系归因的法理性。第五，图1是人们通常采用的划分倾向，而图2与图1相比则更靠近现实。

社会现实中"多因多果"的情形比较多，特别是从宏观角度观察，就更应该呈现"多因多果"的关系，或者说"宏观因果关系"往往是"多因多果"型的。"一因一果"乃至"一因多果"和"多因一果"都往往只是对事物因果关系中某个片段的抽取，关系分析时往往设定"次因次果"、"主因次果"和"次因主果"的缺失，其结果仅仅可能逼近"主因主果"的现象类型。

如果对事件之"因"做促进因素和阻碍因素的区分，再对事件之"果"做正面和负面的区分，那么，事件的因果关系分析就更为复杂了。这并不是我们可以让事物看起来复杂，而是事物本身就那么复杂，我们对之的认知努力只能尽可能地周全，认知才有可能更为贴近社会现实，这是从必要性角度来把握对因果关系的认知。

江西财经大学统计与数据科学学院罗良清首席教授对这些示意图的追问是：平面图是二维图，"因""果"两维对应直观。若"多维图"（如八卦图）呢？是否会有"因""果"间更多关系（组合、对应）？"主"与"次"，"线性"与"非线性"，加上"因"与"果"，可以组合成多种"关系图"？笔者的回答是：对！因果关系本应该是多维的。不过，"二维图"在某些事项上也能显示出现实三维空间的某种道理。有助于认知三维世界的二维工具，对国人而言最典型的就是阴阳太极图，这就回到了太极图与"太极球"的关系问题。（笔者几年前曾写过一篇小文《"太极阴阳球"可能存在吗？》，也收录在本书中。文虽短，但问题大，也与江西财经大学统计与数据科学学院的几位老师在南昌做过讨论。）

在实证研究中究竟应考虑多少因素？还有个如何把握"度"的问题。画图是一种简化，是要说明某些道理。如果包含过多的维度或因素，也可能导致解释更为麻烦。需要把握的目标问题在于：应该，还有能够，走到哪一步？也就是"可行性"与"必要性"（"当否"与"能否"）之间的权衡。在"当代经济统计学批判系列"第三部《基石还是累卵：经济统计学之于实证研究》的《SFD测度报告的经济统计学评论》中，笔者将之作为经济测度的四大矛盾之一。

因果推断固然离不开模型设定，然而设定时需注意，所意料的推断"格局"应该动态拓展，这样，出乎意料的推断结果或许会减少。须知，社会科学通常都有这样的特性，入门看似"极简"，而切实推进、深化、拓展和提升却步履维艰。奉劝习惯了在抽象空间里天马行空的智者，切莫把"应用"和"实证"当成小儿科，而"套用"和"虚证"倒真是无所谓的。

2021 年诺贝尔物理学奖对经济测度的启示①

2021 年 10 月 5 日，三位科学家（克劳斯·哈塞尔曼、真锅淑郎、乔治·帕里西）因其"对理解复杂物理系统的开创性贡献"获得 2021 年诺贝尔物理学奖。该奖颁布的同时，诺贝尔奖委员会在其官网上提供了一份 15 页的文档，详细梳理了三位学者的相关工作，讨论了他们对于理解复杂物理系统的开创性贡献，并揭示复杂系统理论和跨尺度通用方法对解决气候变化等全球系统性问题的重要意义。

该综述性论文包括了 6 个部分。①"引入"。②"气候物理：背景与历史"。③"不同模型的发展"。④"用观察来测试模型"。⑤"潜力无限的无序世界"。⑥"总结"。论文译成中文共一万七千多字，其中包括了 115 条参考文献和注释，给出了该研究领域一个切实的、前期成果的信息系统，为研究生撰写学位论文树立了榜样。

集智编辑部组织翻译了诺贝尔奖委员会这篇评述的全文，王百臻、郭铁城、Leo、梁金、刘培源几位为这篇文献的中文流传做出了贡献。笔者本文仅以他们的译文为参照，没有阅读原文。

众所周知，经济测度是现代经济学的重要基础构成，而物理学则是经济学生发的母学科，经济学从所用基本概念到思维方式都脱不开物理学的基因。

尽管现代经济学已经发展到了具备"学科帝国"的宏大格局，但对相关学科的借鉴仍然不可或缺。而且，这种借鉴应该是与时俱进的，经济学在发展，物理学等相关学科也在发展，相关学科为什么会发展，其发展对经济学的启示是什么，需要我们深入探究。而物理学的进步，则需要我们格外关注，成败可能皆萧何，如果我们还局限于传统物理学的某些过时认知，就会失去当代（标示为"现代"未必准确，须知后现代的思考早就开始了）经济学研究的相关性，或其时代意义。

下面五条是笔者阅读该篇综述的感想，试图揭示 2021 年诺贝尔物理学奖对经济测度的启发。

1 对经济测度学科定位的启示

该综述对经济测度学科定位的启示主要有以下三个方面。

---

① 原载于《中国统计》2022 年第 1 期，曾收录在笔者所著的《守望经济统计麦田》，东北财经大学出版社 2021 年版，中国大连。

首先是复杂性科学研究的必要性。

该综述性论文的"总结"中指出:"显然,今年的获奖者做出的开创性贡献,有助于我们理解复杂物理系统的微观与宏观。他们的研究表明,如果没有对无序、噪声和可变性的正确解释,那么决定论就只是一种错觉。"

当今物理学的发展需要深入研究复杂物理系统,那么经济学呢?是不是应该关注复杂经济系统?如今,复杂性科学研究已经倡导了将近五十年,主要有三大流派,首先是(1973 年)法国哲学家埃德加·莫兰提出"复杂性范式",偏重人类学的进路;其次是(1979 年)普里果金创立的"布鲁塞尔学派",从"存在的物理学"转为"演化的物理学"的进路;最后是 1984 年圣塔菲研究所成立,开创"圣塔菲学派",偏重"复杂适应系统理论"的进路。当今经济学学科群要顺应时代发展的要求,同样需要关注复杂性科学的各类研究成果,经济测度则冲锋在前。

其次是注意文化因素对自然科学的影响。

该综述提及:"随着时间发展,地球物理流体动力学(geophysical fluid dynamics,GFD)、天气预报和气候建模之间存在文化差异,并且产生了不同学派,尽管方法不同,但它们都有共同的目标。"

这里应该注意两点。

第一,人们所认定的自然科学都存在着文化的影响,更何况人文社会科学,文化的影响就更不可忽视。因而仅从文化影响的角度看,也应该避免做数学"大作业",不能单纯地搞计量,而不注重"较质"。物理科学讲求"物理",数理科学讲求"数理",心理科学讲求"心理",人文社会科学讲求"事理",人类在自然资源基础之上从事生产,因而物理与数理、心理和事理既有区别又有纠缠,需要我们尽可能厘清。

第二,如果气候可以由人类施加影响,甚至左右其变化,则成了社会科学的研究对象,至少应该是交叉学科,实质上打破了文理界限,或者说表明:所谓文理学科的划分其实只是一种虚妄。

最后是深入探讨如何理解"观测科学"。

该综述指出:"物理宇宙学(physical cosmology)和物理气候学(physical climatology)是观测科学——研究者观察到的是自然所允许观察的。"

对经济测度而言,需要深入思考的是,在社会科学领域,是否存在严格的观测科学。仅从字面意义解读,是否只有事物的表象才可以观测?但社会对经济学的要求并非仅关注经济表象,那么经济统计学究竟是不是观测科学?

如果把"观测"当作一个系统过程,观测行为需要理论和方法论依据,观测是"由表及里"(但同时也内含"由里及表")的一种复杂行为,是多轮次反复进行的认知过程中不可分割的一个环节,则经济统计学就是现代经济学学科群中偏重观测的一个基础性学科分支。

2　综述中对科学研究颇有启发意义的一般性认知

物理学是科学的母学科，在阐述其内在机理时，势必会涉及某些一般性认知，对所有科学研究都具有启发意义，这里列示该综述所提及的几点。

第一，综述在文中，并在总结时，两次强调表达了接近真理的条件。这三位科学巨擘的工作表明，科学家明白，对任何事物的单一预测都不能被视为无懈可击或不可置疑的真理，如果不冷静地探索变化的根源，如果无法了解可变性的起源，我们就无法理解任何（任意一个）系统的行为。

第二，"正如物理科学中大多数看似清晰的问题一样，通往答案的路径是曲折的，成功往往与失败和错误相伴。"这里尤其要注意，看似清晰，未必清晰，看似简单，未必简单。

第三，如何看待模型。"所有的模型都是对现实的近似。近似也就意味着，不管是数学解析还是对公式的数值求解，都会在特定的极限条件下失效。科学的艺术就在于对现实给出合理的近似，只有明确了模型失效的精度，我们才可以定义所谓'严格'。""增加模型复杂度并不一定会提高模型的预测能力。"概括而言，模型的效果是或然的。

第四，不懈努力对科学研究之必要。综述在描述学科发展历史时引述了一段话，1977 年诺贝尔奖得主菲利普·安德森（Philip Anderson）曾指出："自旋玻璃的历史可能是我所知道的这句格言的最好例子，即一个真正的科学谜题是值得追寻到地球尽头的，即使不具有任何明显的实际重要性或智识上的魅力。"极致而言，学科研究没有功利，只是知识分子的一种存在方式，我研究，故我在。

第五，"怀疑"对科学研究的内在性。该综述在总结部分强调了本届诺贝尔物理学奖所认可的一个研究特质——"怀疑"，这也反映了 1965 年诺贝尔奖获得者理查德·费曼（Richard Feynman）的一个观点——相信"怀疑是首要的"（the primacy of doubt），这不是我们"认识能力的缺陷"（a blemish on our ability to know），而是"认识的本质"（the essence of knowing）。怀疑是科学研究的题中应有之义，所以，应该鼓励怀疑，哪怕一时还不能提出替代的观点或方法，也允许人家怀疑，不宜采取"不立则不许破"的态度。

3　认知边界和"系统外部冲击"

就某个研究领域或问题而言，认知边界是非常重要的，特别是在社会科学中，存在着更多的"模糊不确定性",因此更需要关注边界问题,故而这里单独列出来做一剖析。

这篇综述强调,"问题中的一个关键是,如何区分内部、外部和突发现象"。内部和外部的划分产生了认知边界问题,乃至"无界"问题。"从秩序到无序的涌现,以及随之出现在空间和时间上的多重尺度,是复杂系统的一个特征。理解这种无序的本质是一个艰难的科学挑战。它很自然地包含着以下问题:这种无序是否会生长?它的时空范围是否是无界的?"

在社会科学领域如何理解"无界"问题?如果边界与认知者的距离过远(包含认知者工具能力),则往往容易被视为"无界",或可以被视为"无界"。例如,在处于增长阶段的短缺经济中,"市场边界"很容易被忽视,只要能生产出来,产品就能卖出去,压根儿不必考虑市场实现问题,即自认为处于某种"无界"的状态。但是,当经济增长到达一个水平,至少就某些产品而言已经不再处于"短缺经济"形态,再只讲生产不顾市场实现的粗放方式就过时了,再沿袭产品"无界"的思维就无法将货币变成资本,就无法达成马克思所强调的"从商品到货币"那"惊险的一跃"。

就研究对象而言,认知边界的确定非常重要,如果事物的"内部"与"外部"分不清,就无法将"系统外部冲击"切实地纳入计量模型,也无法切实分解系统内部各因素对总体变动的影响。在《成本效益分析的几条软肋》(收录在笔者的《经济统计学科论》)中,笔者所剖析的第一条就是其时空维度把握。不管成本还是效益,总是与一定的时间、空间相联系,边界不搞清楚,到底是否划算,究竟是赔是赚,测度风险非常大。

4 究竟如何看待所谓"噪声"?

该综述指出:"事实上,至关重要的一点是理解以下事实:噪声和无序性能够影响所有系统,并且能全然决定一些非线性动力系统的命运。因此,当噪声引起可变性的根本原因被忽略时,什么是可预测性也就变得似是而非了。""我们在自然界中观察到的大量现象都来自潜在的无序;而拥抱噪声和不确定是通往可预测性的必经之路。"

该综述告诉我们,三位获奖者之一的哈塞尔曼先生"展示了最优检测技术如何揭示对气候系统自然变异性或者'噪声'本质的理解。也就是说,信号的检测不一定与信号最强的数据部分有关,而是与噪声最弱的数据部分有关,从而揭示出对系统各组成部分更加细致的物理解释"。他还指出,"理论、观测和模型提供了大量有关信号和噪声的适当联系的信息。这些独特的信号特征(或指纹)可以用于区分气候信号和气候噪声"。

笔者曾提出，大数据时代也就是"大噪声时代"，重视对所谓噪声的认知非常重要。在《社会科学统计学者的操守——数据之"据"和应用的"应"》中，第一节就是"数据的效用相对性及其拓展思考"。如今人们在定量分析中都特别重视"数据清洗"、"去噪声"和"预处理"，但大都是一种将噪声绝对负面化的操作。

看看当代物理学研究对噪声的认知，恐怕我们还需要深入反思，既然噪声"能够影响所有系统"，那就需要特别加以分析，但在具体研究中究竟如何"拥抱噪声"？还有，"信号最强的数据"与"噪声最弱的数据"在不同的问题语境中如何加以鉴别？从数据使用者角度看，信号与噪声究竟呈现什么样的关系？应该如何识别？如此等等，需要当心的疑问较多，恐怕还不能一洗了之。

5　气候变化及其原因的追究

2021 年诺贝尔物理学奖聚焦于复杂物理系统研究，但现实课题则针对着气候变化。该综述指出：直到我们了解了这种可变性的起源，只有在考虑了这些根源之后，我们才能理解全球变暖是真实发生的事情，是真实存在的，并且归因于人类——全球变暖的原因在于人类活动。

不过读者需要注意，对气候变化原因的人类责任，该综述的表述还未能达成完全的一致性。例如，该综述告诉我们，"Hasselmann（哈塞尔曼）的论文是后来数百项气候变化检测和归因研究的统计学路线图，为 IPCC 在 2013 年得出的结论提供了强有力的科学支持：自 20 世纪中叶以来，人类的影响极有可能是观测到的气候变暖的主要原因"。您看，这里用的是"极有可能"，结论只是可能性较大，尚不具备必然性。

再如，该综述指出，"地球大气中最强劲的温室气体是水蒸气，而水蒸气的分布是我们无法控制的，我们不可能'控制'雨何时何地降落以及具体降水多少"。

甚至二氧化碳的责任有多大，也值得深究："Knut Ångström（克努特·埃格斯特朗）争论二氧化碳增加对辐射没有太大影响，因为水蒸气会吸收由于二氧化碳浓度上升而要吸收的红外辐射。"该综述认为 Knut Ångström（克努特·埃格斯特朗）的论据多余，不过笔者作为外行对其评论的理解（衷心感谢该综述的亲民叙事风格）是，起码在因素影响程度上似乎还可以探讨，恐怕还需要深入研究。

该综述还指出，一个从由向量 y 给出的观测记录的过滤版本开始，回归采取标准形式 $y = Xa + u$，其中矩阵 X 包含外部强迫或信号的估计响应模式，a 是调整这些模式振幅的比例因子向量，u 表示内部气候变异性，通常假定它是一个具有协

方差矩阵 c 的高斯随机向量。矢量 a 是用各种统计技术根据 c、X 和 y 估计出来的，其中 X 包含使用全球气候模型（global climate model）或能量模型所估计的信号，以创建具有复杂时空结构的"内部可变性"（internal variability）。

要想将观测到的反应归因于人为强迫，X 必须包含单独的自然和人为响应，因此必须说明强迫调整振幅以将模型与观测结果相匹配的可能错误。通过这种方式，检测和归因是通过物理推理和评估关于 a 中的比例因子的具体假设来确定的。重要的是，结果依赖于对观测结果的准确指纹振幅的估计，并且与所使用的气候模型是否正确地模拟了指纹振幅无关。

请注意上述表述中的"思考敏感词"："通常假定""必须包括""必须说明""通过……假设来确定""结果依赖于"等，这些表述标示了"归因"所需要的前提条件或假设，表明结论是有条件的。这就需要进一步深究：这些前提条件或假设得到满足的程度及其对结论的影响，也就是得出结论的内在机理。

如果从研究对象看，这回气候变化主题又一次获得诺贝尔奖，2018 年诺德豪斯教授获得诺贝尔经济学奖，其开拓性成果主要是"气候变化经济学模型"。就奖项设立而言，显然诺贝尔物理学奖比诺贝尔经济学奖更为正宗。

然而，笔者以为，经济测度遭遇"系统外部冲击"从而面临颠覆性的风险，诺德豪斯的模型未必能将所有"系统外部冲击"因素全都纳入计量模型，故而其分析结论未必全然成立。（笔者的论文载于《统计理论与实践》2020 年第 1 期，也收录在《基石还是累卵：经济统计学之于实证研究》中）笔者曾在该文中提出了一系列疑问，这次阅读复杂物理系统研究的综述性论文，也试图进一步厘清人类碳排放责任的内在机理。然而笔者心力不及，原来的那些疑问并没有得到说得过去的回答，这里再次提及，希望就教于诸位，但愿有业内高手为笔者等指点迷津。

哈耶克《知识的僭妄》①对经济数量分析的启示

《知识的僭妄》非常重要的一个内容，是对经济数理分析可行性的阐述，然而，许多学者对此不大重视，故而笔者特意从七个方面对其启示加以强调。

1 启示一：基础性思考需要注重对基本概念的系统理解

学术研究也是一种生产，应该破除经济学中"最大生产可能性边界"所隐含的二维前沿观，确立多维的学术前沿观。学术前沿实际上应该是一个曲面，而非一条凸性曲线，未必远离原点。哪里存在需要研究的问题，哪里就是学术前沿。

从原点出发，从基本概念出发，注意"公理化"路径，尽可能减少假设，特别是与基本事实偏离较大的假设，注意逻辑的切实链接。

哈耶克的讲演事关当代经济学的发展方向和路径，所以提出或强调了一系列基本概念，这往往是事理逻辑链接的节点，应该引起我们的充分关注。

哈耶克讲演中强调提出的基本概念如下。

The "scientistic" attitude　　唯科学态度

A mechanical and uncritical application　　机械的和无批判的应用

Habits of thought　　思维习惯

Scientistic error　　唯科学主义谬误

Fundamentally false　　基本失误

Essentially complex phenomena　　本质复杂现象

A prima facie theory　　不证自明原则（公理原则）

Measurable magnitudes　　可测度量级

Quantitative evidence　　数量证据

Scientific evidence　　科学证据

Qualitative knowledge　　质的知识

Numerical knowledge　　数量知识

The factual assumption　　事实性设定

---

① 1974 年哈耶克在获得诺贝尔经济学奖时的演说。

An empirical theory　　经验理论

Structures of essential complexity　　本质复杂结构

Phenomena of unorganized complexity　　复杂无机现象

Phenomena of organized complexity　　复杂有机现象

Pattern predictions　　模式预测

The inherent limitations　　内在局限

Quantitatively measurable surface phenomena　　可测度的表面现象

True but imperfect knowledge　　虽不完美但正确的知识

A pretence of exact knowledge　　貌似精确但很可能错误的知识

The apparent conformity　　表面一致

The sciences of man　　人的科学

A ready-made technique　　现成技术

The scientistic prejudice　　唯科学偏见

A superficial similarity　　表面相似性

The insuperable limits　　不可逾越的局限

　　采用基本概念，注重基本事实，是为了降低推论的不确定性风险。我们设想这样一个单线索逻辑链接阶梯，以说明"短程逻辑链条"的优越性。单线索逻辑链接阶梯（logic linking ladder）：

　　　　　　　　　　　　　　　　　　　　　　　　　　　那么 then

　　　　　　　　　　　　　　　　　　　　那么 then---如果 if

　　　　　　　　　　　　　　　那么 then---如果 if

　　　　　　　　　　　　那么 then---如果 if

　　　　　　　　那么 then---如果 if

　　那么 then---如果 if

　　如果 if

　　在这个单线索逻辑链条中，越是处于高位的"那么"（then），所依据的"如果"（if）越多，则其所面临的不确定性风险越高（the higher "then" with higher uncertainty risk）。逻辑推论的"链程"越长，其所隐含的不确定性风险越高。如果再将单线索逻辑关系叠加成多线索的交互关系，在多维关系中测度复杂有机现象，则逻辑推论的不确定性风险将更高，一旦逻辑链条虚搭，则"断链效应"将更为明显。

　　在逻辑推论中，还要注意事物自身的模糊性对推断结果的影响，我们以"秃头悖论"为例加以说明。

从常识出发进行合乎逻辑的判断，得到"秃头悖论"。

命题 1："一根头发都没有的是秃子"，符合常识。

命题 2："有一根头发的也是秃子"，符合常识。

由命题 1 和命题 2 得出命题 3："比秃子多一根头发的是秃子"，同样符合逻辑和常识。

重复命题 2 和命题 3，可得到判断，"有两根头发的是秃子"，也符合逻辑和常识。

重复命题 3 及其前命题（N–1）次，可得到："有 N 根头发的是秃子"，当 N 足够大时，即可得出推论："满头秀发"的人是秃子，严重地背离事实和常识。

在这个状态渐变过程中，"秃头"与"满头秀发"是现象之两极，其间存在着边界模糊的多种状态。而我们在推论过程中，却采用了两个不同的"是"（being）：命题 1 为"确是"（exactly being），命题 2 为"近似之是"（approximately being）。或者说，命题 1 确定了一个"等于（＝）"关系，命题 2 则只是确定了一个"约等于（≈）"关系。

将"近似之是"多次叠加，如果推论过程足够长，最终结果便可能反转，由"是"而"非"。其前提是这个过程具备单向性，过程不收敛。与之相反，只有当推论过程变量 X 呈对称分布（含正态分布）时，且该过程足够长时，"确是"与"近似之是"的离差才可能相互抵消。即将"约等于关系"处理为"等于关系"需要如下的前提条件：

$$\sum(\approx \pm =) \to 0, \quad X \sim 对称分布, \quad N \to \infty$$

"秃头悖论"说明了事物自身模糊性对测度时逻辑推论的扭曲影响，即对经济测度结果的影响更为重要的"模糊不确定性"。显然，只有缩短推论的逻辑链条，才能减少这种"模糊性扭曲"，增加逻辑推论的可靠性。由此可知，基础概念的重要性，即"认知下沉"的重要性。

投入产出表便是需要"认知下沉"的典型事例。通常在线性推断中，我们往往需要对事物关系做出"0-1 判断"，如果细分到底层，区间相对小，则无论做 0 判断，还是做 1 判断，其偏误都可以被接受，但如果与此相反，事物是否的区间相对比较大，则做出任何一极选择都会有较大的偏误。这便是投入产出表的部门或产品分类必须细化的原因所在，如果数表过粗，其结果必然包含较大的偏误，数据就将失去其本应有的社会经济意义。

2 启示二：现象领域划分对学术研究的基础性

哈耶克着重强调了"本质复杂现象"（essentially complex phenomena），还有

"复杂无机现象"（phenomena of unorganized complexity）和"复杂有机现象"（phenomena of organized complexity）的区别。他还指出："社会科学与生物学差不多，但和大多数自然科学不同，它必须处理的是本质复杂的结构。"

与多数人的社会科学、自然科学两分法（通常人们将之称为文科、理科之分）不同，哈耶克似乎认为有机、无机的划分更为重要。由此，同为自然科学的生物学与物理学差异较大，却与社会科学差异较小，见表1。

表 1　现象领域的划分

无机现象		物理学	自然科学
有机现象	自然有机现象	生物学	
	社会有机现象	经济学	社会科学
		社会学	

现象所处的领域不同，学科不同，所使用的概念、思维习惯、研究方法也不同。问题是领域间的差异程度极大地影响着学科彼此间概念、思维习惯和方法的借鉴应用，借鉴的效力和可行性究竟如何，需要深究。

经济学脱胎于经典物理学，基本概念、思维习惯和方法都带有经典物理学的印记。但是物理学和经济学的领域差异如此之大，如何系统反思经济学对物理学的系统效仿，基础性隐含着颠覆性，所以，注重基础性是达成可靠性的关键。

本来经济学研究有机现象，物理学研究无机现象，在研究对象上存在重大差异，然而，历史机缘却使得经济学从物理学借鉴了构建学科的思想方法。这种机缘表现在：其一，经济学产生之前，以牛顿为代表的经典物理学取得了空前的成功；其二，当时经济学自身关注的重心也恰恰在于大规模物质生产，研究对象具备重合性。物理学的基因使得经济学误将有机现象混同于无机现象，这种混同可以视为经济学的基因缺陷。如果经济学的构建奠定于生物学的基础，那么学科面貌就将大为不同。哈耶克强调有机现象和无机现象的区分，对经济学的演进具有非常重要的意义。

哈耶克告诫我们，必须牢记这样一个关键要点，即自然科学所取得的长足发展是在这样一些领域中发生的：其间，事实证明，人们所做的解释和预测可以以某些能够对被观察的现象（亦即为数极少的几个变量——或者是特定的事实或者是事件发生的相对频率——所发生的作用）做出说明的规律为基础，这或许就是我们仅把这些领域称为"自然"（physical）的终极原因，以区别于我所说的"本质上是复杂现象"的高度有机的结构。

我们在这些领域遇到的困难，并不是"为了解释受观察的事件而建立理论"

的困难，虽然这也会引起对所做出的解释进行检验以剔除"坏理论"的困难；这里的困难是，当我们把理论应用于真实世界的任何具体事件时引起了重要问题而发生的困难。由此可见，"应用"之重要。

还需要注意不确定性的全面认知，人们往往偏重时间维度的随机不确定性，却容易忽略空间维度的模糊不确定性。

3 启示三：复杂现象的不可充分测度性

本质复杂的现象中，能够取得数据进行研究的领域必定是十分有限的，且具备"数据可得性"的那些领域未必重要。哈耶克的这个见解与爱因斯坦相同，能计算的未必重要，重要的未必可计算。对量化模型来说，不能计算的事项似乎不存在，相当于其权重为零，如果该事项的确微不足道，那将是量化分析者的莫大幸运。然而，社会经济现实在诸多场合却恰恰与此相反。

这种研究对象的不可充分测度性，并不是因为技术工具不够用，而是事物内在复杂性造成的。不是完全不可知，而是不可充分知。不是不可充分计算，而是计算未必得出有意义的解。应该认识到，对象的"可计算"与"可测度"是两个不同概念，至少在人文社会科学领域，或针对有机现象时需要注意其差异。

应该认识到：第一，技术控制复杂事物的能力永远落后于事物自身复杂化的进程，水涨船高，技术水平相对于研究对象处于"低位"，这是一个客观定律。第二，大数据同时也意味着"大噪声"，数据永远也大不过事实。世界不仅更复杂，而且复杂化的进程因信息技术的添加而加快。第三，所谓"复杂的有机现象"，是指结构的性质不仅取决于其中个别的特性以及它们出现的相对频率，并且取决于各因素之间相互联系的方式。正是这个特征，导致了经济测度中需要进行"配第切割"（笔者给出的一个概念）。

在解释这种结构的运行时，不能用统计数字取代有关各个因素的知识；如果我们打算用我们的理论对个别事件做出预测，就要对每个因素都有充分的了解。只要不具备这种有关个别因素的专门知识，我们就只能限于做出"模式预测"（pattern prediction），即对自发形成的结构中某些一般特征的预测，其中不包括对构成整个结构的各个因素的具体描述。市场是一种十分复杂的现象，它取决于众多个人的行为，对"决定着一个过程之结果"的所有情况，几乎永远不可能进行充分的了解或计算。

在谈论市场和类似的社会结构时，有许许多多的事实是我们无法计算的，对于它们，我们仅具有很不精确的一般知识。然而，描述市场均衡的方程式系统假设了我们能够把抽象公式中的所有空白填上。例如 ICP 中计算 PPP，就需要完全价格比率矩阵。缺乏对事物个别因素的专门知识，将导致经济数量分析中"微观还原法"的效用降低，而该路径恰恰是基础性的。

帕累托当年创建数理经济学的意图并不是"达到对价格的量化计算"，因为如他所说，以为我们能够确定所有数据，是一种"荒唐的"念头。西班牙经院学者认为：数学价格（pretium mathmaticum）取决于如此多的具体条件，除上帝之外谁也无从知道。笔者对此的追问是：难道经济学先驱早就指明了"价格测度不确定性"定理？（笔者在江西财经大学举办的国际比较国际研讨会上，曾以之为题目做过大会报告）

4　启示四：数量知识不是知识的全部

对于复杂有机现象，我们可能仅掌握一些"质的知识"。有赖于日常经验的各种事实及其设定，从事"麻烦的"逻辑论证也可以得出正确的认知，经验理论未必全都是通过实证分析得出的。"虽不完美但正确的知识"好过"貌似精确但可能错误的知识"。一个类似的事例是相片优劣的选择，模糊对象如何清晰地加以表达？如何拍出大雾的清晰照片？

需要注意的是：①不能要求所有现象都找到数量证据，不能凡事都得给个数量说法。②不能认定数量证据"有胜于无"，对无法充分做定量分析的现象而言，所谓数量证据可能误导认知。③不能采用"不立不破"的态度：没有更优的数量证据，就不能质疑现有的数量证据。

市场"在处理分散的信息方面，比任何人类精心设计的体系都更为有效"。然而，经济学认知与此相悖的一个经典反例是，汇率法的结果有时违背常理，不准确，由此需要研究创新并采用 ICP 来估计 PPP。然而，汇率法（世界银行图表集法 Atlas method）恰恰是市场变化记录的修匀，ICP 法则是国际、国家多级政府组织对 PPP 的专门估计，基本类别价格比率的加权平均，二者比较，究竟何者为优？

方法效力究竟如何解读？数据结果出现奇异值与否，是不是评价方法优劣的（唯一或重要）标准？以打靶为例，如果一个枪手成绩为八个十环和两个脱靶，另一位枪手则为十个七环，哪一位枪手更优秀呢？

5　启示五：科学方法的运用也须适度

严格效仿物理学的照搬态度并不科学，"把一切方法都比附于自然科学方法"，会产生"知识的虚妄"，不加批判地、死板地将经典物理的思维习惯运用于其他领域可能导致决策的严重失误。如果只接受所谓数量证据，等价于只接受事物的可测度部分，而无视事物的不可测度部分，这样会产生一种幻觉：能够计算的因素才是唯一相关的因素。

揭示问题所在及其处理方法的思考，与数理方法的科学研究相比，哪个更难？不能误以为套用科学方法很简单，不宜将科学方法应用视为按图索骥、唾手可得的程序。"就科学一词的真正含义而言"，这种照搬态度"没有任何科学性可言"。在经济分析中，不少经济学者并没有遵守物理学人的严谨标准，方法或模型的内部一致性不能替代其与经济现实的匹配性。

仅注重形式上的标准化：有可能存在着助长错误理论的更"科学"的证据，因为它比正确的解释（a valid explanation）更"科学"而被接受，至于正确的解释，却因为不具备足够的量化数据（sufficient quantitative evidence）而被否定了。

没有"放之四海而皆准"的科学方法，甚至"放之四海皆可用"都须小心：把科学方法无法做到的事情委派给科学，或按照科学原则去进行人为的控制，可能招致令人悲哀的后果。

6　启示六：科学研究的得失悖律

在一般民众的看法中，经济学已经赢得了类似自然科学的威望。我们没有丝毫理由沾沾自喜：我们的学问已经引起了一大堆麻烦。任何一些信息的获取都同时意味着某些信息的失去。欲得却失，相反相成。

只用可以进行数量计算的语言加以表述，这种要求，对现实世界中发生的事件的可能原因，作了十分武断的规定：人们常常十分幼稚地认为，这样的观点是科学工作所必需的，但它却引起了一些荒谬的后果。数学方法大有益处，不过，这也导致了一种幻想，使我们认为可以用这种技术去搞定和预测各种量的数值，于是徒劳地想找出量的常数。

只有可计算的数据才是重要的——这种迷信在经济领域造成实际危害的事例可能为数不多，但目前的通货膨胀和就业问题，却是十分严重的一例。它所造成的后果是，经济学家中有着唯科学主义头脑的大多数人（the scientistically minded majority of economists），对很可能是造成广泛失业的真正原因漠不关心，因为它的作用无法用可以直接观察到的可计量数据之间的关系加以证实，他们几乎把全副注意力都用在"可以计算的表面现象"（quantitatively measurable surface phenomena）上，由此产生的政策，使事情变得更糟。

事物本身的层次划分，制约着测度者如何由表及里；事物间的客观关联，则制约着测度者如何由此及彼。

表面上遵守（the apparent conformity）公认的科学标准，会给具有简明外表的错误理论带来虚名，但目前的局势说明，这种理论会导致严重的后果。一些有可能与科学哲学的抽象问题有关的错误，会导致严重的后果。对徒具科学外表的主张不加批判地接受，由此在更广泛的领域造成的长期危险，人们有充分的理由表示担忧。

哈耶克说：我主要是想通过对这一话题的说明指出，不但在我本人的领域，并且普遍地在"与人有关的其他学科"（the sciences of man）中，貌似科学的方法，其实是最不科学的。

7　启示七：改造社会离不开主观作用，但不能随心所欲

哈耶克指出这样一种倾向：希望把我们不断提高的预测和控制能力——普遍认为这是科学进步的产物——应用于社会过程的人，全都以为这种能力不久就可以使我们随心所欲地改造社会。哈耶克曾与之论战的理论，是一种有关"正确的科学方法"的错误观念的产物。

在社会领域，误以为运用某些力量就可得到有益的成果，却很可能造成一些强迫别人服从某个权威机构的新权力。这里存在着经济测度和经济数量分析的民主悖律。二者既可以为民主服务，也可以成为垄断（不只是行政的，还有企业的）的技术支撑。硅谷资本垄断了数字技术，掌控着我们的"知情权"。

哈耶克认为全面计算条件下实行计划经济是一个乌托邦，其实，哈耶克所信奉的"纯市场观"（所谓自由资本主义？）也是一个乌托邦。其中必须包含的约束条件是：①企业是等规模的，没有垄断；②消费者是等收入的，没有富豪和贫民之分；③经济交易中没有政府的直接和间接作用，政府顶多扮演所谓"守夜人"角色。

在所谓纯市场的经济交易中，大家都是价格决定的平等参与者，不存在"价格决定者"，也不存在"价格接受者"，文明通过千千万万个人的自由努力而成长。注意这个描述隐含意味着特定的市场的结构或分布：所有企业都同样大（至少差不多大），所有消费者的消费能力也同样大（至少差不多大），一种平均化的假设。

经济现实中从来没有过这样的市场，所谓"真正的市场经济"也只是一个观念的产物。纵观各国，无论是西班牙、荷兰、英国、法国，还是德国、美国、日本等，这些发达国家没有一个真正符合所谓自由竞争的市场经济条件。政府的手虽然寻常"看不见"，但却发挥着巨大的操控作用。要知道，"价格决定者"和"价格接受者"这种概念的存在本身就说明了经济交易内在的"不平等性"，即现实市场的非纯性，这是由人的社会性所决定的。

　　然而，人与人之间的差异是绝对的。在既定的市场结构中，有的人愿意自食其力，有的人蓄意剥削他人；有的人努力有效，有的人努力无效；有的人努力的效力大，有的人努力的效力小；有的人希望把自己那份自由的一部分让渡出去，以换取更多的福利，有的人希望用自己努力得到的部分福利去换取更多的自由。

　　人是社会人，总是面临着多维度、多层次的母系统与子系统之间的矛盾，其最高形式即全球价值与国家利益的矛盾。国家既是利益分配的基本单位，也是测度的基本单位。为了自己所在文明集体的生存、延续和发展，就需要联合本"文明"所在的集体内部，乃至自己所在文明集体的外部的人士共同努力，就需要与自己所在文明集体的外部，乃至自己所在文明集体的内部的人士展开竞争，由此正反两个方面导致了政府机构和非政府组织的产生与发展。

　　从人类历史看，无论出于什么形式，政府一直存在着，区别只是作用大小而已。政府从来不是外在于经济过程的，"守夜人"比喻不过是一个美丽的神话。对于这一点，后起的发达国家自有深切体会，"李斯特梯子"（笔者给出这个概括）典型地表明了发达国家政府的实际作用。

　　经济是政治最日常的形式，"经济学"这个概念本身就是一个极大的抽象。作为致用之学，从"政治经济学"到"经济学"意味着一种学科倒退，是为了实现数学形式化的定量目标而产生的大倒退，是因为分析工具的要求而对研究对象的人为切割。

　　限制政府的武断当然十分必要，但武断地将政府排斥在经济主体之外同样不合社会经济实际。而且，任何经济主体都应该受到限制，尤其是企业，过度发展则将导致技术垄断，同样是畸形的市场。试想，如果将政府排除在市场之外，居民户和小企业如何应对大企业的垄断态势？市场供给和需求将呈现怎样的偏态？哪里谈得上什么市场平衡（均衡）。

　　价格如果不能如实反映市场供求平衡关系，并不是"显示性偏好"，就不能在物量加总过程中作为同度量因素和权数，经济意义上的"加乘处理"就无法进行，宏观数量分析就无法开展。权数是偏好的数量表现，但是，偏好是受到现实约束的，受到约束的那部分偏好无法显示出来，等于经济学设定存在"无约束偏好"，这也是价格作为经济分析基本工具的隐含弊端。

　　应该注意到，SNA 对政府的经济作用给予了平等的行为主体地位，政府与企业、居民户、非政府组织和"国外"部门一起作为五大经济主体，设置了行为主体机构的部门账户。如果理论概念和思维上仍然将政府视为"守夜人"，从维系核算逻辑的要求出发，进行经济数量分析时就需要调整 SNA 的数据口径。

对模糊聚类分析的四点质询[①]

恐怕是学识基础太差，笔者挺愿意读一些科普类的书籍。2021 年年前读到刘应明院士和任平所著的《模糊性：精确性的另一半》（院士科普书系），清华大学出版社、暨南大学出版社 2000 年 12 月出版，是一本 20 多年前的"老书"。读书不论早晚，有感便是收获。

该书第四章对模糊聚类方法做了深入浅出的阐述，令人颇受启发。不过，笔者读书总愿意带着"问号"，对研究生的论文如此，教授、院士的著述也同等待遇，因为在笔者内心深处，科学没有完成时。很自然，模糊聚类分析及其基础知识也概莫能外，毕竟二者都还在发展过程之中，所以完全可能存在需要进一步深思的问题，本文就写写读过该部分内容后的几点质询，或者说，笔者提出的蠢问题。

聚类分析，通常被认为是除了原始数据，没有其他关于分类的先验知识，即对象内外的联系和区别只体现在所得到的基础数据资料中，只能以之作为分类的依据。

这里似乎没有什么现成的模式，所能依靠的只是原始数据所表现的对象各元素间的联系和区别，据此将对象各元素归并为若干类，使得同类中的元素彼此间比较相似，而不同类别的元素之间差别比较大，这个思路比较符合人类分类思维的习惯。

刘应明院士等明确指出：数据采掘大量应用统计方法，但是它和经典的统计理论有原则区别，经典统计理论的核心是统计推断，主要包括参数估计和假设检验等。因此，它们本质上属"验证导向"。与之不同，数据采掘强调发现潜在的信息，属"发现导向"。按照这种区分，聚类分析就应该是"发现导向"的。

第一个需要深入思考的问题是，数据发现是不是零起点？

大数据时代，好多人强调"数据驱动"，与"方法导向""问题导向"并驾齐驱。不过笔者以为，先验知识框架实质上隐性存在着，只不过处于某种"静默状态"而已。

聚类分析并不是"白手起家"从零开始，因为原始数据的表现必须借助于某个平台。如果我们要考察不同的数据点能够组成什么样的"点群"，就预先设定了至少一个坐标系，如此才能考察不同数据点之间的"距离"，才知道哪些点应

① 原载于《中国统计》2021 年第 3 期，曾收录在笔者所著的《守望经济统计麦田》，东北财经大学出版社 2021 年版，中国大连。

该组成"点群"。试问，这个坐标系是否属于某种先验知识呢？

而且，这个距离只是在这个特定坐标系中才得以成立，也即点与点间的距离远近是特指的，仅就该坐标系而言，其数据的距离意义（远近）才得以成立。那么，为什么这个平面设定是可以接受的呢？其中又隐含了哪些先验知识呢？

客观事物存在于三维空间（至少如此）中，而原始数据所隐含的坐标系则处于某个二维平面中，而这个二维平面仅是三维空间中若干个二维平面之中的一个。如果观察事物的框架和角度变了，可能就会转换成另外一个二维平面。那么，定义距离的坐标系也要随之变化，距离的现实含义变了，分类也就变了。

您若不信，就听听《泪蛋蛋抛在沙蒿蒿林》，也算一种科普。这首陕北民歌有这样几句歌词：

"羊啦肚子手巾呦，三道道蓝，
咱们见个面面容易，哎呀拉话话难。
一个在那山上呦，一个在呀沟，
咱们拉不上那话话儿，哎呀招一招呦手。"

这里且放下爱情，冷静谈距离。山上和山沟里的两个恋人，究竟是远是近？从目光接触角度看，距离应该比较近，所以才是"见个面面容易"，大饱眼福；但从口头交流角度看，则距离又比较远，扯嗓子喊也听不大清，这才"拉不上那话话儿"。脸上这么近的两个器官——口和眼所感受的距离，远近竟然大不一样。再看两个人的直线距离，应该比较近。可如果两个人真要站在一起，手拉手，恐怕费得小半天工夫——实在是远。

您瞧，就这么首民歌，看似内容非常简单、直白，却一下子就分出四种不同意义的距离。当然，既然是恋人，再近的距离也是远的，还有一首陕北民歌唱得坦白："面对面坐着还想你。"一旦爱到昏了头，就认不得距离了，虽近亦远，何近之有？

同样陕北这种特定地貌所造成的距离差异，如果认知主体变了，远近含义也就变了。回想当年毛主席带领留守部队在陕北，与胡宗南大军兜圈子的时候，"距离"的内涵当然需要新解。所以，对距离的认知还隐含着主观成分，不但距离数据需要人加以解释，在聚类操作前的坐标系确定或接受，也基于人，而非数据自身。

生活中这样的事例恐怕多着呢，就等待着发现者去探索。笔者曾写过一篇随笔《社会经济计量中的"距离"需要多元解读》，发表在《经济学家茶座》2019年第2期，对此有过分析。

总之，数据聚类恐怕并非零起点。倘真如此，"数据驱动"的说法就大可存疑，究竟数据自身能不能驱动？是不是存在"看不见的手"在驱动？如果确实存在，又究竟是哪只手在驱动？在数据分析乃至大数据分析中，先验知识究竟是"有无问题"，还只是"多寡问题"？

这里需要深入思考的第二个问题是，"自反性"等基本性质成立是否隐含着某些前提？

经典意义下的分类原则，论域中的每一个元素在且仅在一个类，不能遗漏，不能重复。这是一个历史悠久、应用广泛的统计原则，社会经济统计中长期强调这个原则，需要贯彻落实以优化分类。管理界后来也流行着指导分类的"每切原则"（mutually exclusive and collectively exhaustive，MECE），"每切"是笔者兼顾意译和音译所确定的名称。各类之间的界限分明，分类建立在"等价关系"的基础上。

刘应明院士和任平在其书中告诉我们：所谓"等价关系"，是指满足下列三个条件的二元关系：第一，"自反性"，即对所有元素，自己（元素本身）与自己总是"符合关系"，即自己与自己总是一类；第二，"对称性"，即若 x 与 y 是"符合关系"，y 与 x 也是"符合关系"，换言之，若 x 与 y 在同一类，y 与 x 也在同一类；第三，"传递性"，即若 x 与 y 是"符合关系"，y 与 z 是"符合关系"，则 x 与 z 也一定是"符合关系"。采用分类的语言说，若 x 与 y 在同一类，y 与 z 在同一类，则 x 与 z 也在同一类。一个分类确定一个"等价关系"，同一类的元素就规定为"符合关系"。

笔者以为，"自反性"的成立其实隐含着至少这样一个前提：需要将所谓元素设定为最小判断单位。或者，只有对象元素的分类足够细致，才能确保"自反性"的成立。

以个人分类为例，只有把"自己"视为一个整体作为最小单元，自反性才能成立。否则，如果注意到个人的"异质同体"状态，比如一体两面、雌雄同体等，完全可能在不同时空条件下呈现出相反的特质。

或者，个人在主观上对某事物的态度呈游移状态，往往在某个特定时空条件下，持一种态度；而如果变换到了另外一种时空条件，又会相应地采取另外一种态度。特别是在时空条件变化多端的情形中，所谓"自己"就特别纠结和矛盾，自己无法与自己保持"符合关系"，无法总是成为同类。这种状况的存在意味着，"自反性"未必总是得到满足，或者说无法得到充分满足。那么，"等价关系"恐怕也未必总是成立，或者并非充分成立。

这里需要深入思考的第三个问题是，距离远近与类别外内是否存在绝对对应关系？

对满足"等价关系"的分类结果而言，其"类内离差"未必小于"类间离差"。尽管满足了"自反性"、"对称性"和"传递性"三个条件，尽管元素间距离是判断类别归属的基本依据，但是所得分类结果中，某类内部元素间的距离未必小于该类别某元素与其他类别某元素间的距离。

在社会现实中，这种"类内离差"大于"类间离差"的现象比较容易理解。对大国而言，国内航班飞行时间完全可能多于某些国际航班的飞行时间。例如，大连飞成都航班与大连飞韩国首尔的航班相比，前者耗时多于后者。

但是，如果不做深入思索，人们有的时候往往过分看重类别的划分，容易有"类内离差"小于"类间离差"的主观感觉，进而容易因之造成对社会关系的误判。在社会关系认知中，存在不同的说法，"远亲不如近邻""非我族类其心必异"，是对此种对应关系的不同总结，各执一词，都有其道理。而在现实案例的认知中，需要具体情况具体分析，不宜一概而言。

这里需要深入思考的第四个问题是，聚类方法的设定条件放松后，对模糊聚类结果的影响究竟如何？

在社会经济现实中，有些事物界限没有那么分明，比如土地的肥沃与贫瘠、气候旱涝、企业规模的大小、生产要素密集类型等，在这些场合中，"等价关系"无法满足，也就无法实施常规的聚类分析，这时就需要放松聚类方法的设定条件，采用模糊聚类分析方法。

模糊聚类不再坚持"等价关系"，而是建立在"模糊关系"的基础上，其中最直观的就是利用所谓"相似关系"。可以参照"等价关系"的三条性质来考察"相似关系"与之的区别。在模糊聚类分析中，"自反性"和"对称性"仍需要保证，但是"传递性"却不一定成立。刘应明院士和任平告诉我们，数学上把满足"自反性"和"对称性"的二元关系称为"相似关系"。

在现实社会中，前面笔者所提出的第二个问题同样存在，"自反性"的满足以"自己"不再细分为前提，否则在细分的层级中，"相似关系"同样无法满足"自反性"。再者，由于元素对事物的隶属度不同，在模糊关系中的"传递性"更不确定，无法像在"等价关系"中那样确保成立，这本是模糊集的题中应有之义。

刘应明院士和任平告诉我们，在模糊聚类分析中，我们可以得到一个"相似矩阵 R"——主对角线为 1 的对称方阵，该矩阵的子项描述了对象元素间的关系，直接关系为第一级关系，间接关系从第二级到第 n 级。而且，一定存在一个正整数 k 使得相似矩阵收敛，即得到 $R(k)$ ——" R 的传递闭包"，即考虑到所有直接和间接联系、带有某种综合性的相似矩阵。

作为科普读物，该书自然不会给出"传递闭包"存在的数学证明，但比较遗憾的是，该书也没有深入揭示" R 的传递闭包"在模糊集中得以成立的内在机理，表现为断言，读着不解渴。

笔者天资愚钝，不是一点就通的读者，这里搞不清的问题多多：天下没有免费的午餐，放松聚类方法设定条件的代价究竟是什么？"相似矩阵"能否确保包含元素间的所有联系？为什么该矩阵一定收敛，不存在发散的可能吗？当"传递性"在现实模糊关系中无法成立时，"相似矩阵"的"传递闭包"是否一定存在？

"自反性"对元素分级的细致性要求是否也需要加以考虑？如何看待数据分析中隐含的先验知识及其影响？

如果打算应用到社会生活现实中，即便是高深的科学，还是需要多在道理上下功夫。我们平民百姓内心其实愿意讲道理，所以也愿意听道理。这样我们才容易判断，这种方法是否适用于自己所面临的现实问题，才容易知道如何避免可能遭遇的认知陷阱。方法再精妙，也还是"道理为大"。

迪顿教授揭示经济测度的风险
——《逃离不平等：健康、财富及不平等的起源》的经济统计学视角解读

1 作为"测度经济学家"的迪顿

或许是近代落后的历史使然，国人往往有诺贝尔情结，安格斯·迪顿教授因获 2015 年诺贝尔经济学奖而被更多的国人所知。

按照评选委员会的声明，迪顿教授获奖是因为他在促进福利和减少贫困的研究中，深化了对个人消费选择与总量结果间关系的理解，改进了微观经济学、宏观经济学和发展经济学。毕竟，现代经济学是一个庞杂的学科群，那么，迪顿教授怎么介绍自己的研究方向呢？

在《逃离不平等：健康、财富及不平等的起源》（*The Great Escape*：*Health*，*Wealth*，*and the Origins of Inequality*）中，他提到了飞机上的一段对话，在回答一位著名物理学家的职业询问时，迪顿教授说，他在搞"全球贫困的衡量与评价"。这个信息透露了迪顿教授自己的一种学术定位，至少是其几十年经济学家生涯中一个非常重要的角色——他同时还是一位"测度经济学家"[measurement economist，这个头衔是另一位经济统计学家欧文·迪沃特（Erwin Diewert）教授对自己在经济学大家庭中所研究专业方向的概括]。

对"measurement"这个词，国人有多种译法，衡量、测量、度量、测度等，笔者因顾及"测"字与时间开放的关联性（如"预测"可以指涉将来），并偏好"度"字中的哲学含义，特意选取"测度"这个词来对应经济统计学中的"measurement"，恭请读者查之。

如果再留心一下迪顿教授的个人信息，诸位就会知道，笔者给迪顿教授戴这顶帽子并不是强拉硬拽。有例为证：迪顿教授有很多学术兼职，其中之一就是 ICP 技术咨询组（Technical Advisory Group，TAG）的成员，后来担任主席，ICP 是世界上最大的经济统计项目，迪顿教授与阿兰·赫斯顿（Alan Heston，ICP 的三位开创者之一）教授有过深入的合作研究。

迪顿教授重视经济测度的情结是有其学术渊源的，当年他从苏格兰到剑桥大

学求学，正是在理查德·斯通教授的门下，众所周知，斯通是现代 SNA 的开创者。迪顿教授自己说，"理查德·斯通对我的影响恐怕是最为深刻的。我从他那里学到了'衡量标准'的重要——没有衡量标准，我们就无法得出任何结论，而正确地建立衡量标准，亦是无比重要的事项"（引自《逃离不平等：健康、财富及不平等的起源》前言ⅩⅢ，中信出版社 2014 年中文版）。

中信出版社颇有眼力，2014 年就看中了次年才获得诺贝尔经济学奖的迪顿教授，将其《逃离不平等：健康、财富及不平等的起源》中文版"提前"出版。因为迪顿教授获得了诺贝尔经济学奖，争睹此书"芳容"的"追星一族"恐怕人数不少，笔者便因朋友赠书而成为其中一员。

不过，笔者读此书，总是逃不开自己的专业视角，愿意把它当成经济统计学的著作来读，正所谓，"手里拎了个锤子，看什么都是钉子"。好在迪顿教授身兼着"测度经济学家"的角色，《逃离不平等：健康、财富及不平等的起源》还真就涉及不少经济统计学的内容，迪顿教授还真就揭示了经济测度方法及其应用过程中的种种风险。迪顿教授还对 ICP 相关问题做了不少阐述。下面笔者试从三个方面做一解读。

2 经济测度的基本问题

在引言的最后两个小节（"如何衡量发展与不平等"和"国民幸福与国民收入的关系"），迪顿教授就集中探讨了经济测度的基本问题。

迪顿教授强调："在本书中，我会尽可能以数据和图表来支持我的观点。若没有完整的定义以及证据支撑，则所谓的进步就不能得到清晰讨论。"（同上，引言ⅩⅩⅧ）

尽管迪顿教授获得过计量经济学的大奖（Frisch Medal），但他在这本书中所使用的数学工具并不高深，是所谓的描述统计方法。笔者不知道迪顿教授的这本书算不算经济学的前沿之作，如果可以算，那描述统计似乎也可以登现代经济学的大雅之堂，并不像唯数理论者所攻击得那么低下。评判水准的最主要依据还在于思想逻辑，而未必只是所使用的工具。

"在处理数据时，我们需要尽力弄清它们是怎么来的，它们所表达的意义何在，否则，我们就容易犯无中生有的错误，还可能遗漏一些紧急而明确的需求。"（同上，引言ⅩⅩⅧ）

此处对数据意义的强调特别重要，因为符合数理逻辑的结果未必就符合经济社会逻辑，或者说，未必符合经济测度逻辑和核算逻辑。因为是致用之学，因为要得出数据结论的政策意义，抽象需要还原为具象。

"事实上，政府若无收集数据的意识，那就算不得开明。国家对人口的统计已有数千年历史，《圣经》中，玛利亚必须随约瑟回到其出生地进行登记，就是一个著名的例证。"（同上，引言ⅩⅩⅧ）

政府统计是一种公共产品，而公共产品提供的数量和质量正是社会发达与否更为重要的考量因素，比起物质产品而言，此种产出需要更高的社会能力，所谓软实力，此为其组分。

按照政治学家詹姆斯·斯科特的经典说法，这也使得我们可以"以国家的视角去看待它"。正如通常所说的那样，没有统计就谈不上统治，没有政治也就不会存在统计，stat 这个词根出现在 statistics 当中绝非偶然。（同上，第 152 页）

3　福利测度的陷阱

"物质生活水平主要是通过收入，即人们消费与储蓄的那部分货币来衡量的。货币的价值会根据人们的购买成本进行调整，在调整之后，货币就变成一个可以用于衡量人们购买能力的合理指标。"（同上，引言ⅩⅩⅨ）

相关性指标，或者说具备经济社会意义的指标，是通过调整得到的，而这种调整应该以经济现实中事物之间的联系机制为依据。

好多人持"金钱与幸福无关"的观点，其依据是关于快乐的调查，而迪顿教授认为，不应该将生活满意度与快乐两个指标相混淆，"生活满意度是对生活各方面综合考虑之后做出的总体评价，而快乐则是一种情绪、一种状态或者说是一种感觉，是人生体验的一部分"。（同上，引言ⅩⅩⅨ）

区分二者，是迪顿教授此主题研究的一个重要特点，这样有利于更准确地把握收入（金钱）对幸福评价的作用。概而言之，收入是人们评价生活状况时非常重要的标准，但并不唯一。

"生活总体评价这种衡量体系还远非完美，在关于生活总体评价的调查中，人们经常不能确定里面的问题是什么意思，也不知道自己需要作出怎样的回答，而国与国的比较结果也会因为各国受访者回答风格的差异而受到影响。"

迪顿教授本人在世界银行工作过，他促成了"生活标准测度调查"（Living Standards Measurement Surveys），1997 年，迪顿教授在约翰斯·霍普金斯大学出版社为世界银行出版了《家庭调查分析：发展政策的微观计量方法》（*The Analysis of Household Surveys*：*A Microeconometric Approach to Development Policy.* Baltimore MD: Johns Hopkins University Press, Published for the World Bank. ISBN 0198287593）。可以说，就此类调查而言，迪顿教授无论从理论还是实践来看都

是高手，所以，他的评价或告诫可谓语重心长，我们在使用此类调查数据时，自当小心。

4　贫困线的划定

迪顿教授从国家政治的高度来论证贫困统计的重要性。对贫困的统计是国家治理的一个组成部分，在进行收入再分配以及防止人们落入贫困等方面，都必不可少，它是社会公平体系的重要一环。对贫困的统计，也意味着国家将消除贫困及其后果视为自身的责任。正是通过对贫困的统计，各个国家才真正得以了解本国的贫困情况。

"什么人可以被认定为是贫困人口是一个非常值得关注的问题。关于这一点，基础理念非常简单，但如何在现实中实施却大有学问，其中最为棘手的包括如何确定贫困线，以及如何与时俱进地更新贫困线。"（同上，第 148 页）

"美国人口贫困线划分开始于 1963~1964 年，由当时在社会保障总署任职的经济学家莫利·欧桑斯基划定。"（同上，第 148 页）"欧桑斯基的贫困线划定方法以冠冕堂皇且引人注目的营养需求为出发点，并做了所谓'科学化'的延伸，但科学化不过是一种障眼法。当时的美国约翰逊政府正在准备一项'向贫困宣战'计划，政府内的经济学家需要有一条贫困线作为依据，他们觉得 3000 美元这个数字很合理，于是就计划将贫困线定在这个数字上下。欧桑斯基当时的任务就是为这个近乎凭空想出来的数字寻找依据。"（同上，第 148 页）

"这个故事的重点在于政府官僚的做法实际上是对的：贫困线本身的确需要看起来合理，且易于为公众和政策制定者接受。""以食物作为说辞的贫困线划定依据非常合适，即便到现在也是如此，因为人们总是倾向于认为贫困和挨饿是一回事，⋯⋯以营养学为基础的计算也让这条贫困线看起来更'专业'。"（同上，第 148 页）

"贫困线不能更新只是美国在贫困统计上的缺陷之一。"（同上，第 150 页）"所以这个问题在当时无关紧要。而到了后来，则是一切政治挂帅⋯⋯也会像打开了潘多拉的盒子，各种困难、争议以及党派纷争都接踵而来。正因如此，几乎没有一届政府动过修改统计方法的念头。"（同上，第 151 页）

"世界其他各地统计贫困问题的方法，包括整个世界对贫困情况的统计，都和美国有类似的问题。如何划定贫困线，一直争议不断，而如何定义收入并对其进行统计，也是一个长期的技术性难题。变更贫困线是极为困难的事。"

这些对贫困统计的讨论，非常对笔者的胃口，让笔者从中读出了经济测度的"标准悖律"，印证了笔者经济测度悖律的思考。

英国画家画不好澳大利亚的桉树①

画树跟咱们统计有啥关系？八竿子打不着扯闲篇？究其实，事关"专家关注偏误"（expert attention bias），且待笔者道出其中缘由。

英国画家画不好澳大利亚的桉树，是 *Complexity and the Economy* 中给出的一个事例，这本书由圣塔菲研究所的元老、斯坦福大学经济学教授、复杂经济学创始人布莱恩·阿瑟（W. Brian Arther）撰写，中文版的名字是《复杂经济学：经济思想的新框架》，浙江人民出版社 2018 年 5 月出版。

英国曾经是日不落帝国，经济上世界"老大"，文化上自然就有实力和精力去发展。英国画家在本国的艺术院校中深造，训练有素，画树不在话下，中国人讲胸有成竹，人家是"胸有成树"。

澳大利亚呢，开始只是英国的流放地，后来才开发起来。在艺术水平上当然比不上宗主国。英国画家到澳大利亚，当然以专家的身份傲然藐视。

然而，中国老百姓都知道福祸相依的理儿，成也萧何败也萧何，正是在英国的"胸有成树"打了这些绘画专家的脸，他们怎么也画不好澳大利亚的树！

毛病出在哪里呢？却原来，澳大利亚的树长"错"了：主要是桉树，叶子都比较薄，阳光可以穿过树叶，估摸是地域广阔，阳光充足，风大雨足，所以生长迅速？桉树的树叶更稀疏，更不挡风。

这跟英国的树很有些不同，我们可以从英国电影（《呼啸山庄》之类的）的画面中脑补一下，气温比较低，英格兰的树叶恐怕生长期会更短一些，叶子比较厚，更浓密，更兜风。至于阳光，在英国常常被乌云挡着，透不出来多少，说不上普照大地，再要穿过厚密的树叶？场面更是难得一见。

土生土长的桉树并不成心为难大英帝国的画家，可人家君临澳大利亚，要展现的是专业范儿，并没打算发现什么新东西。大腕儿在画桉树的时候，"不知不觉（地）间进行了'欧式'联想，并强加给澳大利亚的树"。东施效颦不对，西施总那么颦也并不美，中国人讲究因地制宜，还真管用。最后，澳大利亚土生土长的画家，整整花了一代人的时间，画出的树才真正像澳大利亚的桉树。澳大利亚的桉树画法具有其独特意义，同时也会丰富世界树木画法的类型，应该具有一定意义。

无独有偶，早期欧洲画家把非洲原住民画成了"黑皮肤的欧洲人"，画人和

---

① 原载于《中国统计》2019 年第 12 期，曾收录在笔者的《守望经济统计麦田》，东北财经大学出版社 2021 年版，中国大连。

画树同一个毛病。布莱恩·阿瑟指出："我们采取的行动其实建立在我们无意识联想之上。"

联想本来是人类思维的一个长处，然而使用不当就会出负效用。我们所能联想到的，往往受制于内心已经得到的认知。人们往往有"先入为主"的思维习惯，愿意用已知去套用不同的认知对象，似曾相识燕归来，缺少清零再重新开始的勇气。本来"已知"只是一个进入认知对象的平台，登录后还需要深入进展。也许是思考者隐含着的懒惰，也许是路径依赖，再也许是认知上的时间约束，人们往往止于初浅的联想。

说到专家，就比常人更愿意相信自己的已知。专家在某个知识领域中建树颇多，得到了社会的认可（当然"砖家"不算），也正是专业建树反倒成了专家故步自封的资本，过分依赖所谓已知的风险也就越大。

在国际经济统计中，各种相关规则和方法往往由少数专家确定，从而形成了有关经济测度的"知识框架"（the intellectual framework），最典型的如 SNA 就是这样，它由约翰·梅纳德·凯恩斯指导理查德·斯通等构建，事发于第二次世界大战中的英国，目的是估计支撑战争的财力。战后斯通教授又联合美欧等国家和地区的专家共同修订，逐步成为国际性乃至全球性的国民核算制度。

原生于英美的国民核算制度，要推广应用到全世界，这当中其实包含着"同路径假定"：即便发展中国家没有达到发达国家的水平，但笃定会按照这个路径发展，早晚的事儿。按照英美核算专家的认定，英美等国的国民经济核算方式是广泛采用的，至少其基本原则和框架如此，各国都应该遵照施行。经济落后，话语权就不多，其他国家对 SNA 大都采取虚心学习和尽可能实施的态度。于是，英美专家的眼光代替了其他人的眼光，专家关注什么，其他人就关注什么。所谓"发达"，就是说人家"发展过了"（developed），该经历的都已经经历过了。从需要大变大革的意义上看，国民核算的历史已经终结了。

然而，树木在不同的气候地理条件下都有其区别，更何况国民经济这样复杂的社会系统。发达国家的核算专家并不是什么都经历过了，人工智能的兴起、新兴国家的群体性崛起、全球化造成的价值链等，都给国民核算带来了新的课题。其实，就 SNA 本身的发展而言，也并不是所有重要的测度问题都已经解决，当初有一些争议课题被搁置了，甚至有的问题还隐含着未被发现。

比如，SNA 初创时期，工业化国家对战后重建事务给予压倒性的关注。世界银行领衔统计学家麦克尔·沃德（Michael Ward）回顾国民核算历程时曾痛惜——当初不合比例地注重经济生产和增长测度。在这个大背景下制定测度国际标准，专家必然会受到历史的局限，留下了偏向"经济福利"的浓重痕迹，而"社会福利"则相对被忽视。特定形势下形成的测度格局其实是特定的，对经济恢复后的欧美经济未必合适，对其他国家也未必总是适用。

　　再比如，在 ICP 中，需要采用"标准产品描述法"（standard product description，SPD），但是标准产品表以美欧国家和地区的产品篮子（原本用于时间指数的编制）为基准，像日本、韩国这种非西方国家参加 OECD 组的比较，在匹配相同产品时尤其困难。可在 ICP 操作过程中，却出现了偏标准、轻实际的处理：把不合标准的基础数据当作奇异值排斥在模型之外。

　　求真务实，就不能把 SNA 或 ICP 方法论手册当成国际经济统计的"圣经"，需要抱有批判的态度和目光。后进国家只是照搬照用现成标准不妥，要保持生命力，SNA 和 ICP 都得持续修订，还需要真正建立从特殊到一般的反馈机制，得吸收发展中国家的新经验，不能只是从一般到特殊地学习和推广机制。

　　专家关注可能有偏误，荷兰阿姆斯特丹大学的丹尼尔·米格（Daniel Mügge）教授指出了这种偏误风险。他在《国际经济统计——全球事务中的有偏仲裁者》中对相关的四大偏误做了开拓性论述。在一般统计学原理中，统计偏误并没有从这个角度被认识，可见需要经济统计学深入研究，以补充认识。在国际经济统计中发现新的偏误，就像英国画家到澳大利亚遇到新树种一样，需要打破"想当然"（take-for-granted）的做法，得把联想深入下去，在一般和特殊之间双向转换和持续提升，才可能更接近真知。

"四大"的工作经历值多少钱
——透视经济统计中的"可测性偏误"①

"四大"这个说法在财经领域比较有名，是指国际四大会计公司，德勤（DTT）、普华永道（PwC）、安永（EY）和毕马威（KPMG）。在我国，这四家公司的生意特别火，优秀的年轻人也以能进入到这样的公司工作为荣。

不过，这四家公司给年轻白领的薪酬并不高，前些年听说过一个大概，也就是万把块钱，但工作量却超乎寻常。公司并不要求你加班，不过一个项目做下来，你不得不强迫自己加班，据说有的团队在出报告的期限前，往往得熬十来个通宵。

持续的、超强度的脑力和体力付出，常人肯定吃不消。据说年轻人在"四大"大多也就打拼个三年五载，而后转场。铁打的公司，流水的雇员，"四大"的老板却一点儿也不愁，因为高素质的求职者络绎不绝，东家并不指望你在那儿做多久。

问题是，劳动强度大，薪酬相对比较低，为什么好多年轻人还甘愿去牺牲呢？财经专业的高才生连这点儿账都算不明白吗？东北有这么一套嗑儿："皮裤套棉裤，必定有缘故，不是棉裤太薄，就是皮裤没毛。"看着不可思议的事儿大行其道，其中必定藏着缘故，需要我们深入思考，把这隐含的缘故挖掘出来。

据内行人透露，原来在"四大"工作过这本身就是个题材，很容易成为猎头的目标，这三五年在"四大"的经历成了资本，容易在其他公司谋取高薪财务职位。市场为人才成长开路，曲径通幽。优秀的年轻人开始就有自己的人生设计，到"四大"不过是曲线就高职，预先积攒日后所需的经验而已。自然是"四大"的老板更精明，知道自己给了年轻人一种资历，所以就把薪酬压低，人工成本大减，利润最大化，"四大"得以持续为"四大"，由此，岗位的供求双方达成平衡。

从时间维度看，对曲线就高职的年轻人来说，"四大"的经历和经验实际上是一种投资，或可以在将来兑现。换个角度看，其实他们的现金收入挺高，只不过"四大"强迫他们"储蓄"一部分，留在将来兑现，换句话说，现金收入中有一部分是"期货"。当然，这种投资（储蓄）机制有风险，不存在直接对应关系。

经历值钱，这个道理在空间维度中也有体现，比如大学薪酬体系，有的名校现金收入并不高，还是有许多教师愿意去就职。除了名誉自身的精神价值外，在

① 原载于《中国统计》2020 年第 8 期，曾收录在笔者的《守望经济统计麦田》，东北财经大学出版社 2021 年版，中国大连。

名校当教授，往往会有更多的校外收入机会，堤内损失堤外补，总体上收入更高。

总之，这个典型案例告诉我们，收入（利益）不仅仅是现金，也并不仅仅是多出"实物报酬"那一部分，全部收入＝现金收入＋非现金收入，"非现金收入"在项目构成上大于"实物收入"，二者不应混为一谈。要是能够明确这种指标口径间的数量关系，就容易避免经济统计中的种种"可测性偏误"（countability bias）。

令人遗憾的是，人们在进行经济统计和量化分析时，往往有"眼见为实"的倾向，容易偏重看得见、摸得着的现象，或现象中可观测的成分。对于支付或收入往往重视现金部分，而忽视无形的软因素，生活中这样的事例比比皆是。

比如，消费者要求商家送货上门，不仅得支付货款，还得提供家庭住址，这种"信息暴露"其实也是一种成本，一种信息使用权让渡，但多数人没有意识到这一点。其实，收到针对自己的广告推送先别抱怨，那往往是自己以前不小心招来的。还有，公民需要纳税，其实税负并非局限于现金，公民填写各种表格也是在纳税——信息税是也。

再比如，特朗普总统强行摊派美国驻军军费，他的理由是：美国不能既出人又出钱，去保卫别国的安全。这么发推，似乎很有道理，博得不少赞。其实，这位大商人算账比谁都精，他掩盖了别国的非现金支付。

试想，别国出了场地，使得老百姓处于大国军事竞争的中间，生命的战争风险特别高，卧榻之侧火药堆放，于心何安？再者，别国还在其他事物上倾向于，或不得不，听从美国的指使，这实质上也是对驻军保护的一种补偿。从战略上看，美国把战争前线推出国门，推到敌国门前，别国成了其缓冲地带，美国本土面临的战争风险就大大降低，国民幸福感大大提升。

伊拉克是否有生化武器？当年并没有搞清楚，但美国国防部长拿着一小瓶白色粉末说有，多数国家就同意对伊拉克开战，这种支持难道不是一种付出吗？美国大佬揣着明白装糊涂，而我们有的人揣着糊涂装明白，反差岂不太大？

由于现实经济社会现象的多元复杂性，即便指标加减这种小学算术也很难算准。在社会经济测度中，经济统计应该并需要尽可能地指明种种指标陷阱，以免误测，这恰恰是经济统计学的初心和使命。

荷兰阿姆斯特丹大学的丹尼尔·米格（Daniel Mügge）教授对"可测性偏误"做了专门的概括，即经济统计系统地偏重经济生活中易于计量的部分，这一方面导致"物质主义偏见"（materialistic bias），在国际经济统计中表现为聚焦于"总流量"（total flow rate），忽视"净贸易流量"（net trade flows），造成了"装配线中心偏误"（assembly linehub bias）。强调指明，这种偏误对我们校正对国际关系的认知很有指导意义。

须知，当全球价值链形成之后，就很难说某产品是由哪个国家制造的，"X国制造"往往成了伪概念，绝不能把总装厂产品全然视为该国制造品。进而，一个国家在全球制造业中的比重也难以分辨，因为各种进口零部件的累加价值可能很高，需要完全剔除"第三国贡献"（third-country contribution），即该国产品中从其他国家进口的中间品价值。制造业占全球比重的大小究竟如何，得把他国制造的成分剔干净了再论。

如果核心部件掌握在别国手里，一旦贸易争端极端激烈，可能对总装国的生产产生"断链效应"，整个生产链将无法维系，影响度并不仅仅是"进口部件价值占 GDP 的比重"，至少是该生产链产值占 GDP 的比重，此外，还应该包括生产断链所造成的波及效应。

然而，净值计算非常困难，至少发展中国家的经济统计基础薄弱，平时经济统计的投入和积累严重不足，较长时间内还无法给出这种深层次测度。由于需要追赶的事务太多，发展中国家的经济统计水平往往很低，许多指标通常以总量计算为主，往往停留于表面化的认知，而这对国势和大国竞争格局的判断都会产生重大影响。

另外，"可测性偏误"还会表现为"货币计价偏误"，计价使得用于货币交换的生产和劳动在统计中处于优先地位，而尚未市场化的生产和劳动则被边缘化。此外，经济活动中的"快闪"（ephemeral）部分也容易漏算。

米格教授总结了国际经济统计中的四种偏误，除了"可测性偏误"外，还有"专家关注偏误"、"资本主义偏误"和"隐匿财富偏误"。这些偏误与数理统计所分析的偏误截然不同，社会经济计量需要认真学习和分辨。纠正这些特有偏误需要一个长期过程，实在是还有大量研究工作要做，还得有人潜心打基础。

"四大"就职的故事只是个引子，言微旨在大义。国家治理体系和治理能力现代化到 2035 年才基本实现，为什么需要这么长时间？原因挺多，其中一条是基础还大有欠缺。如果要高质量发展，就需要高质量的经济统计作为"社会基础结构"，而对经济统计偏误的深刻认知就是这种基础结构的重要组分。我们在经济建设中重视"物质基础结构"，比如认准了"要想富先修路"的理儿，于是高速、高铁"超前"许多，然而，"社会基础结构"尚未引起足够的重视，广义来看，这本身就是"可测性偏误"的一个典型症状。

一网打不尽
——关注国际经济统计中的"财富隐匿偏误"①

　　如今是网络的天下，网络数据的一大优势就是其全面性———一网打尽。有的人对大数据非常感兴趣，觉得原来统计学苦苦发明和实行的抽样调查都要过时了。现在网络四通八达，很容易搞全面调查，拿到手的就是总体数据。巨牛的韩信，数据密如兵。

　　互联网能让网外的人边缘化。因此，网络是一种侵略性很强的社会话语权。比如，笔者的手机没设置支付功能，现在停车就遇到了大麻烦。好多停车场不再设人工收费员，只能扫码支付，而后那栏杆才能抬起来。若是你手机不能（不会）扫码，自然不敢往里面进，空车位再多对你来说也等于零。而停在路边，就有被贴条的风险。出行受到了限制，心里就打怵。还有滴滴打车，没有手机支付功能，叫车步骤就走不下去了，只能到路边伸手拦车，人家有手机约车，自然比笔者更麻利。各种事项，网络机制往往设定：每部手机都具备支付功能。少数人顽固拒绝，就等于甘愿放弃数据智能化带来的实惠，很有点儿自绝于广大人民群众的味道，反正威逼利诱，就是一网打尽的架势。

　　然而，一网未必尽，深水或有大鱼。

　　其一，不是所有人都上网。其二，即便对上网的人来说，也不是所有行为都在网上表现。而且正相反，越是隐秘的行为，越需要或愿意躲开网络。其三，网上所表现的未必真实，甚至很可能恰恰与实际交易相悖，无论水平、结构或趋势都可能有偏误。最典型的事例，"9·11"事件以后，本·拉登和他身边的人肯定不会上网，按说，跟他有联系的人都不能使用网络。别看这种人的人数不多，可他们的行为对国际社会的影响却是巨大的。他们自己的花费或许没那么多，但却调度了巨额资金的全球走向。再从对立面看，美国为追踪他们的花费也是相当大的，而且是保密的，其真实的相关事项在网上根本表现不出来。

　　仅此一例就可以看出：瞧不起躲网的人，把他们都当作被时代淘汰的落伍分子，测度时漏掉也无所谓，恐怕过于自信。把网络表现出来或淘到的数据当成事务的全部，忽略网外之鱼，忽略大网中礁后、草里、沙掩、深水之鱼，恐怕过于

——————————
　　① 原载于《中国统计》2020 年第 9 期，曾收录在笔者的《守望经济统计麦田》，东北财经大学出版社 2021 年版，中国大连。

天真。第二种忽略是数据分析隐含的重大风险——进了互联网，未必就进了你的数据分析之囊，而经济统计就特别关注这种潜在风险。

在国际经济统计中，存在着种种"测度偏误"（measurement bias），其中一种就是所谓的"隐匿财富偏误"（stealth-wealth bias）。荷兰阿姆斯特丹大学米格教授曾经专门撰文（可参见《国际经济统计：全球事务中的有偏仲裁者》）对此进行阐述。

米格教授指出："复杂的衍生品和公司结构、'合法欺诈（legal trickery）'和'秘密辖区（secrecy jurisdictions）'造成了'隐匿财富偏误（stealth-wealth bias）'，采用随意转移而脱离实际生产过程的方式，大公司和富人可以为了记账目的重新安排财富和生产，其后果是，我们对'价值在哪里生产'和'谁拥有价值'的认知被系统地扭曲。"

米格教授列举了"隐匿财富偏误"的以下四层含义：①开曼群岛比较有名，它就是"秘密司法辖区"的典型代表，金融财富通过之掩盖了最终所有权关系。②大量使用衍生品造成了"跨境负债"（cross-border liabilities），没有任何货币流出现，而所有权的"地理区位"（geographical location）和"财务风险"（financial exposures）因此难以确定。③大跨国公司按规定应该对外披露其结构和活动，本来应该以其实际操作为准，但它们往往出于法律和财务动机进行特别展示。④大部分全球贸易发生在跨国企业内部，测度跨境运输的产品价值，往往依赖于企业提交的"转移价格"（transfer prices），这使得企业有足够的空间使其"税单最小化"，国际交易的图像则成了刻意构造的信息。

"隐匿财富偏误"对国际经济统计数据的影响相当大，据联合国贸易和发展会议估计，2015年全球对外直接投资流量的净20%用于"迂回（round-tripped）投资"，通过离岸（offshore）"特殊目的实体"（special-purpose entities）回到母国经济体，利用外国税收体制，以隐匿其财富。

米格教授的阐述指明了政治算术的艰难之处，对国际经济统计富有启发意义，至少我们应该注意以下几点。

第一，技术之网与金融之网的区别。

互联网是技术之网，只是手段和工具，金融之网才是目的、动机和内容。"全球生产链""全球价值链"的概念大家都很熟悉，这些都是显在的网，而其背后隐匿的却是一张暗网，即"全球财富链"，财富往往愿意隐身，生产在哪里，相对而言还容易搞清楚，但是利润去了哪里，谁动了我的奶酪，却扑朔迷离，博弈双方都悄然行事，动的不想声张，被动的东躲西藏，而这才是国际经济统计的真正难点。

第二，GDP作为增加值往往只是个理论概念。

按照经济学定义，GDP是本期各生产部门的增加值之和。既然是增加值，就值得作为经济成就加以追捧，逻辑上没有问题。然而如今全球产业链已经是高度细致分工，到了这个阶段，各国生产往往你中有我、我中有你，各自的增加值究竟多少，很难明察秋毫。否则，中美贸易差额就没那么大分歧了。在这种格局下，GDP 往往沦为经济活跃程度的笼统记录，更像某种流水性质的指标。GDP 高了，未必就真的具有更多的增加值，可能有他国的中间投入没剔除干净，本国的经济成就未必如数值表现得那么大。

第三，GDP 和利润未必同向增长。

开放国际合作会有两种结果，可能获得更多的利润，也可能为他国贡献更多。经济做大和做强是大有区别的，国人讲"身大力不亏"，虽然有一定的道理，但不能误解了"做大"，大就用强，恍惚已经"做强"。就国家发展而言，做大相对还算容易，但做强可需要打持久战，而且越来越艰难。

就国际经济统计来说，经济活动有"最终受益者"和"最终受益者母国"（the ultimate beneficiaries home countries），辨明这两个概念非常重要。美国资本家曾公开说过，发展中国家喜欢 GDP，那就给他们好了，只要利润归我就行。想想代工厂加工名牌运动鞋，每双只能得到不到 2 美元的加工费，而发达国家市场的零售价是 60 多美元，发展中国家增加值与发达国家利润的分配是不成比例的。所谓自由竞争市场从来不是一种真实的存在，现实社会有"价格决定者"（price maker），也有"价格接受者"（price taker），很少部分产品的价格才由众多市场参与者共同决定。在这种利润分配模式下，外资经济活跃程度越高，受到的盘剥就可能越多，外国资本当然不是来做慈善的。

第四，经济统计中的不确定性更多地表现为"模糊不确定性"。

曾经有一种说法，数理统计处理不确定性问题，而经济统计只能处理确定性问题，而社会经济现象大多具有不确定性，所以经济统计不够科学，需要用数理统计来取代。这是一种似是而非的浅表感觉。

社会现象的确多为不确定性问题，但是不确定性问题本身又是多种多样的，数理统计处理的"随机不确定性"只是其中的一种，而模糊学处理的"模糊不确定性"则是另外一种。就社会经济现象的时间关系来看，需要更多地关注随机不确定性，但就社会经济现象的空间关系来看，则需要更多地关注模糊不确定性。

在模糊不确定性问题中，又可分为客观模糊关系和主观模糊关系。前者是事物本身边界不清楚，而后者则是人为地让事物边界变得模糊不清。这里，隐匿财富的行为就是刻意让其源流无法辨认，从而谋求一己私利。我们的应对措施就是兵来将挡，采用模糊学方法加以化解，用适宜的数学工具作用于适宜的对象。

总之，依赖网络数据，利弊参半。完全依赖，那它就很可能成为我们的"方便样本"，必然导致认知上的偏误。尽管网上基础数据如海如洋，但仍然有大量的数据工作要做，比如，如何补充网下经济、网下数据？甚至，如何打捞淹没在数据海洋中的主题相关数据？如何甄别网上混杂在其他主题数据中的相关数据？

　　数据整理可不光是手工活计，本质是"脑力劳动密集型"的工作。一网打不尽，网下了之后，也还得多下笊篱。至于往哪里下网、下笊篱，怎么下网、下笊篱，能不能捞到值钱的东西，就看数据整理者的眼力和心力了。

古典概率，为什么要从掷骰子抛硬币说起？

古典概率，对其原理的阐述往往要从掷骰子、抛硬币开始，所有教科书大都这么写，一切显得那么天经地义。

问为学之源。先问一下，为什么这里是起点？统计学并不是宗教，天经地义并不是不需要提问，笔者以为，应该让学生明白，这里"等概率"是"天经"，而"同质"则是"地义"，而掷骰子和抛硬币恰好形象地表明了这一点。事物有异有同，要成为数理统计的处理对象，就得有"外虽异而内同"的要求。

骰子6个面的"点"大小不能同一。1个点的那面凹点最大，6个点的那面凹点最小，每个面凹点所去掉的材料重量得相同。3个对面固定搭配，1点对6点，2点对5点，3点对4点。总之，得保证骰子的6个面质量均匀，否则就无法保证掷骰子出现1到6的可能性相同——等可能性。

打麻将的高手，不知是否想到过这种设计？概率思考可是从赌场萌发出来的，应该说是本学科的悠久传统，且不可光赌不博。此处之"博"，不是博士的博，而是博彩的博——此处乃"博弈"（game），可是"博弈论"（game theory）的现实社会基础，"论"（theory），不管是"理论"，还是"方法论"，都得连着"博弈"。人生就是博弈，社会就是博弈场，对之的思考故而应该且可以推而广之。

当然不光骰子如此，硬币也是这样。虽然硬币的两个面图案不同，但去掉的材料重量相同，且图案的凹面分布也均匀，不然，随着抛硬币次数的增多，就不会出现正反面次数趋于平均的结果，这个"等概率"结果恰恰反证了我们对硬币均质性的猜想。

古典概率方法构造中，要求对象达成同质性，至少要达到一定程度，这个要求非常重要，不然就无法达成"等概率"，也就无法把统计推断建立在科学基础上。同质性需要人工精心设计和构建，具有非客观性，体现了统计平均思想的基本要求。

但是，自然对象本身未必"均质化存在""等分性存在"，在某些场合，人造产出更需要人为地均其权，这从反面印证了：权重（weight）的普遍存在性——权无处不在，事物本身处于绝对的非等分和非均质状态。

而且，在不同场合，对确保同质性程度（如对直线、平面和三维空间的等分或均质）的要求不同。例如，对于高级赌徒，对骰子的同质性要求就特别高，可能得达到一种"理想"的特定状态，否则牵涉真金白银的巨额损益，弄不好会闹出人命来。人命关天，自然马虎不得。而对一般的赌徒，则可以适当放松条件。

仨瓜俩枣的，无非娱乐，大可一笑了之。

这个隐含着的同质性假设能管多大空间、多长时间？在统计思想方法拓展时，在统计方法应用时，都得思考这个问题，事关推断的质量。所分析的对象或问题是否完全符合这种同质性（均质性）假设？是否完全满足"等概率"的模式，如果大致符合与满足，那么还相差多少？这种近似符合与满足对数据分析结果有无影响？影响会有多大？是否需要改换其他方法来相应地解决现实问题？

如果深思，而非套用公式，问题必然多多。这些问题都是我们在给出数据结果前需要深入探究的，涉及方法与问题的"外部匹配性"（外部一致性，即"应"与"不应"），这是"应用"数理方法最基本的要求，否则，就无法给出令人真正信服的数据结果，也就没有切实有效的对策建议，所谓统计咨询，如果只是用高大上的模型吓唬人，看似堂而皇之，实则很可能沦为 A 货。

概率思考，是为了减少认知中的随机不确定性，因此着重从动态视野考察对象，还需要哲学思考的加持。客观事物包含了"同者"和"他者"，具备了同质性和异质性，往往是一个同化和异化的混合过程，两个方面相反相成。研究"同质性"，追踪事物的同化过程，形成公式和模型，当然是为了发现过程中事物构成的共性。但认知到此并没有结束，"同质性"往往成为认知事物的某种基准，对之的认知需要一定的设定条件，同时它也为认知异质性创造了条件。当我们应用公式和模型时，是在追踪事物的异化过程，需要与抽象操作相反的特定的具象操作，需要把认知同质性时舍弃掉的因素再还原到过程中，正是因此，笔者一再强调不能套用公式，不应该混淆方法"放之四海皆可用"与"放之四海皆准"的区别。

韩裔德国哲学家韩炳哲指出，"信息唾手可得，而获取深刻的知识却是一个平缓而漫长的过程"。（韩炳哲《他者的消失》第 5 页，中信出版社，2019 年中文版，中国北京）因此，年轻学者尤其要警惕研究中"平坦大道"的顺畅，那很可能是一种异化的研究。

还是要深思，韩炳哲认为"思考可以通往全然他者（das ganz Andere），它会使同者中断。其中蕴藏着它的事件属性（Ereignis-charakter）。与此相反，计算则是同者的无尽重复。与思考截然不同，计算无法产生新的状态。计算看不见事件的存在，而真正的思考却是事件性的""数字化的东西使一切都变成可数的、可比较的。这就使同者得以延续"。（同上书，第 6 页）笔者以为，韩炳哲这里的"计算"，是那种"不加思考的纯计算"。无论如何，我们都需要警惕停留在事物的表象，而需深挖其内在的同与异。

科伦索的"宗教算术"①

　　《读书》2012年第8期刊登了高峰枫先生的文章《科伦索主教和摩西五经》，使笔者眼界大开，忍不住想从描述统计的角度多唠叨几句。

　　搞经济或经济统计的人都知道《政治算术》，那是威廉·配第的开山之作，青史标名。然而很少有人知道这位科伦索主教，同为英人，他的姓名之中也有"威廉"，他使用的工具也是算术，不过所开创的领域不同。科伦索搞的是什么呢？"宗教算术"，还是"历史算术"？甚或二者都是——宗教史算术？不曾有人命名。

　　科伦索生活在十九世纪的英国，那时进入教会是提升社会地位的捷径，就跟我们现在改变身份非得读大学差不多。他一级一级地晋升，从普通牧师到教区牧师，快四十岁时，总算被任命为南非纳塔尔地区的主教。科伦索是个非常敬业的人，他举家远迁，潜心在南非传教。为了将圣经译成祖鲁文，他甚至专门学习祖鲁语。

　　原本顺顺当当的生活，不想竟然在传教中碰到了一个绕不过去的坎儿，改变了他的生活轨迹。

　　当地有个祖鲁土著，心思单纯却非常聪明，对诺亚方舟的故事产生了疑惑。他问科伦索：这都是真的吗？您真的相信所有动物、鸟类、昆虫，无论大小，无论居于热带还是寒带，都成双成对地走进方舟吗？

　　是啊，既不重复，又不遗漏，简直就是计算统计指标的要求，诺亚方舟对地球的拯救太过周密。计划性一强，人工的痕迹一重，就有失自然，也有失真实，让人生疑就太正常不过了。

　　说起来，科伦索还是一个开明的牧师，他本来对大洪水之说也有过怀疑，这洪水范围如此之大，足以毁灭地球，真地发生过吗？遭祖鲁人如此一个追问，内心原本的存疑又被激发了出来，由潜在而成为显现状，于是让科伦索心底里更为纠结，这道坎儿终于绕不过去了。科伦索又极其较真儿，于是，他开始了对《旧约》的考辩。居然敢咬那青苹果？考辩行为本身就越格了，打破了英国宗教界的迷信习惯。

　　科伦索不仅敢于思考，还善于思考。虽出身于寒门，却也在剑桥大学的圣约翰学院学过数学。进入教会之前，他还在哈罗公学和剑桥教过数学，"科伦索算

　　① 本文曾收录于笔者所著的《品茶问学》中，中国财政经济出版社2014年版，中国北京。

术书"曾经是英伦红极一时的课本呢。

你看，开明而敢于思考，敬业而探究执着，善算而工具便捷，天降此任于斯人也，要对圣经进行算术考辩，科伦索真是不二人选。

当然，若把眼光放大到西欧，而不仅仅局限于英国，科伦索并不是考辩圣经的先驱，反倒是个后来者，科伦索主教的绝技在于他对算术工具的充分运用。

要是从学术的角度看，《旧约》中前五卷书可算作犹太民族的上古史，历来被认为是摩西所作，所以也叫"摩西五经"。德国学者对此的考证分成新旧两派，旧派捍卫其历史真实性，作者就是摩西本人，而新派则认为五经由不同文献合成，绝非信史。科伦索主教阅读了大量考证著作，借助算术推演得出了自己的判断。1862 年他出版了《摩西五经与约书亚书考辩》的第一卷，到 1879 年，花了近二十年的光阴，七卷本《考辩》完成，科伦索的学术贡献，或者说他对圣经考证的"增加值"，在于他用较为系统的指标分析支持了新派的观点。

圣经《旧约》的摩西五经中，有许多关于犹太历史的"确说"，可能是由于客观世界中统计指标的无处不在，也可能是布道者主观上为了增加现场感、史实感乃至神圣感，这些"确说"往往用数字或者说统计指标来表达。有道是成也萧何，败也萧何，数字在这里也成了双刃剑。由于精确数字障眼，众多信徒的信仰更为坚定，然而科伦索等极少数质疑者也正是在这里找到了突破口。

当时最重要的是人口指标，而人口指标中最重要的又是男丁数。在犹太人从埃及走出的第二年，耶和华就晓谕摩西，要他搞清这个指标。这是不是人类历史上最早的官方人口统计？笔者不大清楚。不过圣经中给出的结果不容置疑：以色列十二宗族共有男丁 603 550 人，已经精确到了十位数！

科伦索的"算术柳叶刀"正是从这个核心指标切下去的。单看数字还没啥问题，可是如果"计量又较质"，把圣经涉及的数理和物理、事理串在一起，再把不同的相关指标联系在一起看，麻烦就来了，"摊上大事儿了"。

如果男丁超过 60 万，那么按照人口结构比例推算，以色列总人口至少得有200 万以上，每天大约会有 250 名婴儿出生。人，可以用数字表示其量，但人不仅仅是数字，人得吃喝拉撒睡，还少不了精神生活。这么多人的诸项社会活动，如果严格遵守摩西五经的数量规定，相互间的矛盾就昭然若揭且不可思议了。

200 万人，最小最小也得有 6.4 平方公里那么大的营地。可这对一个人来说也太大了呀，约书亚怎么当众宣读摩西的遗训呢？怎么对全体训话呢？那时可没有麦克风啊！哪怕没有孩子哭、老婆叫，全体虔诚禁声，圣旨又如何周遍而被听到呢？还有，就算吃的烧的老天爷都从天而降，人吃过后的"产出"问题又怎么办？如果真是必须在营地外解决，那 200 万以色列人每天得往返跑多远的路？

不过，最辛苦的还是祭司亚伦和他的两个儿子。以色列人中只有他们才能与神交流，祭祀活动必须他们三个亲力亲为。偏偏犹太人的宗教活动又相当正规，仅仅祭祀一项就又分为燔祭、素祭、平安祭和赎罪祭等等。婴儿降生得搞燔祭和赎罪祭，这在每天就是 500 场法事！哪怕一个只搞 5 分钟，总共需费时 2500 分钟，三个人主持，人均也得约 14 小时啊，严重违反劳动法呢。如果有人犯罪，祭司还得"加班"。赎罪祭品须是没有残疾的公牛，祭司宰牛以后必须连皮带肉还有下水都送到"营地外洁净之地"，规定是不能乘车，看来三个人只能手提肩扛了。好几公里的路啊，就算他们体力可支，可时间够用吗？

好在还有体力补偿的特别规定：祭肉全归祭司，祭司还必须在圣所把自己应得的祭肉全部吃掉。这待遇，赶上如今我们奥运夺金的体育运动员了。不过新的麻烦也跟过来了：单是新生儿一项，一天就该献上 250 只鸽子或斑鸠，三个人日均 84 只，必须吃掉啊，每天如此啊，整整一年啊！这还没算其他祭肉呢！

比这更不靠谱的还有呢，光是新生儿祭祀，按规定一年就得耗掉九万只羊羔，九万只鸽子或斑鸠，难道上天下雨会演变出这些祭品吗？如果必须达到圣经中对头生子数目的要求，每位母亲必须生出 42 个儿子，这在今天是不可想象的，难道人类的繁衍曾经那么辉煌吗？还有……

单是数字，说说听听写写读读都还好办，可是一旦还原为活生生的人，一旦从抽象还原为具象，加进质的考虑，就不那么简单了。单是数理，可以在象牙塔里一直抽象下去，自说自话。一旦数理与物理、事理结合，一旦要用一系列数字来描述历史事实，彼此间的逻辑关系就必须搭建起来。

如果描述指标"各说各话"，搁在一起就闹笑话，那必定有数字出了问题。像科伦索考辩所揭示的，不是男丁数过大，就是圣经的好多规定不切实际，二者必居其一。

搁在今天看，这位剑桥的高材生所用的算术工具不过是四则运算，加减乘除而已，并没有什么复杂的数学模型，看上去很初级、很笨拙，然而却是很管用的。关键在于他敢在人们不疑处质疑，在于他计量时也"较真"，在于他系统化的算术考辩。

科伦索参考了近东地理资料，还引证了近代农业、畜牧业的数字来核算以色列人旷野中的衣食住行。他总是把数理与物理、事理结合在一起，他不搞唯数理论，没有沉溺在抽象的数字中。科伦索的考辩中包含着平衡统计的基本思想，相关指标间必须"说话"，也就是说，统计数字之间必须保持应该具备的现实逻辑关系。他采用了男丁数、总人口、祭祀仪式所需院子最小面积、祭祀仪式所需院子个数、营地最小面积、如厕所需步行距离、祭司人数、每天平均新生儿数、祭祀时间、法事所需祭品数、祭司日均必吃鸽子（斑鸠）数、母亲必生儿子数等指标，这些指标大致构成了描述以色列人生活的数量体系，它们之间应该协调一致。这些算术考辩虽枯燥却严谨，虽死板却扎实，虽单调却认真，实事求是，且实事求非。

　　然而，科伦索的宗教算术严重挑战了"《圣经》崇拜"（bibliolatry），在英国宗教界掀起了轩然大波。在"基要派"看来，《圣经》的每一卷、每一章、每一句、每一字、每一音节、每一字母都是至高的神直接的语言，绝对无误、无谬、至高无上。科伦索胆敢质疑，居然还真就挑出这么多毛病，岂不是大逆不道。

　　话说回来，科伦索还真不是基督教的叛逆，他是信仰上帝的。只是他不唯书、不唯上、不唯数，他要还《圣经》的本来面目，他坚信"道在经外"。

　　笔者的小文想强调的是，他的算术考辩还告诉我们，道在数里，且道在数外。

茶中问学

——生活经验激发的推断问题①

2004 年,笔者跟几位同事一起翻译了《女士品茶:20 世纪统计怎样变革了科学》(*The Lady Tasting Tea: How Statistics Revolutionized Science in the Twentieth Century*),由中国统计出版社出版。这并不是一本女士读物,也不是一本专门讲茶的生活小品,而是关于 20 世纪统计学科发展史的科普书。那为什么作者萨尔斯伯格(D.Salsburg)给自己的书起了这样一个名字呢?原来,"女士品茶"是历史上非常有名的一个统计实验,而且是由大名鼎鼎的统计学大师费歇尔(R.A.Fisher)主持的。

这部统计史注重"统计思想的养成",高谈阔论却深入浅出,书的第一章就以这个统计实验开头。

那是 20 世纪 20 年代后期,在英国剑桥一个夏日的午后,一群大学的绅士及其夫人,还有来访者,正围坐在户外的桌旁,享用着下午茶。品茶过程中,一女士宣称:把茶加进奶里,或把奶加进茶中,不同的顺序会使茶的味道不同。

在场的一帮科学精英们,重理性而轻感性,多数对这种"胡言乱语"嗤之以鼻。怎么可能呢?他们难以相信,同样数量比例的奶和茶,仅仅因为添加顺序就变味儿。

在座的一位身材矮小、戴着厚眼镜、下巴上短胡须开始变白的先生与众不同,他对这个说法很感兴趣。"让我们来检验这个命题吧!"接着他就开始策划一个实验。毕竟是同道中人,一拍即合。众人七嘴八舌地讨论,在"短胡须"先生的指导下,看看究竟应该如何进行实验判断。

实验的主角当然是那位坚持不同添加顺序会使茶有不同味道的女士,先在她看不见的地方调制出两种茶,坚持严格的茶奶比例,区别在于加茶与加奶的顺序。作下记号(比如在杯底)后让这位女士品尝。围观之下,"短胡须"先生为那位女士端起第一杯茶,女士品了一小会儿,断言这杯是先倒茶后加奶,"短胡须"先生不加评论地记下了女士的说法。接着,"短胡须"先生又端起了第二杯……

这位"短胡须"先生就是费歇尔,当时只有三四十岁。费歇尔是统计学界堪称大师的专家,为统计学科做出了卓越的贡献,其中就包括开创统计实验方法体

① 本文收录于笔者的随笔集《品茶问学》,中国财政经济出版社 2014 年版,中国北京。

系。在 1935 年，他发表了世界上第一本《实验设计》（*The Design of Experiment*），该书的第二章就描述了他的这一实验——"女士品茶"。

费歇尔把那位女士的断言视为假设问题，他考虑了各种可能的实验方法，以确定那位女士是否能做出区分。设计实验时所面临的问题是：如果只给那位女士一杯茶，那么即使她没有区分能力，也有 50%的机会猜对。如果只给两杯茶，她仍可能猜对。若是她知道两杯茶分别以不同的方式调制，她可能一下子全部猜对，或全部猜错。

再考虑相反的情形，即便那位女士能够作出区分，她仍然有说错的可能。实验时会遇到与那位女士味觉无关的因素，或者是其中的一杯茶与奶没有充分地混合，或者是泡制时水不够热，如此等等。即便那位女士真的味觉能力非凡，也很有可能加以误判，比如送上 10 杯茶，她却只说对了其中的 9 杯。

费歇尔接着讨论了这个实验的各种可能结果，他叙述了如何确定这样一些问题：应该至少为那位女士送上多少杯茶？事关实验样本的大小。这些茶应该按什么样的顺序送上？对所送茶的顺序应该告诉那位女士多少信息？事关如何保证实验的随机性。依据那位女士判断的对错与否，费歇尔搞出了各种不同结果的概率。

不过，费歇尔的书中没有给出这次试验的结果。倒是当时在场的一位美国教授休·史密斯（Hugh Smith）过了四十多年仍难忘怀，他亲口告诉《女士品茶：20 世纪统计怎样变革了科学》的作者，那位女士竟然正确地分辨出了每一杯茶，真是具备特异的味觉功能。

可能有人会对"女士品茶"不以为然，就算能区分不同注茶方式又有什么大不了的呢？这种问题又有什么科学价值？简直跟研究"马尾巴的功能"差不多，无非一帮精英在夏日午休时的小消遣，看这帮知识分子闲得无聊，拿着那么高的"俸禄"，为什么不把天才用到对人类有所裨益的正事上？在外行看来，学者就应该正襟危坐不苟言笑，整天埋在书堆里，或者盯着实验设备。"书山有路勤为径，学海无涯苦作舟"，不学着陈景润的样子，不蜗居在六平方米的小屋，哪能推进哥德巴赫猜想的求解？

是的，科研的确需要艰辛的耕耘，然而，学问并不全是在高压状态下产生的。没有艰辛不可能有学问，只有艰辛未必就有学问。换句话说：艰辛只是学问的必要条件，但还不是其充分条件。

看似优哉游哉的下午茶，本是辩论特异味觉能力的有无，费歇尔却找到了发展本学科的切入点，他和同行们更为关心的是：找出能够判断假设对错的统计实验方法。他们虽然没有特异的味觉，却具备特异的学科敏感度，能够在日常生活中发现研究突破的机会。当时统计实验方法还不成体统，"女士品茶"成了引发统计实验开展的偶然事件，费歇尔正是在此基础上逐步深入，又经过十多年的积累，才建立起统计实验的框架。而统计实验的发展和应用，又在实物生产、科学研究和管理决策等诸多方面为人类作出了巨大贡献。

这等下午茶，不仅调节学者的身心，也容易让人保持持续的探索兴趣。有兴趣引路，苦不以为苦，科学研究的内在动力才足。科研需要收敛，也需要发散。松弛的状态便于释放，彼此斗嘴看似八竿子打不着，或许能激发思考，一句话点醒梦中人。学者的状态好了，收放自如，可能惠及人类。

"女士品茶"留下了一个美妙隽永的趣事逸闻。克莱夫·贝尔（Clive Beil）曾有过一个著名的定义——艺术乃"有意味的形式"，按照这个说法，完全可以把"女士品茶"当作一件优美的艺术创作，留存在行为艺术史中。这样，"茶中问学"缘起于艺术事件，也成为一个启发科学心智的优美途径，正合于李政道博士科学与艺术同源的思想——科学和艺术是人类进步的两个翅膀。

测度之"度"泛思（三则）

将 measurement 译成"测度"，而非"衡量""测量"，主要是取"度"字的哲学意味，在"质"和"量"之间权衡。其实，日常生活中"度"的意味也常常可以体会到。这里三则小文，便是笔者在读书时的"联联看"。

1　半之受用却无边

清代的李密庵先生留下《半半歌》，很有名气。好多人认同、欣赏着半字的道理，奉为人生真谛，有的默记在心，有的还能当众诵读，开导朋友时也愿意以此为据。不光李密庵先生"看破浮生过半"，据说在长沙岳麓山半，曾有半云庵一座，庵里的烧火僧都有《半云歌》之悟，中心意思跟李密庵先生相似，只是专讲"半山"的境界。

"半之受用无边"，你可以用这中庸（golden mean）思想指导行动，贯穿你的一生，尽得益处。不过有一点，但凡这种放之四海而皆准的道理，通常不会提供"精准"到位的指导。就是说，当你遇到了进退两难的问题，到底是放是收，这种思想并不能提供现成答案。半之受用，可惜无边——没有边界，这"半"到底在哪里？我到底是过了"半"，还是尚未到"半"？没有边界，就不好操作，让人无以遵循。

搞不清这"半"究竟在哪个方向，只能凭自己的感觉闯，好多事就得摸着石头过河。偏好风险的可能继续前行，稳妥守成的则往往见好就收。有的事后可以判断出当初选择的对错，有的就连"事后诸葛亮"都当不成，始终不知是否过半，玄之又玄。反正就是：想法好接受，行动难落实，最后还得各行其是，把那信条供在高阁虚放着。

西方好多人不大欣赏东方文化，可能就有这方面的原因。不过，模糊不确定性是一种客观存在，也是人生乐趣的源头之一。要是什么都有现成答案，什么都照着一定之规，那种机械化的日子恐怕索然无味。国学大师王国维先生明确告诉我们："人间总是堪疑处，惟有兹疑不可疑。"人之为人，往往要的就是参与过程，要的就是对生活玄机的探索。

要说这个半字本身，也深藏着玄机，本文试说其三。

半，有的场合是确数，指事物的二分之一，英文里是 half 的意思。此时的不确定，往往源自总量的不确定。终点未知，50%划在哪里？只能跟着悬而未决。

更多的时候，"半"只是指事物的一部分，英文里是 a part 的意思。此时的"半"并不是确数，而是一种对"不过分"的指向，这才是"半字诫"的一大要义。

不同的人，对事物的"度"可能持完全不同的认定，那么即使内心都接受半字诫——"凡事只取其半"，行为上却可能谬之千里。比如好多人认同"半贫半富半自安"，可多少算穷？多少算富？这个不定下来，那"半贫"和"半富"就只能"自安"。

"骑着驴骡思骏马，官居宰相望王侯"（出自《西游记》首篇），外人觉得他们太过贪婪，而骑者、望者则自认命定富贵、前程远大，还在奔"半"的路上。

还有"行百里者半九十"，对行程不同阶段的看法很不平衡，这前"半"与后"半"不是还相差很远吗？看起来，这个"半"跟中医里的"阿是穴"有其相似之处，此穴因人、因病、因时而不同，枉用了穴位的虚名，名分上有穴，实则无所定位。

李密庵先生说："半少却饶滋味，半多反厌纠缠。"看上去这近乎半的"半少"还优于"半"，这意味着："半"是相对的、动态的，不宜将"半"当作绝对的、静止的概念。"半字诫"时时处处还得活学活用，"求半"不可能一劳永逸。明白这一点，才算入了"半字诫"的门槛。

很典型的例子：改革开放之初，"万元户"是富人的代词，"百万英镑"那是好多人做梦都不敢想的富足。而今，打工仔一两个月的工薪就可以上万元，资产超过"百万英镑"的家庭似乎也不在少数了。大 V 的财产积累得这么迅速，价格又涨得这么快，寻常百姓的"半富"又如何来定呢？

别说这伟大思想对百姓而言难以贯彻，就是"半字诫"的倡导者也可能跑偏，李密庵先生本人就是个例子。《半半歌》总体思想不错，但最后一句却让笔者很不以为然。"会占便宜只半"，这"占便宜"本身就过了，就破了"半字诫"。人生所得，当是命运所归，于是安分，切忌德不配位，或才不配位。本来应该听其自然，而不刻意去求，更遑论"占"？说到"占"，就有额外的力道在其中，特别教导人家"占便宜"就更是不妥，很强的功利算计嵌在其中，所以结尾这句与全歌有内在的矛盾，恐怕是个大败笔。

"凡事只取其半"，看着谦逊，其实要求可能并不低。看看李密庵先生日常生活的"半"："半雅半粗器具，半华半实庭轩。衾裳半素半轻鲜，肴馔半丰半俭。童仆半能半拙，妻儿半朴半贤。"就这标准，经济快速发展到今天，也是多数中国家庭难以企及的吧？毕竟，统计平均数在现实中其实已经是比较高的水平了，多数人往往有高于平均值的预期，这样当自己的实际状态低于平均水平时才心有不甘。

由此想到，"半"绝没那么简单，那是一种相当难得的境界，并不是常人轻易就能求得的。

明代梅鼎祚先生有过一首诗："半水半烟著柳，半风半雨催花；半没半浮渔艇，半藏半见人家。"好一幅妙曼的水乡风景，该有的都有了，什么都是半，什么都在有无之间，难道不是一种极致的美吗？居然由半而极。

可问题又跟过来了：难道"半"也可以是一种极致？"是"与"否"各执一端分立两极，而"半"介于其间，怎么可以再生出一极呢？看着玄乎！笔者以为，只有破了线性的思维习惯，才好接受这个并不寻常的认识。

2 或可"苟"几丝

一丝不苟是对人的赞扬。"苟"是随便的意思，这个成语用来形容办事认真，连最细微的地方也毫不马虎。看上去，这美德笃定可以进入"高大上"之列，谁敢对它说个不字呢？

然而不然。我们都知道，营养再丰富的食品，吃太多了也会变成毒药。再优秀的品质，如果过分发扬也不妥，那可能让人走向畸形，甚至"人将不人"。辩证法是总在的，分寸感是不可或缺的，"度"字是应当牢记的。

一丝不苟，从精神追求看可以提倡，真从操作角度看则未必，至少不能拘泥入丝，不能到那个份上。是否坚持一丝不苟，得分人、分事、分时。

是否坚持一丝不苟，得分什么人。原本就做事儿一板一眼的人，再鼓励他一丝不苟，那是折腾他、虐待他。人对自己也应该有个总体的分析，如果自己做事情习惯于认真，有某种程度的劳作"强迫症"，那在做事情的时候就得自省，时不时地稍微放松一下自己。这时候得算大账，比如，写文章一定要做到完美程度——别人一个字都改不动，非得完善到这个份上，那是苛求。绝大多数人做不到，一定那么要求，实际上是断了自己或人家写作的权利。一项事情如果到了总也做不完的地步，那就意味着取消了做这项事情的意义。只是在相反的情形，对那些做事总是比较马虎的人，亲友和同事们才应该督促他朝着一丝不苟的方向努力。

是否坚持一丝不苟，还得分什么事儿。像医院里做手术，心脏搭桥之类的，规定和操作都必须一丝不苟。而像家里头做饭，放多少盐之类的事儿，就不能那么较真儿。反而，该鼓励灵活地掌握。比如，一桌菜，先上桌的菜恐怕应该稍微多放点盐，后上桌的菜则应该少放点盐。因为人刚上桌开始吃的时候体内缺盐稍多，吃了些菜，得到补充，就不再缺那么多盐了，这时稍微少放盐的菜，味道就与人的体内需求正好相应。这个说法是从小说里看来的，好像是陆文夫的《美食家》，印象颇深。笔者以为，它所讲的，不光是做菜放多少盐的道理，蛮可以用来指导生活和工作，好多方面都用得上，正所谓举一反三。

是否坚持一丝不苟，还得分什么时候。人生在世，主导的当然该是一本正经，可不能总是"立正"，时间长了，谁都受不了。所以，哪怕是部队训练，立正之后还得有"稍息"。文武之道，一张一弛。人乃血肉之躯，总得有放松的时候，总得有吃喝玩乐的时候，不能时时讲究一丝不苟，那样非把人逼神经了不可，断不能持续。

无论是生活还是工作，我们都常常用到"消极"和"积极"两个词，似乎"消极"带有贬义，"积极"带有褒义。细究起来，满不是那么回事儿。

严格地讲，这两个词到底是褒是贬，得看事物发展的程度。如果事物的"极"已经足够了，那就不能再"积"这个极，不能再积极。如果事物到了过分的程度，那还真就得"消"这个极，消极是为了防止事物走向反面，是必要的调节。如果事物的"极"还未达到应有的程度，则应该或需要鼓励大家"积极"，预防有人"消极"。

至于事物发展究竟到了哪个份儿上，也是充满不确定性的，充满争论的。而且，对不同的人来说，这个"极"是不一样的。多数人走不了太远，差不多就得消极，不能强撑着。有的人能力超强，再坚持一下，就可能得到常人所难以企及的成就，对这种鲜见的"黑天鹅"，就不能限制人家积极，当然也限制不住。

不论积极还是消极，都不能一以贯之，具体的情况得具体分析，有的人、有的事儿、有时候得添柴火，有的人、有的事儿、有的时候得泼冷水。只许添柴火、不许泼冷水，或者反过来，恐怕都有失于一律。

归结起来，对于操作不要求那么精密的事儿，对于工作过于认真的人，对于日常需要放松调节的时候，不能再一味鼓励一丝不苟，反而应该理直气壮地反对较真儿。

笔者的这一小文便是一种现身说法的消极："较真"诚可贵，或可苟几丝。

3　爆发或可转沉默

美国东北大学教授艾伯特-拉斯洛·巴拉巴西先生是全球复杂网络研究的权威，2010 年他撰写了《爆发：大数据时代预见未来的新思维》一书，阐述大数据时代预见未来的新思维。2012 年该书中文版由中国人民大学出版社出版。作为互联网业内专家，胡泳、姜奇平和周涛三位先生分别作了序，周涛教授序言的题目是：《不在爆发中爆发，就在沉默中沉默》。

周涛教授的观点发人深省，序言标题也概括得很精辟，言简意赅，直奔他的主题。不过读标题的时候笔者却顿了顿，总觉得还缺点什么。仔细想了一下，发觉可能是"回路"问题。周涛教授恐怕只讲了事物发生发展中"自加强"的两种情形，却没有讲出事物逆向转化的另外两种情形，这样，事物发生发展的链条似乎还没有耦合，事物发展的不同态势没有完全对接起来，显得有些绝对，似乎需要略作补充。

琢磨一下，比照着周涛教授断言的字数加了两条："沉默烦闷了爆发，爆发没劲了沉默。"这么说有点儿口语化，可意思还是清楚的：不管起点是爆发，还是沉默，四条加一起总归可以形成一个回路。爆发后可能继续爆发，但也可能转而沉默。沉默后可能接着沉默，但也可能转向爆发。

现实世界里，周涛教授说的两种情形当然存在，而笔者补充的两种情形也可能存在。不管爆发还是沉默，后续变化都是具备了两种可能性，既可以强化，也可能逆转，如此说来，四种情形都放进去，事物发生发展的链条就比较完备了。

事物发展不会简单重复，但可能形成循环，循环可以有恶性的，越来越差；也可以有良性的，越来越好。从规模上看，可能通过循环越来越大，也可能越来越小。

当然，爆发可能是革命性的，结束了一个过程，可能转变成一个新的过程，开始了一个新的循环。在这个新的过程里，爆发和沉默的四种演变又得以展开。

现实中什么事情可以更形象地说明这些道理呢？火山似乎可以代言。火山在极度活跃期就在爆发中爆发，而在沉寂期则总在沉默中沉默。当由沉寂期转向活跃期时，就可能表现为"沉默烦闷了爆发"，而当火山由活跃期转向沉寂期时，那就可能成为"爆发没劲了沉默"。如果火山中压抑的能量过大，集中爆发出来，全部释放干净，那么，火山不复为火山，就打破了、终止了原有的活跃、沉寂循环。这个火山口不起作用了，永久地沉默了，总是在"沉默中沉默"，而地热又可能从别的火山口钻出来，开始另外的循环。

不管是大数据发展，还是火山运动，都不过是事物发展的特殊形态，其中蕴含着事物发展的一般道理，其循环包含着不同的态势及其转换，让我们有迹可循、有学可问、有照可参、有兴可比。

巴拉巴西先生的《爆发》笔者还没读透，一个小叉子引出笔者这一条思绪的信马由缰，真要理解爆发和沉默的规律，可能还得继续研读巴拉巴西先生的大作，仔细领会胡泳、姜奇平和周涛几位高人的指点。

《因果推断初步：微观计量经济学导论》序[①]

对多数业界人士而言，经济学当是致用之学。于是，在社会经济领域，究竟如何相应地进行事物间因果关系（笔者以为，与"物理"、"数理"和"心理"相对，这里或可概括为"事理"）的推断，就成为实证研究的主旋律。到2021年，诺贝尔经济学奖颁发给戴维·卡德、乔舒亚·安格里斯特和吉多·因本斯三位领域内的尊神，作为标志性事件，因果推断研究再度引起世人瞩目。

追踪学科前沿理所应当，然而需要当心的是，这里或许存在着路径选择问题。非常流行的一种做法，是用"数理"取代"事理"。例如，高级经济学的教科书中没有什么文字，以数学工具的复杂度作为判断学科水平的标准，即把经济学当成数学去提升，"事理科学"完全变成了"数理科学"，这一路径为不少睿智的年轻学者所推崇。

说到睿智，一个无法回避的现实态势就是，人类已经遭遇到了机器的挑战。人工智能（或许可称之为"数字人"）在知识领域取代"生物人"已经不是个别事件。机器可以写新闻稿，我们每天从手机里读到的东西，不少并不是人写的。会计、法律等学科前景也不乐观，据其业内人士估计，被机器替代的可能性非常之大。经济定量分析同样遇到麻烦，据报道，机器撰写的实证论文已经通过了海外专业刊物的盲审。一种相向而行的态势，颇为滑稽：人越来越趋于机器，与此方向相反，机器越来越胜过人。

如何"应对"这种挑战（"迎接挑战"的说法实在不妥）？不同学科所面临的风险不同，同一学科不同发展路径所面临的风险也不同。乐观地看，个人学术精力布局战略调整的空间尚存；悲观地看，应该选择被替代可能性较小的专业发展路径，尽可能延迟被替代的时间。于是需要思考，本专业的多数学生到底应该学些什么？他们大致需要为将来的职场发展准备些什么？相应地，教师究竟应该教些什么？怎样才能为之做出本应有的贡献？

从学科发展大背景回到社会经济的因果推断这个主题，对象应该聚焦于"事理"，方式应该是"相应地"。显然，多数学生，包括研究生和毕业后的学者或业者，不应该仅仅在"数据"和"方法"之间空转，只会"套用"公式和模型，被机器替代的风险最大。既然是"应用"，就得把重心放在"应"字上。教师采

———————————
[①] 笔者于2022年1月18日为清华大学出版社出版的《因果推断初步：微观计量经济学导论》所做的序，曾发表于《中国统计》2022年第5期。

取负责任的职业态度，就需要践行"授之以渔"的师者文化传统。

所谓"渔"，在这里体现为应用的"方法论"。"套用"之所以逊于"应用"，关键在于对"方法"的态度。前者把方法当成固化之物，当成没有灵魂的器具，随意处置；而后者则对方法抱有敬畏之心，方法本身是活的，是带有生命意义的，从而，方法需要"论"，即思想的交锋，且需要学者代代相"论"，其中有传承、有质疑、有争辩、有批判、有放弃、有悬置、有割舍、有添加……从而为方法增添价值，从而使得方法的生命意义趋于"充满"。

从这个角度评价应用类的因果推断教材，其中应该具备更多的"应用方法论要素"：方法产生的背景和格局、方法的设计理念和意义所在、方法构建所需要的基础性概念及其关系、方法应用所依赖的假设和条件、方法成立的逻辑机理（如各概念节点如何切实链接等）、方法应用的合适场域和范围、诸方法比较中的优点和缺点（局限性）、方法之间如何互相借鉴优化，如此等等。

对这些"应用方法论要素"的讨论，必然要结合领域场景和相关知识进行，遵循"问题导向"的路径，这也是"现场统计"的意蕴所在。这里需要当心的是，中国的经济学学者实际上处于"双重学生"的地位。

其一，回顾经济学产生、发展的历史过程，自然科学是经济学的母学科和样板学科，故而在应用过程中，在方法的学习过程中，需要探索如何用社会经济事例来替代物理和生物事例。对自然科学领域因果推断方法应用的借鉴，需要把握其学术精神的实质。笔者以为，自然科学的第一要务并不是追求精确，而是实事求是。遇到实际状况与理论概念出现矛盾，一定是回头寻找理论概念的隐含问题，不能武断地认定实践错了。然而无论中外，经济研究中罔顾现实的肆意成果实在太多，即哈耶克所斥"知识的僭妄"。

其二，在中国大地上探讨社会经济领域的因果推断方法应用，还需要探讨，如何用中国故事来替代海外的故事，需要向海外的先行者学习，看看他们如何开创或改进因果推断方法，切实地（鉴于形式化的"虚证分析"过多，这个副词不可忽略）应用于他们所面临的现实社会问题。唯有重视"问题导向"，因果推断方法的应用才能为各种决策（在宏观层面表现为政策）提供坚实的、可靠的、高质量的量化依据和实证基础。

强调应用过程中的方法论探索，并不否认"一般方法论"的研究。毋宁说，应用过程中的方法论探索，恰恰为"一般方法论"的研究提供了不可或缺的素材。例如，弗朗西斯·高尔顿在遗传和心理领域的统计实验，还有罗纳德·费歇尔基于农作物统计实验的"收成变异之研究"，都为数理统计学的一般化理论和方法论体系提供了坚实基础。北京大学耿直教授在因果推断方法论研究上成果颇丰，中国实践能否为其提供有益的案例素材？

方法论发展是方法与其应用互相促进的、多轮次的完整过程，从特殊到一般，从一般到特殊，构成了这个完整过程的两个方向相反的子过程。故而，在方法的应用过程中，还需要进行某种逆过程——与方法构建中的抽象过程方向相反，即需要将特殊场景因素再添加回来，需要让一般化的方法"脚踏实地"，让理论与实践真正打通。因其一般性，方法自然放之四海皆可用，但不等于放之四海而皆准，不能将"可用"与"皆准"混为一谈。准不准，就得看"用"得是否"相应"。

基于以上认知，笔者谨以早期读者的身份，认真地向诸位推荐中央财经大学姚东旻教授的《因果推断初步：微观计量经济学导论》。先睹为快，不仅是得信息于先，这更是笔者愿意读到和一直希望读到的因果推断教材。同时以己度人地以为，这是多数经济学专业的学生应该读到的教材，如果他们热心于应用因果推断方法进行社会科学领域的定量研究。

从教材内容和作者自序可以看出，姚东旻教授对学科发展的路径选择具备较强的自觉意识，该教材的"三个特点"充分体现了这种意识，笔者诚以为然。

无论什么教材，都需要重视核心概念和基本原理，姚东旻教授的重视特别表现在："尝试采用多种方法，力图阐明其背后的道理和对应的数据直觉。"在量化分析的教材里，于三大心智工具（数字、文字和图形）中选择以文字为主，间以简单计算和案例数据生成过程，只保留不可省略的数学公式，这种布局确实比较独特。在当下"唯数理"的迷思和氛围中，这样处理是需要勇气的，当然更缺不了学术智慧。

表面上看，这种路径似乎有些偏科普，而学术界往往有一种瞧不起科普的倾向。笔者以为，即便科普，也需要"第一性思考"，需要思想的纵深穿透力。正所谓"深入浅出"，不"深入"，哪里来的"浅出"。而且，不要误以为数学少了，教和学就很容易，这将遇到另一种困难。纯理论和纯方法论研究需要抽象思维能力，但在现实空间做研究却无法天马行空，而需要发现和应对"异质性问题"的能力，需要方法与"领域知识"交叉的能力。"应用"并不是给出一两个实例，真要达到"应"的程度，就没那么简单，面对的现实约束更多。即便方法使用也需要研究，是谓"应用研究"。

当然，就教授因果推断的这种布局而言，姚东旻教授并非开创者，开此种风气之先的应该是乔舒亚·安格里斯特和约恩-斯特芬·皮施克，他们著名的《基本无害的计量经济学：实证研究者指南》风靡业内。如今十多年过去了，所剖析的几种因果推断方法，无论是方法论思考还是应用实践，都有了长足进展，显然，这种学科发展路径值得发扬光大。姚东旻教授的这部教材，可以看作此种路径的一种本土实践。此道不孤，如姚东旻教授书中推荐的赵西亮博士和邱嘉平博士，都出版了包含这种风格的计量经济学教材，值得关注和比照。

论及特点，更有甚者：姚东旻教授的这部教材还"彻底放弃了主流计量软件"，"借助 Excel 运算表格，仅仅使用数据的四则运算"，力图让读者理解"代码到底是在执行何种运算指令”，这样就“打开了从理论到应用的黑箱”，便于读者“知晓理论和数据运算如何对应”。

笔者认为，这种“大逆不道”的处理值得认真看待。数年前笔者曾公然断言，所谓数理模型，不管多么高深、复杂，无非四则运算的衍生品。因而，把这个衍生过程揭示清楚，对方法应用者而言，自是功德无量。仔细想来，姚东旻教授的这种“造反”其实是一种非常老实的治学态度：不是居高临下地把学生挡在门外，而是把自己的身段放低，从基础做起，同舟共济，渡人渡己，一种专业的人文关怀。

为了充分体现教材内容的应用性，姚东旻教授刻意准备和积累了大量的实际案例，特别是中国的案例，每一章都用案例导入，结束前也配备了经典案例的剖析，此为这部教材的第三个特点。

选择合适的实际案例，可不是短时间突击和拷贝所能完成的，需要问题、理论与方法之间的“匹配”（matching），一项耗时间的工作，一项熬心血的工作，急功近利断然不成。乔舒亚·安格里斯特和约恩–斯特芬·皮施克在其《基本无害的计量经济学：实证研究者指南》中曾说过，“如果应用计量经济学很容易，那么理论家也会去做了”。图基先生在 60 多年前明确指出了数据分析的两条道路：一条是解决实际问题的坎坷道路；另一条是由“不实假定、武断标准和没有实际附着的抽象结果构成的坦途”。

显然，姚东旻教授选择了走坎坷之路，从 2014 年（那个时间应该还是姚东旻博士）教授这门课程开始，就留心探索“问题导向”的学科发展路径。七年（2021 年）光景，师生深入交流，不拘于黑板和教室，“依据问题性质，策略性地选择和设计实证思路”，学生在应对问题的尝试中得益，“做出了非常突出的成绩”。

笔者以为，师者的六字箴言中，第三个方面应该是“论惑”，而非“解惑”。“解惑”的表述，容易误导，似乎教师传授的知识，学生无法理解，从而需要教师来解。就现代教育过程而言，教师组织讨论是非常重要的一种方式，师生之间、学生之间、问学之间相互作用。更主要的在于，知识并不是固定的，正是在“论惑”中勃发了生命。以这个见解评价姚东旻教授的这种实践，自然是“授业”中比较好的一种方式。

综合上述三个特点，在积累相关理论、方法论和实践素材的基础上，姚东旻教授系统梳理，有述有综，探索创新，而今终成大作，值得敬佩和推荐。

然序言不只为点赞。借助于这部教材的粗读，感觉到因果推断的学术平台也还大有待完善的空间。一部好教材笃定需要修订，经典教材出自大量使用和多轮修订。

姚东旻教授的教材第 1 章梳理阐述了因果推断的核心概念，为后面各章的方法论讨论奠定了良好的“微观”基础。如果能够增添对本学科宏观格局的概述，让学生和用户先有一个整体上的基本把握，可能对因果推断方法的学习更为有利。

教材本身或许应该成为本领域的学术信息系统。例如，给出更为丰富的参考书系列目录，"核心"论文系列目录。或者，可能应该逐步配套形成相应的参考书系列，如因果推断典型案例系列。

好教材应该具备某种程度"学说史"的作用。理论概念和方法都不是横空出世的，总对应着某些问题，现成的概念和方法无以应对，只好加以改造，或者发明新的概念和方法。如果我们将各种理论概念和方法的真实生发过程给出历史线索，辨明机理，勾画出总体框架，无疑对方法的应用将大有裨益。

笔者愿意在此特别提及的是，十多年前，清华大学李子奈教授领衔组织了"计量经济学模型方法论"的探索，发表了系列论文，并于2011年结集出版。尽管这个领域的方法发展得很快，但方法论的思考恐怕不会过时，至少从科学哲学角度看，李子奈教授的论著具备重要的参考价值。

还应该在更大的学科背景中思考本教材的发展。经济学是一个庞大的学科群，除了主流经济学派的著述外，还有各种非主流学派的著述，其中演化经济学派、行为经济学派等核心逻辑尤其值得重视。至于复杂性科学则更需要关注，而且不只是"圣塔菲学派"的著述，还有普里果金先生创立的"布鲁塞尔学派"，特别是法国哲学家莫兰的人文底色的复杂学派（往往被我们所忽视），他们都对提升因果推断的科学性具有重大指导意义。

自然，一部初版的教材不可能承载过多。我们应该让学生和用户知晓，无论就学科整体，还是其某方面内容而言，方法改进和创新都非易事，不可期望过高。"最优"难以企及，"次优"都难能可贵。过于精确和漂亮的数据结果需要警惕其真伪，"真计量"往往陷于难以匹配的困苦之中，这就需要经济统计学的"增加值"思维：我的思考，是否为已有相关思考添加了新的成分？确有一二，略加"演进"（甚至未必非得是"进化"，多维思考格局中，"退化"也可能是一种贡献），就当得起"创新"二字了。判断认知的新旧，需要学科格局的把握，格局大于观点。或者说，学科格局是认知创新和探索的宏观基础。

涂上这些文字，不揣冒昧，谨为姚东旻教授的探索创新之作《因果推断初步：微观计量经济学导论》鼓与呼。

为《统计学的道》喝彩

李金昌教授的《统计学的道》终于出版了，主要是近三年在《中国统计》的专栏文章，一个月一篇的发文频率，值得敬佩！

一个重要原因在于，他并不是"阳春教授"（指的是除了教授之外没有其他职务），还肩负着学校党委书记的重任，日常管理事务繁多，不要说剩余时间的多少，有些零星的时间，能迅速地切换到统计专业论文（essay）的思考和写作状态，就是件非常不容易的事情。

周末晚上加班自不用说，即便"按时"下了班，上上下下也能非常"及时"地找到你（真是"得益"于现代信息手段带来的便利啊），而且找你"汇报"的事儿，没有什么容易处理的，否则压根儿就不会推到你的头上，好事情都愿意自己"亲自"办，棘手的事儿才推来推去。好不容易有个晚上"空闲"，哪怕下定决心要用来赶写文稿，门可以关上，电话却挡不住，一两个"骚扰电话"还可以应付，来过三个以后，思考和写作状态就很难维系如初了。科学思考，心思若能够自由地集中，能有一个创作的小环境，非常重要。李金昌教授能坚持三年的专栏写作，实属不易，故而值得敬佩。

笔者非常看重《中国统计》刊登的专栏文章，李金昌教授的，还有高敏雪教授的、黄向阳教授的，这两年房祥忠教授的、李勇教授的文章，都属于统计学的科学思考，读后受益匪浅。

可能有人觉得，无非科普文章，没什么了不得的，笔者深不以为然。即便是科普，也需要"深入浅出"的本领，然而，如果不能"深入"，何来"浅出"？曾经有位物理学大师坦言，正是在为本科新生准备科普报告时，他才发现了自己已有成果居然还隐含着一个漏洞，概念的逻辑还没切实地接上（当然只是小漏洞），由此可见，渡人的事情，渡了自己，科普也可以是一种科研。

是的，正是所谓科普文章，才更需要偏重"公理性"思考，或者所谓"第一性原理"的思考，也就是李金昌教授所说的"道"，这种思考，对建立和完善本学科知识的"基础结构"（infra-structure）非常重要，只有统计的"底层逻辑"切实打通了，其上的统计方法论建设才会稳固，才算是入了"统计学的道"，才能在各种应用研究中真正助力于决策咨询，才能发挥出统计本应有的量化支撑作用。

随笔或散文，看似"随""散"，真正写成，却是"笔随论不随、形散文（神）不散"，所以，有学者认为论文（essay）应该称之为"论笔"，其精神实质非常庄重，其思想之美，需要读者用心来读、来体会。

　　阅读这类论笔，还有一种调整偏向的功效。如今我们身处大数据时代，乃至人工智能时代，有的人把"数据"狭义地混同于"数字"，忽视了"数据"中不可或缺的"据"，把统计狭义地混同于计算，忽视了定量处理前后过程中不可或缺的定性思考，貌似形式规范、结果精确，实则拘囿于"虚证分析"之中。如果总是埋在数字计算中，人容易疲劳，也容易"线性化"。而阅读这些论理之作，既是一种休息，也是一种熏陶，心力的锻炼，心智的深化、提升和拓展，不是可以短期突击而成的，需要长期的读和思，才容易找到感觉。

　　在社会科学领域，严重偏误向数字计算的"混同"和"忽略"尤其容易误人子弟，如果学生只知道套用公式，不分青红皂白，就容易被训练成为一台"计算机"，甚至计算器。现在机器在智能化，我们却放任自己机器化，恐怕是一种倒行逆施，与"专业之道"相违，也容易被快速发展的社会所淘汰。

　　有人担心，统计学的专栏文章，少有公式，少有数字，是不是与本专业相悖呢？这种质疑似乎忘了，在大数据时代，数据不光以数字形式出现，"非结构化数据"的存在充分表明，文字和图形这两种"心智表达工具"也是数据的一种。人类具有三大心智表达工具，即便是统计学，也不能仅仅依赖或局限于数字这一种。经济统计学方法论，笔者以"意义、对象、方法、机理"八个字来概括，无论教授还是学习，都不能仅仅使用数字，数字和公式都不能自我解读，需要文字和图形来参与表达，需要用心。

　　这些用心写成的专栏文章需要心来"读"，而不仅仅是浏览。李金昌教授跟得上信息时代，自己开设了名为"未—统计"的微信公众号，他的杰作能够及时被众多粉丝和社会公众读到，还附赠自己原创的国画作品，参与思考的同时，还可陶冶情操，此乃其又一可敬之处。《中国统计》每月一篇，这个发文频率也对得起读者的期待。

　　然而，李金昌教授对经济统计的思考是具有系统性的，为了保障理解的连续性，笔者才一再建议出版文集。有了纸质版的书，就可以划重点，就可以写批语，甚至方便把某些思考添加到专业课的教学过程中，还方便撰写评论文章，大家一起"论惑"，在互动中"授业"且"传道"，共同推动学科发展，这就是笔者理解的"读"。为了达成"读"的目的，需要出版这种宜读之书——偏重悟道的专业参考书。

　　这部文集的出版得到了《中国统计》张玉妹女士大力支持，这接续了谢鸿光先生开创的这份事业，中国统计文化借以发扬光大，得以传承。在笔者眼里、心里，李金昌教授的这部文集——《统计学的道》，并不仅仅是一部书，同时也是中国统计文化事业的组件。笔者希望以后还能读到类似的文集，让"统计学的道"通情达理，直击人心，让我们的心更加丰富、高贵和善良。

　　上了正道，统计使人豁达。

经济增长统计的一个范本
——阿吉翁《创造性破坏的力量：经济剧变 与国民财富》述评

《创造性破坏的力量：经济剧变与国民财富》是法国著名经济学家阿吉翁等所著的经济学力作，该书采用"熊彼特范式"（"创造性破坏范式"）探讨与增长过程相关的经济和社会谜团、问题。本文拟从以下十一个方面做一述评，第一部分至第六部分主要是对阿吉翁等书中经济增长统计的内容做摘要转述，第七部分至第十一部分则以笔者的经济统计学评论为主。

1 专业偏好与"以偏执对冲偏执"

笔者多年从事经济统计学思考，从本专业的视角出发来做判断，这是一部常规经济统计分析的、难得的力作，具体而言，是经济统计学中经济增长统计的一个范本。

这并非笔者基于专业偏好套裁而得出的妄言，该书的副标题，直接点出了动态和存量，联系"国际收入与财富研究会"的专业组织名称，可知其与国民经济统计的直接关联。

在引言的最后，阿吉翁等补充提出了三点，其中第二点和第三点正与经济增长统计密切相关，表明了作者的专业自觉。阿吉翁等强调……第二，在分析和推理的表述中将依据①启发性的经验证据，意指解释变量与被解释变量之间的简单相关性；②更靠近因果解释的经验证据，包括利用控制变量和工具变量，借助自然实验或随机实验等方法（有关经验事实只是启示性的，还是有更直接的因果关系）。第三，选择用众多图表来描述某些论证，目的是让不那么直观的内容变得更清晰、友好和有趣。

再查看该书部分章节测度内容的安排及其结构特征：

第一章第一节　测算各国的财富

第一章第四节　创造性破坏：现实

第四章第一节　对竞争的测算

第五章第一节　如何测算不平等
第六章第三节　生产率增速的测算不准确

在上述章节中，阿吉翁等较为集中地阐述了经济测度的专业内容：不同类型的测度方法（指标）的定义、测度意义、计算基础数据和解读结果数据时需要注意的问题、应用场合、数据例说和经济学分析。这些正是经济统计方法论的内涵，笔者在《格局·相关性·方法论：领域应用中统计研究的聚焦》（载《计量经济学报》2023年第1期）中做过专门的论述。

笔者注意到并愿意提请读者注意，经济学著作的内容结构通常存在以下两个与经济测度相关的特征：第一，经济学论著通常是先讨论测度，再做实证和理论分析，这是实证研究不变的序；第二，越是经济学新分支的论著，经济测度的内容占比就越大，如马丁·拉瓦雷教授的《贫困经济学：历史、测度和政策》。

笔者之所以刻意强调经济学著述中的经济统计内容，是因为不少经济学人在研究中往往忽视其不可或缺的基础作用，忽视了基本逻辑的切实链接，越过了对变量的深究便专注于"跑模型"，对经济统计学处于相当程度的"集体无意识"状态，故而需要以偏执对冲偏执。

2　财富测算指标

阿吉翁等首先交代了GDP统计的某些共识。人均GDP之所以重要，是因为亿万人的物质福利水平与自己所在国家的该指标水平密切相关。人均GDP便于做跨国比较，不仅是给定时间的比较，还可以做跨时期的比较。要理解为什么某些国家繁荣，某些国家凋敝，为什么各国之间财富分配如此不平等，弄清楚人均GDP增长的决定因素至关重要。

阿吉翁等关注"效用"的增长，效用意指在一个国家里有用的，或者说能带来福利的东西。许多效用在产品或服务市场上交易，由此被纳入了GDP的核算。

但有些效用不属于此类。阿吉翁等以互联网订票、智能手机拍照为例指出了没有计入GDP的效用，还有技术进步，例如牙医服务使患者轻松，同样没有反映在GDP中。那么我们能否采用其他方法对之加以测算？阿吉翁等列示了三方面。

方法之一是利用调查评估个人的生活满意度，如丹尼尔·卡内曼教授与安格斯·迪顿教授的研究曾强调，国际比较显示人均GDP与生活满意度之间存在正相关关系。

　　方法之二是测度创新直接带来的经济发展，如新产品和新活动的数量，以及创新的类型，如绿色创新。

　　方法之三是衡量一国经济增长的包容性和平等程度，最常用的指标是基尼系数，还可以利用社会流动性指标更为动态地测算不平等。

3　"创造性破坏"的测度

　　阿吉翁等认为："创造性破坏不仅是个概念，而且是有形且可测量（measurable）的现实。我们能从新产品和新技术的出现中感受到它。"

　　该书中列示了测度"创造性破坏"的指标，主要内容如下。

　　（1）创新密度——国家（地区）每年申请的专利数量。

　　（2）人均 GDP 增长率与创新密度的相关关系（是否正相关）。

　　（3）新企业的生命周期（从进入、成长到退出市场）。

　　（4）不同年限和规模的企业每年创造的就业数量。

　　（5）新创企业创造的净新增就业的占比。

　　（6）就业增长率与企业年限的关系。

　　（7）不同年限企业的退出率。

　　（8）用企业创造率（人均 GDP 增长率）与企业破坏率的平均值来测算创造性破坏。

　　（9）不同规模企业的创新密度。

　　（10）工厂规模与工厂年限的关系及其国际比较。

　　（11）不同年限的企业在就业中所占份额及其国际比较。

　　……

4　竞争程度的测算

　　阿吉翁等在第四章第一节介绍了测算竞争程度的四种指标。

　　第一种测算指标是勒纳指数（Lerner index）。大多数时候，企业所处的环境是垄断和完全竞争之间，为评估这种中间状态，"实证研究者"喜欢[如 Richard Blundell（理查德·布伦德尔）、Rachel Griffith（雷切尔·格里菲思）、Steve Nickell（史蒂夫·尼克尔）和 John van Reenen（约翰·范·里宁）等开创性研究成果]采用的竞争程度测算指标是勒纳指数。在企业层面，勒纳指数的定义是：用 1 减去某企业的净利润与附加值之比。该指数越接近 1，企业的垄断租金就越少，表明市场上有现实或潜在的竞争对手。一个产业的竞争程度则对应该产业所有企业的勒纳指数的加权和。

第二种测算指标是新企业进入率（或创造性破坏率），具体定义为企业（或就业岗位）的进入率和退出率的平均数。该指标便于我们用来检验熊彼特范式，它预测增长与创造性破坏率之间有正向关联。如该书第一章所述，在年度平均创造性破坏率较高的欧洲地区，人均 GDP 年均增长率也更高。

第三种测算产业竞争程度的指标是产业生产的集中度。集中度由产业中最大几家企业（以销售额或就业人数排序）在全部销售额或就业人数中所占份额代表，该份额提高时，集中度随之上升。

利用集中度指标测算竞争程度时需要谨慎，因为在某些情况下可能造成误解，有些产业部门只有一家企业经营，但用勒纳指数测算仍极具竞争性。此类产业部门被称为"可竞争市场"，意指新企业可以自由进出，进入成本不高（退出成本也不高），因此"在位企业"的任何涨价行动都将很快引来生产相似产品的其他企业进入。

由此涉及第四种测算竞争程度的指标，即市场的可竞争性，其计算方法是，当某个市场的"在位企业"把价格提高到"限定价格"之上时，引发新企业进入的概率。

5　增长背景下的不平等测度

阿吉翁等强调，提及不平等时，需要关心的第一个问题是，我们究竟是在谈论何种类型的不平等？收入不平等有多种测算方法，它们的含义大不相同。首先，有测算不平等的广义指标，反映一国整体上距离完全平等的状态（所有人的收入均相同）有多远。

第二种测算不平等的办法是关注收入分配顶层的不平等程度。最普遍采用的顶层不平等指标是观察收入最高的 1%群体的收入占总收入的份额，计算方式很简单。美国的该指标在 1980 年之前下降，自那以后便迅速上升。

第三种测算收入不平等的办法具有动态性质，它反映社会流动性的大小，即子女拥有与父母相似的收入水平的概率。子女收入水平与父母的关联度越高，一国的社会流动性就越小。北欧诸国总体收入不平等水平最低，而社会流动性最高，反过来，盎格鲁–撒克逊国家（英国和美国）在两项指标上都处于最高水平，总体收入不平等最严重，而社会流动性最低。由此引发国势学问题的深度思考，究竟谁是现代文明的代表？

最重要的一点是,以基尼系数测算的总体不平等同动态不平等之间的正向关联:"最小平方线"——代表各点与趋势线之间距离的平方和的最小值——明显向上倾斜。这个趋势告诉我们,一国的社会流动性越高,其收入不平等程度就会越低。经济学家迈尔斯·克拉克借用菲茨杰拉德小说的经典人物,一个在 20 世纪 20 年代实现美国梦然后走向幻灭的百万富翁,将其称为"了不起的盖茨比曲线"(great Gatsby curve)。这条曲线告诉我们,文学与经济统计指标竟然可以如此相近。

6　生产率增速的测算陷阱

在过去的 40 年里,以专利数量(创新密度)测算的美国创新步伐有所加快,那为什么生产率增速没有充分反映创新的加速呢?一种很自然的解释是,创新率与生产率之间的分化说明存在"测算问题"。而且这一问题在最近几十年来,尤其是 21 世纪之后变得更为严重。

首先是 GDP 计算方法本身就存在测算问题。①不能很好地反映服务在数字经济中的重要性和品种与日俱增的现实。②传统定义的 GDP 没有考虑产品和服务使用方式的改变。例如,智能手机的出现使得照片成了"非市场产品",绝大多数摄影不再是生产性经济的组成部分,也就是不体现在 GDP 和生产率的指标中。更一般地,数字技术刺激了更多非市场产品和服务,如免费网站和开源软件,取代了传统百科全书或商业软件等付费产品和服务,没有纳入 GDP 测算。③GDP 还难以反映质量的提高,如手机将各种功能集成,还会导致相关产品的销售减少,从而使 GDP 的测算值减少。

其次是生产率增速测算的陷阱。

为什么测算智能手机等新产品对 GDP 增长的贡献如此困难呢?一个值得注意的因素是价值链的国际化,设计、研发和市场营销与部件生产及实物组装分离。还有,许多数字服务的无形性质使我们难以把特定活动与固定地域联系起来,这为跨国公司的税收最优化(例如,在真实交易发生地"不发生"支付,或操纵集团内部的定价,使高税收管辖地的分支机构"发生"财务亏损等,实质就是避税)提供了便利。

此外,还要注意以下几点:第一,由于时滞因素,测算近期创新对增长的影响面临困难。第二,计算机质量的改进、软件质量的改进、无形投资以及互联网接入和电子商务的发展等,都容易造成生产率测算上的遗漏。第三,创新程度高低不同,对指标选择也会有所影响,涉及指标的适用场合。例如,在创新程度较低的地方,用专利数量测度创新与其生产率增速密切相关,反之,则看不到如此密切的联系。第四，有时较难从价格涨幅中区别出基于机器质量改进的部分与通货膨胀的部分。采用估算方法往往容易忽略质量改进因素的影响。

阿吉翁等还探讨了遗漏的增速如何测算，即将之定义为"真实增速"与"测算增速"之差。这里需要人为地设定一个增长率基准，假设其真值可知，也就是在各要素（资源）充分利用的前提下能够达到的增长率增速。例如，将潜在增长率定义为充分就业条件下的增长率（只考虑劳动力要素的充分利用）。阿吉翁等给出了美国在不同年份四个阶段的遗漏增长率估计数值。

7　国民核算主体账户的结构确认

我们应该看到，国民核算体系结构的设定与"华盛顿共识"也存在关联。究竟如何看待约翰·威廉姆斯命名的"华盛顿共识"？第一，为什么谋求增长的各国都应该采用同一套增长政策？国际货币基金组织、世界银行和美国财政部就此采取一致的立场，依据何在？第二，如果说，经济稳定化、市场自由化和企业私有化是共识三条关键的准则，那么，华盛顿共识与政府在增长中的作用是一种什么样的关系？第三，阿吉翁等认为这些政策建议并非来自某个既定理论架构的系统论证，这个判断是否意味着其隐含矛盾的可能性？

笔者认为，奥地利学派理论中隐含着"纯市场"假设，试图用高度集中的指令去搞计划经济，这一乌托邦被社会实践否证了，而纯市场则是另一种乌托邦，这个世界上，从来没有哪个国家曾经搞过纯粹的市场经济，纯市场仅仅存在于"扶手椅理论家"的书本和观念中。

我们应该意识到，GDP 数据内涵与纯市场理念下的定量分析研究实质上相悖（处于悖境）。这涉及对 SNA 核算架构的根本性质疑，其五大"行为主体账户"的设计究竟如何？政府究竟是不是市场行为主体之一？

阿吉翁等的观念并没有受到华盛顿共识的束缚，政府是其"黄金三角论"（市场、政府与民间社会）中的一角，不可或缺。阿吉翁对政府在创新中三大角色的设定是：①政府的创新投资人角色；②创新的产权保护者角色；③政府维护竞争市场的双重角色——针对反对创新的联盟，政府保证竞争与新创新者进入的自由，保护雇员免受工作岗位消失的潜在危害。

在经济增长的长期过程（倘若真实地考察历史）中，政府始终扮演着一种非常重要的角色，发达国家的经济增长史充斥了政府在市场事务中发挥关键作用的事例。美国政府就非常到位地充当了创新投资人的角色，美国人工智能的领先发展与国防部高级研究计划局（Defense Advanced Research Projects Agency，DARPA）的作为高度相关。

　　阿吉翁等的"黄金三角"与 SNA "五大行为主体账户"存在什么样的对应关系? 从该书的阐述可以看出: "民间社会"恐怕包含了"居民户"与"非政府组织"(Non-Governmental Organization, NGO), 政府应该是"广义政府", 即 SNA 中所强调的 general government, 这里要注意, 政府并不仅仅是行政部门, 还包括立法和执法部门等。而"市场"作为"企业"的代名词, 是一个较为普遍的习惯用法, 这样, 阿吉翁等的"黄金三角"就相当于 SNA 的国内部门, 五大行为主体中的四个, 但没有包含 SNA 虚拟构建的"国外"部门。在全球化时代, "国外"也是经济体中的一个"行为主体", "国外账户"专门记录核算一个经济体与各国的经济往来, 是宏观经济平衡核算不可或缺的项目集合, 国际开放程度较高的国家尤其如此。

8　安格斯·麦迪森的长期序列 GDP 数据

　　安格斯·麦迪森教授的《世界经济千年史》是长期国民核算的开创性著作, 对公元元年以来的收入水平和世界人口进行了比较详细的分析。就麦迪森的工作成败而言, 最为关键的是相关基础数据的"可得性", 需要根据不同历史时段的基础数据差异而采取不同的处理手法, 这项估算需要做出相当多的假设, 从而进行横向和纵向的交叉对比。阿吉翁等认为, 麦迪森教授最重要的贡献之一, 是使我们能够修订对西欧国家长期经济增长的认识。

　　麦迪森教授的工作也可以引发许多相关思考。著名的人均 GDP 长期曲线: 长期横平(被解读为发展的停滞), 到了 1820 年突兀地近乎垂直地拔起。是不是用一种基于"唯效率论"的测度结果? 过去长期发展过程中新增人口生活水平的提高是不是"增长"? (因人口增加而导致人均 GDP 水平的不变或微小涨幅有没有福利等意义?) 在效率之外, 陈志武教授还特别强调了风险减少的意义, 能否作为一个考察和测度维度?

　　在解读指标时, 需要提请注意的是: 如果说某个指标揭示了什么, 那它必定同时也掩盖了什么, 揭示的能量越大, 可能掩盖的能量也随之而加大。数据结果如何关键在于确权, 我们的测度目标究竟是什么? 我们是否用某种先验认定代替了真正要测度的对象? 是否存在测度风险?

　　在大数据和人工智能的相关论述中, 专家往往会提醒我们, 数据结果仅仅具备"统计意义"。如何理解这个忠告? 笔者以为, 统计结果即意味着, 这是在减少随机不确定性的各种操作中"误测风险"最小的, 无非是成本最小化的一种操作, 并不是精确的定量结果。

　　凯恩斯先生说过，从长期看我们都死了。这句名言挑明了他对短期危机调控的坚持，也揭示了 GDP 长期测度对生命的某种隐含态度。经济危机或许可以"自然"地消除，放手让市场（其实是企业）去波动，周期自有其起伏，然而致命的关键在于，穷人等不起，如果没有救命措施，代价就是好多底层人的性命。

　　福利政策或许可能让穷人变懒，但这种指责混淆了"要不要搞底层福利"（why 问题）与"如何搞底层福利"（how 问题），认定底层福利政策注定弊大于利，是精英视角的无情判断。对资本主义逻辑而言，"罗斯福新政"的确是个异数。但这种定位同时也意味着，资本主义的核心诉求与民主在本质上无法兼容，毕竟真正由民众主事的社会决不会听任收入分配趋于极化，皮凯蒂教授的收入分配格局剖析恰恰揭示了资本社会的这一致命弊端。

9　基于国势学视角对后发国家增长的拓展思考

　　美国著名政治学家和社会学家李普塞特（Seymour Martin Lipset）先生说过一句名言："只懂得一个国家的人，他实际上什么国家都不懂。"（Those who only know one country know no country）这话确实非常有道理，国家都是在国际关系中作为的，也只有在国际关系中，国家才成其为一个国家。国势学从来都应该基于国际视角，最好是全球视角。例如要了解美国，在第二次世界大战之前，必须将美国放在其与欧洲的关系中去深刻认知；而在第二次世界大战之后，必须将美国放在其与全球的关系中去认知，才可能略显端倪。

　　然而需要注意到的是，现有的国际关系理论，是在列强争霸过程中发展起来的，无论哪个学派，往往仅注重欧美发达国家，对广大的发展中国家都注意不够，那么多穷国，不过作为世界背景而存在，诸多国际关系的宏论实质上是"雄国史观"的理论版。

　　最近一轮全球化以来，出现了所谓"新兴经济体"，应该认识到，这是发展中国家的分化，一部分发展中国家"先富起来"，是世界发展出现的一种新现象。然而，这种增长出乎欧美发达国家精英的意料，他们对新兴国家人民的增长能力估计严重不足，以至于对所谓"新兴"趋向严重不适。就愿意独霸全球的美国政治精英而言，他们非常反感新兴经济体出现对二战后国际格局（基于美国及西欧老牌帝国裁定的规则）的影响。

　　如果这个新增长格局能够继续维系，那么发达国家精英对世界发展的认知就需要做出校正，只懂得发达国家，虽然多于李普塞特所说的"一个国家"，也还是没有懂得发展中国家，也就没有真正懂得发达国家自己。发达国家原先设定了发展中国家的增长路径：唯有效仿西方，但只能远远地跟随，距离缩短一些，就会让先进者内心极度不适，似乎发展中国家实在不配与他们为伍。富国精英往往将"发达"视为一种"俱乐部现象"，会员资格是极为稀缺的政治资源，人家自认为经历了文艺复兴、宗教改革和启蒙运动，又有工业革命的加持，从而是发达国家俱乐部的当然成员。至于后发国家能否入会，就不是国家间平等原则所能解决的，至少在程序上必须得到他们的批准。

后发国家与发达国家面临着完全不同的国际环境，不仅不同，而且国际关系的作用往往是一正一反的关系，富国更多地受益于"正外部性"，而穷国则更多地受制于且受损于"负外部性"。典型的事例是，发达国家在"京都议定书"签署之后，加快了"非清洁生产线"外移的步伐，使得碳排放总量大国的排序发生了重大变化。后发国家排名前移，而发达国家的名次开始下降。

在该书第九章，阿吉翁等给出了一个"污染天堂"的概念，"该术语是指，这些国家专注于开展污染性经济活动，或者引进专注于污染生产和创新的跨国企业。此类企业不能在良性循环的国家开展经营，但可以转移到'污染天堂'。再借助自由贸易，它们可以把产品出口到世界各地，包括追求良性循环的国家。"这里，有的国家是追求"良性循环"的，有的似乎在追求"恶性循环"，难道不同的追求真是出于自由贸易原则吗？难道真是不同国家的行为偏好不同吗？所谓"天堂"究竟是谁的天堂？阿吉翁等的论述印证了笔者的判断，却也需要进一步追问。

我们应该看到，全球生产链中不同"链位"（chain-position）国家受到的增长约束不同。因此，阿吉翁等的"黄金三角"对发达国家或许可以成立，但对发展中国家则并不充分。或者说，后发国家政府还需要充任其第四功能，在国际竞争中尽可能起到保护本国企业免受超级跨国公司的压倒式"竞争"。哪怕发达国家的政府不干预该国与本国的经济往来，后发国家政府也必须出面保护本国企业的利益，因为本国企业与超级跨国公司压根儿不在一个等级上竞争，此时要求二者都自由竞争，实际上是放手让超级跨国公司来剪羊毛。

先进国家压制后发国家往往采用"枪打出头鸟"的策略。所谓 GDP 的 70%预警线，越是新兴经济体，受到的打压越残酷。由此应该警觉的是，所谓"中等收入陷阱"恐怕并不仅仅是该经济内部存在欠缺和短板，分析时还应该注意到外在大国对该国的阻断作用。新兴经济体面临的全球化绝对不是所谓的自由竞争的市场经济。

第二次世界大战之后，任何"高端"发展中国家态势都会与美国作为全球操控者密切相关。即便是极少数几个国家进入发达国家行列，一个重要国际背景是地缘政治因素，只有得到美国的首肯，才可能有那么大幅度的持续增长。

发达国家并不真心认可发展中国家的经济增长，他们在内心里并不愿意发展中国家与发达国家"对齐"，不想让更多的国家加入发达国家俱乐部，他们内心认定，这个地球上发达国家已经足够多了，通过"二八定律"等说法，他们将地球上不同国家间的这种巨大财富差异描述为客观现象，以表现该畸形结构存在的法理性。他们甚至公然反对发展中国家振兴国家的努力，典型的例如，美国前总统奥巴马就公开提出，中国人过上美国人的日子是一种灾难。这与"人人生而平等"的理念截然相反，倒与这些年来美国政客对中国的极限打压一脉相承。

阿吉翁等对世界发展持乐观主义态度，他们相信，中国将找到自己的路径和方案，请注意这个"将"字。

10　由《创造性破坏的力量：经济剧变与国民财富》所激发的经济统计研究

10.1　《创造性破坏的力量：经济剧变与国民财富》交代的有待深究的经济统计问题

阿吉翁等在书中交代了若干有待深究的经济统计问题。

当我们用创造性破坏率测算竞争程度时，对竞争与增长之间关系的实证分析符合熊彼特理论。不过，如果用租金和勒纳指数测算竞争程度，理论与实证分析似乎存在矛盾：理论预测竞争与增长之间存在负向关联，实证结果却相反，我们该如何解开这个谜题呢？

动态不平等（即社会流动性）与顶层 1%群体的收入份额之间是否有类似的关系？阿吉翁等发现，社会流动性越高，顶层 1%群体的收入份额越低，不过，这两个变量之间的关系并不是很确定。创新或许是不平等和社会流动性的决定因素之一。

阿吉翁等还谈到了绿色创新及其影响的测度。在第九章注释 19 中，他们指出，"页岩气的环境影响仍存在激烈争议，罗伯特·豪沃思（Robert Howarth）及其合作者指出，与传统天然气开采相比，水力压裂排放的甲烷至少多出 30%，另外我们知道，甲烷造成的温室效应应比二氧化碳更为严重，还有，水力压裂技术也存在争议，因为可能导致地下水污染"。

这段话足以引发对当下碳排放测度的若干质疑。如果甲烷对大气环境的影响更大，为什么绿色发展只盯着碳排放指标？谁为全世界做出了这种选择？其背后的动因究竟如何？如果以甲烷排放排序，哪个国家对大气环境变化负有更大的责任？再联系到美国气候沙皇克里 2023 年 7 月 13 日在美国国会作证时的讲话（国会听证会上表示），美国不会为全球减排出一分钱，我们还以为全球环境治理那么纯粹吗？这个注释充分揭示了当下流行的碳排放测度和交易包含了至少一个重大假设，而"假设过假"的潜在危害在于，基于其上的精确数据并无其本应具备的现实社会意义，甚至会造成负面或逆向的影响。

此外，即便阿吉翁等认可的经济统计问题，也可能需要进一步挖掘。例如在第九章，阿吉翁等注意区分"绿色创新"和"污染创新"，并进行了定量分析。然而，指标的定义域问题（特别是其法理性）并没有真正得到解决。一个基本追问是，人类仅仅靠"清洁生产"是否能够存活？如果不能，那么"非清洁生产"究竟如何在不同国家间分布？基于这个追问，谁有权力确定：哪些创新是"绿色"的，或污染的？例如，石油生产和使用是污染的，页岩气就是绿色的吗？定义不确定，又如何分类？分类存在模糊性，指标运算（哪怕最简单的加减）又如何进行？

再如对人均 GDP 与生活满意度正相关的研究，笔者的评论是：第一，局部数据的结论未必能保障二者之间的相关关系可延展或推广；第二，基于 ICP 进行的国际比较在方法论上还可能存在系统偏误，会影响分析结论；第三，利用局部基础数据的测算本身还可能存在偏误的可能。

阿吉翁等的阐述可能对人工智能的发展速度估计不足，例如第三章中，关注低技能劳动力的失业增加，提及实物资本与教育构成了互补性的投入等，第五章中将创新企业培训和提升员工视为社会流动性的潜在杠杆，第八章中提出艺术领域的人力要素投入无法削减，并强调"劳动是产品和服务生产中不可或缺的投入"，这些论述恐怕没有预料到机器替代高端岗位的人工智能大潮，没有预料到其对白领或中产阶层的巨大冲击。

分析白领被机器替代的可能性，不能仅仅着眼于技能供给角度，还需要关注岗位成本角度，由于白领薪水高，资本用机器替代之以降低成本的动力比较强，而人工智能突破性进展恰恰为这种替代愿望提供了技术可能。美国蓝领在前一轮全球化中大规模岗位被取代，这一事实告诉世人，在资本牟利过程中，没有什么是不可放弃的，这对人工智能变革的替代白领岗位趋向，应该是一个预演或启示。

"创造性破坏"这个表述充分地体现了其二重性——创造性与破坏性，这一行为的净效益究竟如何，便取决于其成本效益的充分比较，特别需要注意长期成本（效益）与短期成本（效益）、潜在成本（效益）与显在成本（效益）的挖掘，否则，创造性破坏（创新）测度所得出的数据结果就更容易偏误。例如，需要考虑"广义成本"，将"在位者"对"追赶者"的打压计入，在生产链或产业链中，不同"链位"的行为主体，其所面临的成本和可能效益存在相当大的差别，测度时不可不察。

10.2　经济统计研究的一般性问题

用常规经济统计方法专注于"事理"，尽管计算简单，但是仍然能够具备其独特的生产力和创造力，而且，统计不单单采用数理方法，不能仅仅面对随机不确定性，更需要关注模糊不确定性。

从学科横向关系视角思考，经济统计与经济研究的关系何在？宏观经济学的第一章大多讲述 GDP，曼昆教授宏观经济学教科书对 GDP 总结和概述的水平可谓顶流，GDP 计算也是一个模型——最为基础的模型，在此基础上才能开展各方面的模型，这也是必须将宏观经济指标（多采用 GDP）放在第一章的逻辑原因。需要思考，反过来这意味着什么？如果 GDP 测度中所隐含的假设不成立，那么后续模型也会成为问题，甚至出现颠覆性问题。然而，这个"如果"的确是一种现实存在，斯蒂格利茨教授主持的经济测度报告，还有笔者的系列评论等著述，比较系统地揭示了种种测度陷阱。所以，宏观经济学可能在理论构想中成立，但在经济现实中却值得深究。

非常重要的一个视角是，注意经济统计学三大学派之间的互相促进。一个是经济统计学中"数量规律派"与"方法论派"的协调，经济指标往往是经济模型"解释力"的外在表现。这类经济学著作不仅包括大量的经济测度内容，还特别注重思考二者（指标测度与实证分析所用模型）的关联思考，如果指标测度"简化"到一定程度，无法更为客观地映射复杂现象，对其内在关系的探讨就成了无本之木、无源之水。这种关联思考对切实链接经济的底层逻辑颇有裨益。

除了阿吉翁等的这部大作，比较突出的例子还有安格斯·迪顿教授的《逃离不平等：健康、财富及不平等的起源》，其中对测度一般理论、贫困测度和国际比较 ICP 方法论都有较多篇幅的讨论。唯有在经济统计方法论的充分讨论基础上，对健康、财富和不平等问题的分析才能切实到位。

阿吉翁等在该书第八章阐述了"库兹涅茨事实"（Kuznets facts）、"卡尔多事实"（Kaldor facts），以笔者的理解，这正是起源于德国"社会统计学派"所论及的"数量规律"。阿吉翁等结合经济增长过程和后来学者［乔尔·莫克尔（Joel Mokyr）、蒂莫·波帕特（Timo Boppart）等］的研究，展开阐述了"库兹涅茨事实"（Kuznets facts）和"卡尔多事实"（Kaldor facts），并对之做出了新的解读。

从"数量规律"视角出发，也可对阿吉翁等的叙述做进一步主题挖掘：蒂莫·波帕特指出了三个重要的"经验事实"，是否可以归结为"波帕特事实"（Boppart facts）？更值得注意的是，阿吉翁等的这部法文著作出版于 2020 年，却没有涉及与其内容密切相关的皮凯蒂研究，为什么会有这种忽视？是否存在"皮凯蒂事实"（Piketty facts）？如果将皮凯蒂所揭示的"经验事实"乃至"数理规律"纳入研究框架，阿吉翁等的研究结论是否需要修正？这些都是我们在切实理解经济增长过程时需要进一步思考的。

再一是学科方法论派理念与数理应用派理念的结合，作为数理模型和计量模型所需的高质量基础数据的投入基础。这里涉及学科定位问题，除了数理统计方法的应用，经济统计还能干点啥，即自身的优势何在？还应该干点啥，即学科的使命何在？

10.3 如何面对经济统计学的"历史终结论"？

测度方法是有生命的，任何指标都需要进一步的机理挖掘，我们应该树立避免"测度陷阱"的自觉意识，从而切实打破经济统计学科的"历史终结论"。

20 世纪 50 年代起，经济统计学经历了"黄金三十年"，以现代 SNA 的建立和完善为代表，学科看似到达顶峰，当时夏皮罗教授的《宏观经济分析》，四编中专门有一编系统阐述国民核算，而库兹涅茨、斯通等学者因为国民核算研究而获得了诺贝尔经济学奖，一时风光无限，似乎 SNA 的创新意味着学科历史的终结：该研究的问题都得到了令人满意的答案，剩下的工作就是推广既定的国际标准方案，顶多定期加以小修小补。

然而福祸相依，国民核算体系的建立，为收集整理国民核算数据提供了方法论基础，也为计量经济学的发展提供了一定的数据基础，由于国民经济统计学方法论的进步在重大突破后一时已经无望再做提升，而基础数据的充足又让实证分析更受青睐，经济学人出于研究行为本身的成本效益比较，就很难继续坚持从事经济统计的方法论研究。而 SNA 前期研究成果则精练到教科书中作为专业知识推广，指标和核算方法所隐含的测度陷阱却被屏蔽掉（否则不利于推广）。久而久之，经济学人很难保持经济统计学的专业意识，或者说，陷入了对经济统计学学科研究的集体无意识。知晓这个过程，就会明白，经济统计学发展的失落从根本上看是由于经济学科群自身的结构性缺陷。

11 对经济统计学说史的关注

任何学科的发展都需要历史学的加持，包括自然科学。阿吉翁等的书中有一个专栏 2.1 "国民账户的发明"，笔者的四点评论如下。

（1）"增加税收的愿望促使配第和后来的格雷戈里·金（Gregory King）尝试测算国民总收入"，该专栏的这句话强调了国民收入作为"税基"的内涵，而把握这一内涵，无论对国民账户信息的需求方，还是供给方都非常重要。

（2）该专栏提及了国民收入统计体系之前的状况，主要是一些实物指标，如市场指数、运输货物的数量以及制造业生产的不完整指数等，供政府部门作为信息参考，以利于制定应对危机的政策。这个叙述与笔者的"四大指标方法说"相印证。

（3）该专栏突出强调了法国学者对国民经济统计的贡献，在不足两页的专栏中所占的"国别篇幅"最多，近12行，而英国8行、美国不到6行。其中强调了研究中几个国家的"平行开展"，而不仅仅是英美两国，纠正了国民经济统计学说史中的唯英美偏向，但是，并没有提到瑞典等北欧国家在国民核算领域的贡献。

（4）在讲述英国学者发明国民账户的贡献时，该专栏将詹姆斯·米德（James Meade）教授放在理查德·斯通（Richard Stone）教授后面，这不符合历史事实。当时的《国民收入与支出》初期几版，都是米德教授名列在斯通教授前面，后来可能是因为米德教授专心去研究国际收支问题（米德教授因为其国际收支研究而获得诺贝尔经济学奖的时间也比斯通教授要早），斯通教授才排位第一作者。还有，该专栏正确地提到了凯恩斯先生对研制国民账户工作的鼓励和建议，但没有提到凯恩斯先生亲自指导自己在剑桥大学的学生尝试编制国民账户。可见，作为一本主题为创新的经济学专著，在国民核算的知识产权确认上恐怕还不够严谨。

参 考 文 献

（1）阿吉翁 P，安托南 C，比内尔 S. 2021. 创造性破坏的力量：经济剧变与国民财富[M]. 余江，赵建航，译. 北京：中信出版集团.

（2）拉瓦雷 M. 2021. 贫困经济学：历史、测度和政策[M]. 吕光明，李冻菊，刘凤芹，等译. 北京：中国商务出版社.

（3）OECD. 2004. Understanding Economic Growth：a Macro-level，Industry-Level，and Firm-Level Perspective[M]. Paris：Organisation for Economic Co-operation and Development.

（4）迪顿 A. 2019. 逃离不平等：健康、财富及不平等的起源[M]. 崔传刚，译. 北京：中信出版社.

（5）陈志武. 2022. 文明的逻辑[M]. 北京：中信出版社.

（6）邱东. 2023. 格局·相关性·方法论：领域应用中统计研究的聚焦[J]. 计量经济学报，3（1）：30-50.

（7）邱东. 2018. 经济测度逻辑挖掘：困难与原则[M]. 北京：科学出版社.

（8）邱东. 2021. 基石还是累卵：经济统计学之于实证研究[M]. 北京：科学出版社.

（9）邱东. 2022. 国际比较机理挖掘：ICP 何以可能[M]. 北京：科学出版社.

（10）邱东. 2023. 真实链位探索与当代国势学构建[M]. 北京：科学出版社.

第 3 部分　"一事一理"之论笔（essay）

经济统计随笔应该具备的四种品质[①]

笔者以为，经济统计随笔应该具备以下四种品质。

首先是研究选题的社会"相关性"。

经济统计随笔本质上是一种专业的社会呼唤，不应该自娱自乐，更不能无病呻吟。在现代社会，经济测度对经济主体决策具有不可或缺的基础作用，"国势研判"不仅为政府服务，也与千千万万的个体密切相关，因此，百姓才那么关心指数和 GDP 的态势。

高质量发展是中国当下的"不选之选"，但需要高质量"国势研判"等"软实力"构建。问题在于，经济统计的判断并非一目了然，各种争议五花八门、噪声充斥，需要通过"授业"来"传道"并"论惑"[②]，需要厘清本专业的社会担当，需要重视职业操守，把事当事。对"此道中人"而言，更需要一种坚忍不拔的精神，虽处冷门、虽耗心力、虽眼下"低效"，也能不忘初心，坚守本职。

作为发展中国家的学者，要知道社会能用于科学研究的资源有限，有学问和做学问，都不能成为占用资源的充足理由。特别是社会科学研究，更需要关注社会发展亟待解决的问题，关注我们能够为民众福祉做出什么相应的贡献。

学者应该具有杜甫那种人文关怀精神：安得广厦千万间，大庇天下寒士俱欢颜。戴世光先生值抗战时期归国，途中仍心系祖国安危，写信给母校校长，请求安排工作，"无论前方后方，不拘报酬有无，生皆愿往"。仿效前贤，身体力行，关键一点便是注重研究选题的社会相关性。闭门造车，黑板经济，大谬其道。

其次是研究内涵的"思想性"。

表面上看，"政治算术"在计算上比较简单。然而，难在内核，何其之难：为什么可以这么计算？也就是指标方法机理，即便在专业圈里，也很少有人能真正说清楚。生产率测度大师乔根森教授 2018 年在《生产与福利：经济测度的进步》中不客气地指出，经济学家对此鲜有助益，从而需要将经济统计专业教育再注入经济学，让新一代经济学家堪当此任。

由于社会现象除了"随机不确定性"之外，往往还隐含着"模糊不确定性"，

[①] 原载于《中国统计》2021 年第 4 期，曾收录在笔者所著的《守望经济统计麦田》，东北财经大学出版社 2021 年版，中国大连。

[②] 先贤讲的"解惑"，然而如今知识生产呈爆炸性态势，师者未必能够稳居"解惑者"的位子，坦白地说，能够把握"论惑"的局面就已经非常了得了，故而笔者大胆修改为"论惑"。

仅"指标口径"的确定就特别麻烦，现有经济统计方法和应用中隐含了为数不少的"测度陷阱"，从而数据结果或许隐含着多维度的偏误。这些问题的解决，需要严肃的、深入的、拓展性的和提升性的专业思考。

同时，经济学对数理工具的选择应该是开放的，除了常用的概率统计、线性代数、微积分，据介绍还需要包括模糊数学、离散数学、灰色分析、粗糙集、场论、有限元法等，决不能仅局限于某一门。但无论如何，数理工具仅仅是工具，是思想实现的手段，不应该本末倒置。凡事道理为大。

真要具备与社会现实决策的相关性，经济统计随笔当以思想性为第一要务。如果没有思想，虽符合文章"八股"和现代研究"洋八股"的形式化要求，但失去灵魂，不过貌似科学的刻板作业，一种了无生气的线性存在，社会意义荡然无存。追求意义，本是人生的价值所在，更是回馈社会的实在行为。

再次，不可或缺的是研究的"创新性"。

经济统计随笔并不是炒冷饭，不是拿现成的东西变花样做文章，而应该属于思想产品的生产，是"相应性"研究的一种。议题可能是同样的，甚至是热门的，但必不可少的是独特的观点和合宜的研究格局。经济统计在生产测度中讲究"增加值"，经济统计研究更应该身体力行。

即为思想产品的生产，与商品（含服务）生产相同，只有具备了创新的内容，才可以考虑计算为产值。光是思考还不够，还得是有效的思考。社会现实和已有文献都只是提供了思考的中间消耗材料，需要信息深度加工，需要呕心沥血，需要给出更高质量内涵的新信息，这样才对得起出版单位的投入，才对得起读者所花费的时间和精力。

如果能让人耳目一新、豁然开朗，当然更好。碰到这样好的随笔作品，可以在课堂上讲授给学生，或作为专业教育的辅助材料开展讨论，弥补现成教材的缺失，有利于举一反三，发挥教育滋养人性的提升、拓展和深化效应。确为"金句"，可以影响人的一生，而佳作连连，能让一份刊物引人入胜，这些都需要靠思想的创新。

创新并不容易，前提是对问题的揭示。不破不立，经济统计的创新性往往意味着对测度陷阱的警示。由此，我们应该有人勇于担当，甘愿来做"麦田里的守望者"，在这部名著中有这样一段话："我会站在一道破悬崖边上。我要做的就是抓住每个跑向悬崖的孩子——我是说要是他们跑起来不看方向，我就得从哪儿过来抓住他们。我整天就干那种事，就当个麦田里的守望者得了。我知道这个想法很离谱，但这是我唯一真正想当的，我知道这个想法很离谱。"借用塞林格的隐喻，我们需要在测度陷阱的周边守望，大声疾呼，显化隐含陷阱的存在，让人们产生解决测度问题的动力。齐心合力，方能取得经济统计方法论的进步。如果没有问题意识，也就压根儿不用创新，抄作业就万事大吉。

最后，还需要丰富行文的"意趣性"。

真正的学问，不是自恃高深，把人挡在门外。相反，却是练就深入浅出的本事，能把人拉进门来。对自己而言，做学问需要坚持"坐冷板凳"，但却是为了换得别人少"坐冷板凳"。有的人瞧不起所谓"科普"文章，其实是看低了"科学文化"事业。

不过，笔者并不喜欢"科普"这个说法，总感觉那是一种居高临下的姿态。恐怕只有佛的眼光才可以向下，多数人没有这个资格。真正的跨学科交流、真正的文化交流，应该是一种谈心，彼此眼光应该平视，很像在东北炕头上坐着唠嗑。

当然，对那些混淆视听的大谬之见，比如对"中国是世界上最大的碳排放国"这种貌似客观的测度，需要针锋相对地指出其隐含谬误所在，据理力争，改变国外因此而形成的负面印象。意趣丰富多彩，慷慨陈词也可以是其一种。

有的人总觉得，正襟危坐才是科学工作者唯一的姿态。这是一种深深的误解，笔者推荐诸位阅读《隐秩序：适应性造就复杂性》（"哲人石丛书"，上海科技教育出版社 2019 年 1 月中文版），以利于纠正其偏。

遗传算法的发明人霍兰教授在该书中文版序言中明确指出，"大多数科学家都认同隐喻和模型的作用，但深入地描述其作用的则是寥寥无几，麦克斯韦（James Clerk Maxwell）是一个伟大的例外"。"我相信，丰富的隐喻和类比，是创造性的科学和诗歌的核心。""真正综合两种传统——欧美科学的逻辑−数学方法与中国传统的隐喻类比相结合，可能会有效地打破现存的两种传统截然分离的种种限制。在人类历史上，我们正面临着复杂问题的研究，综合两种传统或许能够使我们做得更好。"在第四章阐述"模拟的本质"时，霍兰教授指出："建模是一种选择艺术，它选择与所研究问题有关的方面。同任何艺术一样，这种选择受爱好、品味和隐喻的指引。这是一个归纳问题，而非演绎问题。高等的科学需要依靠这种艺术。"

霍兰教授的观点简洁明了，无须笔者再做解释。真正面对复杂性现象，东方思维中的综合性特征就显示出其优越性，就容易理解为什么霍兰教授会秉持这种学科观。真正高水平的科学家不仅不刻板，反倒是视野开阔、情操丰富。情操，恐怕不能靠机械训练灌输出来，得靠教育的长期熏陶，而阅读高水准的、充满意趣的随笔恰恰是滋养情操的一种有效方式。

还有人可能诧异，号称统计作品，怎么书里很少有公式和数字呢？笔者的回答是，世界上相当一批经济统计文献如此，内容集中于理论和方法论讨论，确实没有多少公式和数字，而这种研究是一种客观存在。

即便是数理统计领域，也有以思想性文章为荣的先例。赵明德先生，在国际期刊上论文发表成绩斐然，不过他最看好的就是《万物有常 世事多变》，在《中国统计》发表的一篇随笔，里面公式和数字也很少，反倒自认为这一篇学问最大。

换个视角分析，笔者认为这种文章里"数据"满满啊！这涉及如何把握数据的内涵。太多的经济学论文中专注于数据处理，可是"数多据少"，"据"远不足以支撑其"数"。为了平衡这种形式化的偏态分布，笔者乐意专门阐述数据之"据"，大讲特讲，从各种角度来讲，以研究数据之"据"为己任。

应该有人学做像国民核算大师彼得·希尔（Peter Hill）（SNA 1993 年版的主笔）那样的"概念思考者"（conceptual thinker），而不仅仅是"数据操作者"（data person）。思路决定出路，数据挖掘的本质是逻辑挖掘，非此则难以避开或处理好实证分析可能面临的陷阱。毕竟，我们不是在抽象空间里搞数字，而是在现实社会中应用指标和测度方法，如果真要达成前述的"相关性"，也就是应用中的"应"，就更需要关注数据之"据"。

理论是灰色的，生命之树常青。也正是因为讲究数据之"据"，我们才应该讲究经济统计随笔的意趣性。数据之海并不整齐划一，可能波澜不惊，可能暗流涌动，也可能惊涛骇浪，所以意象丰富，所以趣味无穷。

"奥卡姆剃刀"头顶高悬
——在场者务请当心①

1 "奥卡姆剃刀"如剑高悬

高悬在上头的不是"达莫克利斯剑"（Sword of Damocles）吗？怎么到你这儿成了"奥卡姆剃刀"（Occam's Razor）？

是的，本文特意做了个"危境串联"，按西人旧说，达莫克利斯剑直指王座，就那么一根细细的马鬃吊着，明晃晃地显示着危急时刻；而"奥卡姆剃刀"则目标"穿越"，专门悬在追求"工具理性"者的头上，或许，这些学者占据着或试图占领"领域知识的王位"？

说得挺吓人，其实也不过就是八字方针："如无必要勿增实体。"箴言本身精练，其内涵却相当丰富。

为什么需要这种警戒之语呢？而且还专门冲着内心里自命不凡的高端科技人才？却原来，在奔往理性之路，有不少高手往往并不那么理性，而且还缺乏某种自知之明，总保持一种端着的姿态。

也许是"路径依赖"的缘故，求学问者执着地行走在自己所喜欢的研究之路上。可走着走着，有不少"行者"就忘了究竟为什么要走，到底要往哪里走，理性只剩下"工具理性"了，甚至沦为形式化的东西。"走"演变成了一种习惯，光惦记着走得漂亮，走出花样来，让"路人"看得眩晕、看得佩服，看成了铁粉或者跟随者，至于能不能解决问题，是不是能够实现走的本来目的，似乎倒在其次了。

正是因为人类这种炫技的本性——其实是人性"贪婪"的一个变种，凡人的七宗罪之一，这才会有，或者需要，"奥卡姆剃刀"的高悬，发出如此这般的醒世恒言。

2 中庸之道 ——"够用"之度

要是这位奥卡姆先生在中国东北待过几年，再遇到这般舞枪弄棒的"西洋景"

① 原载于《中国统计》2021 年第 9 期，曾收录在笔者的《守望经济统计麦田》，东北财经大学出版社 2021 年版，中国大连。

着急了，没准就会用大老爷们的腔调喊一嗓子："够用就得了，别搁那旮旯穷显摆。"此呐喊中的"穷"字是副词，不是贫穷的穷，而是穷尽的穷，"一个劲儿"的意思。

是的，听着土气，然而大俗大雅，"够用"这个"够"字其实非常讲究科学精神。"够"有"达到"之意，究竟 reach（在研究界就是 re + search）到哪里呢？工具作用恰到好处地在那个时空交会之点，也就是我们真正应该追求的"度"——用我们老祖宗的经典话语说，就是"中庸之道"（golden mean），这应该是人类处世的哲学根基吧。

其实，生活习语里也不乏类似的警示或哲学启示，只是我们应该时时处处入眼入心。

比如"杀鸡焉用牛刀"，恐怕不只是大材小用的意思，还可以有施展不开或无法深入的可能，或许还存在庖丁大师不大会"解鸡"的窘境。

再比如"尺有所短寸有所长"，所比较的维度就不是工具的尺寸了，而是工具在特定场合的"适用性"，"短长"的内涵也可以多维，这里刻意选用过来，强调工具的优劣并不仅仅在于尺寸长短。

高开低走，几段话垫好了场子，就该说到社会经济测度了。

3　脚踏实地——若非净土你踏不踏？

21 世纪的经济学枝繁叶茂，无论哪一分支，数理方法和模型都断然离不了。现在学科越来越发达，数理方法和模型越来越多，也越来越高深，搞经济学的聪明头脑也越来越多。

孰因，孰果？人和数理方法（模型）多轮次交互作用，这是一个自强化的过程：经济学毕业生的就业前景好，职业待遇高，一批原本立志潜心纯数学的聪明头脑就被吸引过来；数学头脑多了，经济学也就有了日益增强的数理路径偏好和硬核支撑，即科学化（数学化）了。究竟化没化且先不论，"优化"的确是表现出来了：公式、数据、图表整整齐齐且漂漂亮亮，这会使得毕业生的职业待遇更高、就业形势更好；数学头脑过来教书和学习的更多，于是经济学大帝国得以形成，乃至于那些自以为占据知识王位者内心膨胀，当然，也可能仅仅是通货膨胀的波及效应。

先得"切一刀"，且放开搞纯理论和搞纯方法论的学者不说，他们在本文言说立论的"定义域"之外。在他们所醉心的抽象空间里，理论和方法本身就是需要增添的"实体"，就是"必要"。在纯粹的数理世界里，他们蛮可以天马行空、无拘无束、心想事成，"奥卡姆剃刀"断然砍不到他们。

　　然而如果放弃"纯粹理想"投身到了现实空间，阁下就得脚踏实地。话好说事儿难做："实地并非净土，你踏不踏？"一旦认准了来搞应用，优劣的评价标准就得相应而变，脚踏实地就成了题中应有之义。想想角斗场里的博弈，毕竟与电子游戏不同，脚不能总悬在半空中，那样无法真正发力。大数据时代也是"大噪声时代"，定量分析先得"清洗数据"，不管所对应的"实地"多脏，如果该"踏"，你还得"踏"。

　　在应用中，现实约束躲避不开，此时此刻，不能再做"纯粹状"，不能再以科学之名居高临下而不落地。明明是"下嫁"过来搞应用，却还沉醉于"娘家"纯粹空间的抽象之美，等于是搞"双标"，形式上可能依旧精确完美，内在逻辑却虚搭，甚至公然不搭。其实数据演算的结论未必真就成立，不过难以鉴别而已。

4　"方法导向"还是"问题导向"？

　　不只是数据结果优劣难辨，在实证研究起始，就得琢磨分析进路的何去何从。对搞实证研究、搞应用的人而言，势必先会遇到数理方法和模型选择的问题。究竟靠什么来导向？

　　"数据导向"？数据自己是不会说话的，"让数据说话"，这个"让"字本身就包含了一个行为主体，究竟是谁在"让"？怎么"让"的？面临大数据，自以为韩信将兵，搞得不好，处理数据其实就是在给那隐藏的"让"者打工。

　　或者"方法导向"？无奈方法之间也会打架，偌大仓库里那么多耀眼的工具，貌似都不错，到底应该用哪一种？越流行的越好？越前沿的越好？越复杂的越好？这般行为与年少追星能有什么区别？不同的方法都有其特定的适用空间，越精致的模型越容易失去其一般性，张冠李戴，并不成体统。

　　还是"问题导向"？根据对象和所研究的问题做选择，确定一个合适的数理方法或模型？然而，实在太难。

　　在 1962 年发表的《数据分析的未来》中，当代统计学方法大师级人物图基先生明确指出了数据分析的两条道路，一条是解决实际问题的坎坷道路，另一条是由"不实假定、武断标准和没有实际附着的抽象结果构成的坦途"（the smooth road of unreal assumption, arbitrary criteria, and abstract results without real attachments）。

　　这个预警已经 60 多年了，它提醒我们注意，在数据分析中，究竟什么是奥卡姆所言之"必要"？恐怕只有"实际问题"才是判断方法优劣的"金标准"（golden standard），只在数据和方法之间打转转，恐怕于事无补。在实证研究的完整链条中，先得从问题出发，后面还应该有方法与问题匹配的说明，所谓创新，还应该有测度方法论改进的总结，这样得出的对策结论才可能是切实有效的。

当所谓数据标准与现实不符时，更不能居高临下地认定，就是实践错了，例如 ICP 中，按照现有某种既定认知，武断地把某些数据当成"奇异值"处理，公然取消这些"奇异值"进入计量比较模型的资格。物理学是经济学的母学科，可物理学家在面临理论与实践相悖时，总是回头来检查理论是否隐含了未知问题。

5　方法"有效时空范围"与"现实问题时空范围"

这里特别需要注意"有效时空范围"与"现实问题时空范围"的差别。先说这么几点。

第一，任何数理方法和模型，都需要假设和前提条件。

第二，越是复杂的数理方法和模型，其包含的假设和前提条件往往就越多。

第三，这些假设和前提条件，往往界定了数理方法和模型的"有效时空范围"。打个比方，假设和前提条件有点儿像围栏的木条，把数理方法和模型圈起来，确定个立论的边界，预先给所推演出来的结论上个保险。在这个时空范围内，数理方法和模型是"管用"的，出了这个范围可就不一定了。

这样又有了第四，数理方法（模型）的"有效时空范围"与现实问题所对应的时空范围未必一致，前者往往只是后者的一小部分。

于是还有第五，数理方法和模型固然放之四海皆"可用"，但未必放之四海而"皆准"，"可用"与"管用"和"皆准"之间还有肉眼看不大清的"社会距离"，而且这距离恐怕且漫且长。

社会经济计量往往容易陷于"悖境"之中。试想两种数理方法（模型），一种所需要的假设和条件比较多，在其"有效时空范围"内，得到的定量结果应该比较准确，可惜"尺有所短"——其"有效时空范围"比较小；另一种则比较简单，甚至粗糙，没有那么多"说道"，不过"寸有所长"——其"有效时空范围"却比较大。在这种两难情境下，究竟应该选用哪种数理方法（模型）呢？

或许方法（模型）在应用时不能一概而论，有道是，"具体的情况具体分析"，需要针对所研究的现实问题进行定性、定量的反复探索和比较，才好"正式"确定合适的数理方法（模型），不能先验地、一概地、武断地行事。

毕竟应用并不是"套用"，"套用"只是写课堂作业，所谓"方法带问题"，其中的问题仅仅是方法可用性的例子，而方法"可用"与方法"管用"又可能存在极大的区别，只说明方法"可用"，并不是真刀真枪的实证研究，顶多涉及"玩具模型"（toy model）。

6　"虚证分析"还是"实证分析"?

于是,笔者再次强调和呼吁,应用的"应",应该是相应的"应"。从微观上看,所用数理方法(模型)与所研究的现实问题相适应,从而真正成为实证研究,或许能得出有益于社会的数据结果和研究结论,否则就是"虚证研究"。

从宏观上看,相应的"应"意味着"相关性",意味着研究的社会意义。学者所做的课题应该与社会经济发展密切相关,有益于提升民众生活福利。

产出需要投入,但并不是做研究的都应该得到学术资源,国家得养"基础性人才"——主要是那些搞纯理论研究和纯方法论研究的学者,从长期发展看,基础知识不可或缺。

但是,做应用研究的则不同,需要学者自己注意其研究的相关性。作为"最大的发展中国家",又处于社会主义初级阶段,中国需要定量研究的应用性问题非常之多。于是,实证课题选择要与社会需求的轻重缓急相应,是为"应用"。实证研究也需要占用学术资源,而宏观相关性应该是这种占用的法理性基础。

就拿现今地球人所关心的碳排放来说,好多年来我们对用总量排名不大在意,总以为国际组织的统计数据就是标准。那么多搞实证分析的,很少有人专门就这个事儿去辨明适用指标,没用模型去深入计量"国别责任",有些计量模型制作者坦然接受了"中国碳排放世界第一"的大帽子。

如今欧洲的"碳税"来了,中国的发展权再一次面临严峻的挑战。美国气候特使克里则盯着中国不放,明明中国已经做出那么高标准的承诺,却怎么也满足不了欧美政客的胃口。可我们缺少真正辨明国别责任的深度数据分析,这反过来说明,这些年来我们做实证研究的失职或者缺位,至少是对重大社会经济问题的测度不大敏感。

在当下的国势判断中,还有哪些亟待中国实证研究者挺身而出的问题呢?需要厘清,不然的话,我们怎能安心占用社会提供给我们的学术资源?

7　应用研究的多维功利指向

应用研究的确存在功利指向,而且"相应"与否的评价维度也比较复杂。生活中的许多事例可以说明这一点。

例如打靶,一位射手的成绩有命中靶心的,但也有脱靶的;另一位没有脱靶的，可也没有命中靶心的。孰优孰劣？

再例如炒股票，一位赔钱九次，大赚一次；另一位十次都赚，可每次都没赚多少。究竟谁是高手？各有各的评定偏好。

或者可以再比较一下中西厨刀：中餐厨师就是一把菜刀"闹革命"，外加一块抹布；西餐厨师可是完整一套刀具，而且用非常精致的箱子包装着，每一把不同的刀都有特定的功能。究竟谁与争锋？似乎没法认定一类厨刀全方位地胜过另一类。

功利本身是多维的，故而研究优劣的评价也就应该多维。工具的复杂性与适用性未必一致，于是，并不是方法（模型）越复杂就越科学，其数据结果就越可信。

有的时候，刻意采用所谓"常规方法"，而不用所谓复杂方法，可能反而面临较少约束——更容易避开更多假设和前提条件所隐含的约束，反而是一种优选。一定得用假说，那么就尽可能选择假设条件比较少的，这便是奥卡姆剃刀的一种解读。

既然可以用所谓"常规方法"得出新的分析结论，或可以改进原来粗浅的问题认知，为什么非得用复杂方法呢？难道是为了装点门面？前贤告诫我们，勿以善小而不为，忽略"常规方法"的研究，或许更容易遗漏对社会现实的某些基本认知。

然而，也正是由于"内在评价"不易明确，某些聪明人就逮住这个门道，才特别愿意并善于搞外在形式，企图先声夺人，实则浑水摸鱼。在经济数量分析中，好多人往往愿意用复杂程度来判定方法的优劣。殊不知，科学与科学主义是一正一伪、截然相反的两回事情，可有人却不自觉地混为一谈。

功利性使然，人的"自反性"是世界诸多麻烦之源。因此，社会经济现象异常复杂，远比物理等无机现象复杂，甚至比生物等其他有机现象更为复杂。因为难以精确定量而瞧不起社会科学，实在是"不知己之不知"。

总之，社会实证研究之路坎坷，隐藏的陷阱多多，我们需要格外当心。搞不好，还真容易让奥卡姆剃刀给伤着。人家奥卡姆先生可是早就告诫过我们了，勿谓言之不预。

"吸烟有害健康"，这个因果推断理所当然吗？ ①

  2021 年诺贝尔经济学奖授予因果推断研究，恐怕容易让人们误以为这方面研究取得了重大进展，于是成为显学引诱我们追随。然而如果冷静下来仔细体会的话，生活中总是存在着这样那样的问题或谜团，把我们拉回"不确定性"的漩涡。

  正月十五，为博圈里朋友一乐，笔者在微信上发了对两条成语的新解，新在贬义褒用，其为："甘做朝三暮四郎，朝三支烟，暮四两酒。肯为脑满肠肥公，读书脑满，吃肉肠肥。"

  其实，笔者并不会抽烟，酒也不大喝，这里二者连用，藏着"研究"之意。不过，喜欢吃肉倒是真的，毕竟读书、提问和论惑是一场持久战，得有好身板顶着，太瘦了可耗不起。"脑满"也非常需要，多些蛋白质顶着，起码可以少进点水。"食不可无肉，居亦需有竹"，如果说尚有生命追求，物质生活和精神生活都应该丰富些。

  虽然自己不会抽烟，但对别人抽烟并不反感，或许是与本人的生活经历有关，当年下乡抽烟可不是件小事；然而最为关键的是，反对抽烟的理由没让笔者心服口服。

  在下是个认死理的人，曾撰文质疑大物理学家对人类造成地球变暖的结论，可见《中国统计》2022 年第 1 期。即便得诺贝尔奖的成果也不能让人闭嘴。物理学咱倒是不懂，然而"底层逻辑"没打通，就应该容人议论。说穿了，该结论其实就是一个不等式：

人类对地球变暖的作用＞自然对地球变暖的作用

  就算人类对地球变暖的作用可以度量清楚，但自然作用的边界在哪里？就算大气层内自然对地球变暖的种种作用可以度量明白，例如这次汤加火山爆发，影响究竟如何？大气物理学家可以马上得出确切的估算数据。可大气层外呢？人类哪里就真能拥有这个本事，连天外的各种自然作用力都了如指掌？真要是这样，人类或许就能让地球躲过"冰河期"，提前大量释放二氧化碳，搞逆周期调节，压根儿不用移民到火星去了吧？

  宇宙的"洪荒之力"搞不大清，身边的鸡毛蒜皮其实也难定论。对吸烟危害的宣传经历了多年，似乎"吸烟有害健康"已经入脑入心，人人认同。如果仔细

---

  ① 本文有关吸烟利弊的辨识，不过是笔者借题发挥而已，核心和重点并不在于深究吸烟到底是有害还是有益，主要目的是说明因果推理的实质性困难。

观察香烟外包装，这六个字赫赫然映入眼帘，让人警醒。这里，吸烟是"因"，健康受损害是"果"，这种因果推理关系非常清楚，似乎不容怀疑。

用"似乎"两个字，便不那么笃定，留下了玄机，留下了回旋余地："吸烟有害健康"这个因果推断，真那么理所当然吗？在笔者看来，该结论的正确仍属或然，因其依赖于健康的"定义域"，即至少隐含着一个前提：仅仅从生命"长度"来定义健康。

但是，我们的推断换个维度进行呢？如果从生命"丰度"看吸烟的功效呢？还能笃定地坚持"吸烟有害健康"吗？仔细想来，反例居然颇多。

例如，不少人认定，吸烟可能减少老年时染上帕金森病的概率；在"非典"那段特别时期，有人竟然说，烟民当中没有感染"非典"的。这些说法，当然并没有得到医学研究的证明，然而，它们只是烟民为自己的不良癖好（某种偏好）寻找理由吗？似乎也不好那么断然地定论。

再例如，吸烟可以为烟民身体人为地构建一个动力机制，按时点改变精神状态。如果养成了抽烟的习惯，早上起来第一件事情就是抽颗烟，让自己从睡眠状态彻底清醒过来。"饭后一袋烟，赛过活神仙"，北方烟民的这个骄傲的说法，表明他们其实与欧美绅士差不多。当然，好多洋人每天依赖的是咖啡：早饭可以不吃，但如果没有自己中意的咖啡（用速溶咖啡凑数可不成！），这一天就没法开始工作。

其三，吸烟可能让女士性感。这是当初学习英语时曾读到过的一个辩题，老师让学生分成两组，一方专门列举吸烟有害的理由，另一方则专门列举吸烟有利的理由，正方反方辩论激烈，红军蓝军战斗让人思维活跃。其中非常强的一个吸烟理由就是，女士吸烟如果姿势优雅，则特别容易俘获白领男士的爱意。看欧美电影，这种场景估计经常遇到，用现在的"赞"语说，就是一个字：飒！

"吸烟性感"是改革开放后的一种舶来品，笔者当年下乡做知青时，决然体会不到这种西洋道理。那是20世纪70年代的东北农村，卷烟不管什么牌子都是稀缺品，偶尔被赠送一根，舍不得抽，夹在耳朵上用来炫耀。当时连打火机都不多见，还是那种用火石助燃的。大伙都是自己动手卷烟，烟叶晒干了搓碎，每天出门前在小布口袋里装上一些。用小纸条卷烟可是个功夫活，卷好了，不松不紧，既能过瘾，又不至于中途断了火，再浪费一根火柴。如果一时找不到白纸，有时候扯张报纸，都用来对付事儿。

物资匮乏时期，吃饱肚子是刚需，而抽烟就多少有点儿奢侈品的意思了。不过对劳作者来说，抽烟最大的好处就是能理直气壮地直直腰，什么性感不性感的，压根儿和抽烟连不到一块呢。即便青春萌动想着释放魅力，也不会用"老汉烟"这种初级手段。脑补一下，小姑娘嘴里叼着根大旱烟，那种形象啥时候都比较违和吧。

那时候除草剂很难买到，其实也舍不得花钱买，就是靠人工出"苦大力"去除草。好处是增加了土地的自然肥力，大米更好吃，坏处就是劳力实在太辛苦。在一望无际的稻田里，秧苗刚插完，紧接着就开始拔两遍草，劳力得在稻田里弯腰拔上两个多月，也就是在泥水里顺着垄沟蹚两个多月，用十根指头给秧苗做按摩，指甲到最后都磨得光秃秃。到了有田埂的地方，身子站直了抽根烟，真是莫大的享受。那时候看着坐火车来往的乘客，竟然都心生羡慕之情。后来才知道，坐火车，特别是慢车，那也是个体力活。

如果那时候讨论吸烟的益处，笔者的答案首先肯定是：可以"合理"地为自己创造额外的"歇气"机会。非常可惜的是，这个笔者实在太笨，居然不会把烟吸进肚子里，只是在嘴里打个转儿就得吐出来，这在当年可是极大的浪费（当时物资匮乏，所以"浪费"和贪污平级，被称为"极大的犯罪"）。于是，笔者就堂而皇之地被开除出烟民队伍，也就失去了利用抽烟自动休息的这种便利。当时看着烟民坦然地在旁边直腰板，慢悠悠地卷烟，吞云吐雾，内心实在有些嫉妒，也恨自己不争气，没那个本事。不过也正因为如此，才对吸烟的这个好处记得这么牢。

生活本身丰富多彩，不同时间和空间，吸烟对吸烟者的益处还真就五花八门。至少在我们北方地区，"烟酒不分家"是通行的社交理念，人来人往的，通常是烟酒打头阵。那时候两个男人见了面，头一句准是："卷一根？"有的甚至连话都省了，就是烟口袋往对方胸前一递，特别实惠的情感表达。如果一圈人都有了分享烟的待遇，唯独自己没人招呼，大庭广众之下，岂不是太没有人缘了吗？或者，如果有愣头青不识抬举，把人家的烟口袋给拒了，那就有不愿意往来的意思了，相当于外交辞令里公然说出了本不该出现的 No。可见，香烟之"香"，还在于可以借以沟通感情，与"感情深一口闷"一个道理。正所谓生机勃发，烟酒助兴，友情滋润，生活，乃至生命，难道不是由此而丰厚许多吗？

对严厉主张禁烟者而言，这些益处或许都不可理喻。然而特别要命的是，这个所谓"吸烟益处"的单子还远没到头，还真就可以长长地开下去。种种事例实实在在地昭示我们，吸烟确实能让生命，至少是生活，更加丰富。如果认同这个"益处单子"，岂不成了"吸烟有益健康"吗？

再按照这个路子推理下去，于是，貌似"不二"的断言也面临着人生选择问题的拷问：如果减少生命"长度"n 年，但换来增加某种生命"丰度"，"幸福指数"得以提升 Y 个百分点，合算不合算？确定一个生命不同维度（这里设定为"长度"和"丰度"）之间的"当量转换"关系，多少人会选择吸烟？在论证因果关系时究竟应该如何处理不同维度的变换？

这不是笔者在危言耸听，世界极其复杂，人们的思维和偏好往往多元，从而认知事物时就应该处于多维框架之下，仅仅考虑或坚持一个维度，结论势必过于武断。

　　就抽烟这件事儿来说，民间从"生命意义"（如有的医生问病人，抽烟、喝酒等爱好都没有，啥都不干，活那么长干啥？治病还有啥意义？）或"人性维度"（如"人无癖不可交"）对健康从"丰度"进行反思，可见对吸烟并非完全负面评价。

　　其实，即便单就健康的"长度"看，也有不少人并不认同"吸烟有害健康"。例如，民间流传过这样一个段子，是否抽烟喝酒，与寿命长短存在各种可能结果。例如，几位名人有着不同的烟酒习惯，与其生存年龄的对应关系是：不抽烟不喝酒只活了 63 岁，只喝酒不抽烟活了 73 岁，只抽烟不喝酒活了 83 岁，而既抽烟又喝酒则活了 93 岁。从 63 岁到 93 岁，用实例"否证"了吸烟喝酒对寿命的伤害。需要注意的是，这个段子把生存年龄都说成 3 这个数值（其实不尽然），估计是要让这种对应关系比较神奇，不过，却隐含着人们线性思维的习惯。

　　在学术界，抽烟导致疾病减少寿命也包含着一桩没有结局的因果官司。笔者等 2004 年翻译了《女士品茶：20 世纪统计怎样变革了科学》，萨尔斯伯格教授在第 18 章对此论战做了专题阐述，题目就是开放的："吸烟会致癌吗？"

　　论战的一方以统计学泰斗费歇尔先生为代表，他把自己的论文（有两篇在 *Nature* 上发表）编成一个小册子《吸烟：关于癌症的争议及对有关证据的评论》，他坚持认为，吸烟会导致肺癌的证据存在着严重的不足。而且他表里如一，照片中的他常常叼着一支烟斗。

　　费歇尔先生指出了吸烟致癌研究的统计学缺陷，也不满花费纳税人的钱动用"当代所有宣传手段"让人了解吸烟的危害，然而，他更关注的则是哲学层面的因果关系。他提出了一种可能性：吸烟与肺癌之所以存在联系，大概是因为二者都由同一种因素所引起，即相同的基因结构。反驳这种意见的挑战在于，除非能够证明癌症并非受遗传基因所影响。

　　论战的另一方以杰尔姆·科恩菲尔德先生与 5 位顶尖癌症专家为代表，他们对已有的吸烟与癌症关系研究做了回顾，同时也审查了费歇尔、奈曼等对此类研究的统计学质疑，他们认为，有关证据压倒性地支持："吸烟是人类肺部表皮癌症发生率迅速上升的原因之一"。1959 年，"吸烟致癌论"的这篇综述性文章发表，似乎量变引起了质变，相关证据的积累也能说明一些问题，也能让人们采取"宁可信其有"的态度。此外，烟草公司组织的"反研究"是否出于商业利益动机，也让人生疑，客观上给"吸烟致癌论者"增添了道德力量。

　　因果关系究竟如何？命运做出了自己的安排，费歇尔先生 1962 年去世，论争无法继续，官司不了了之。构造"通天塔"，可是个"烂尾工程"，这是让人类先歇歇？毕竟，"因果关系并不是那么简单就能够证明出来的"。如果再把吸烟之"果"从"癌症"扩展为"健康"，不确定性就更难减少了，认知之路漫长。

　　当然，笔者揭示出对吸烟与健康做因果推理所隐含的"漏洞"，并不是要鼓吹大家都去吸烟，而是借用这个典型事例，来说明因果推理的实质性困难，千万别武断地宣示或绝对地相信因果之间的"道理"。

说这个事例"典型"，因为好多烟民自己也是心怀亏欠之意，似乎明明知道"吸烟有害健康"这个道理，还坚持不良癖好，只当是自我控制力不强，坏习惯已然养成，就此"堕落"下去。真正理直气壮吸烟的人并不多，而怀疑这个论断的人更少，没人在这种"公理"上再浪费功夫，天经地义的事儿，就不浪费脑细胞了。

本文不过借题发挥，吸烟利弊的辨识，这个典型事例告诉我们，人类的认知并没有那么多天经地义，因果推断并没有那么容易，尽管诺贝尔物理学奖和经济学奖都给了搞因果推断的学者，也并不是他们的成果就可以当作绝对真理信奉了。凡事儿还是"较真儿"为好，于所谓"不疑之处"再多问一些为什么，笨一点，或许更容易接近真理。笔者就是这样的笨人，明明人家已经获奖了，也仍然不愿意把解释权完全交给评审专家。因为人们对诺贝尔奖的迷信，笔者才"顶烟上"，非得从"底层逻辑"再挖掘一下，看看逻辑链条到底焊接得实不实，是不是虚搭。

人们都爱讲道理，喜欢进行因果推理，但这种理性却往往带来不那么理性的倾向：容易为自己的智慧推断而骄傲和自豪。然而，现实世界那么复杂，确定事物间的因果关系何其难！哪里来那么多天经地义？非常不幸的是，我们往往没那么聪明，即便我们坚持的某种认知确实有理，也往往是基于某种设定而得出的，也往往只是在某个"定义域"之内才能成立的道理。这时，就得把相关的"设定"和"定义域"都搞清楚，免得我们自己或者他人无限地放大有限的结论。

知识界不乏聪明绝顶的头脑，他们理解和接受知识比较快，然而不可忽略的是聪明所连带的负面效应：往往缺乏或减少了深入思考和反思的机会。很多人把所学到的认知当成一种理所当然，甚至天经地义，并作为拓展新知的基础和前提，似乎是在把不确定性当成确定性的路上疾走。

因此，笔者特别喜欢这样的说法：作为问题的思想，作为对话的表达。如此，认知才是动态的，才有生命力，才是鲜活的。

"太极阴阳球"可能存在吗？[①]

本文试图提出一个或许可以挑战多数人智慧的问题。

太极阴阳图在东方文化中深入人心，甚至不少西方人对之也略知一二。不过，据说早在公元前五世纪，在凯尔特艺术中就有与后来宋代道教的太极图相似的图案。后来在罗马帝国的军服徽章中出现了与东方几乎完全一样的太极图图案，只是颜色不同。如此看来，太极阴阳图或许是一种比较普遍的文化观念，不过中国对之的思考更为深刻。

尽管太极图奥妙无穷，但从形式上看，它只是一个圆，带有一条二分曲线的圆，总归是平面的，二维的。试想，如果将这个圆演化成球，将平面变成立体，将二维扩展到三维，那么，笔者的原问题便是，"太极阴阳球"可能存在吗？这里，太极阴阳球也由黑白双色组成，其必要条件是：无论从哪个角度看这个球，它都会给出一个太极阴阳图（圆）。

笔者以为，这个原问题可以从四个方面展开。

对任何人而言，有没有谁见过太极阴阳球或类似的东西？有一种传说，先哲仡立于高山之巅，看到黄河汇流激起的清浊双色漩涡，受到启发，才发明了太极阴阳图。我们哪位有幸得到那样的"看点"呢？都说现实世界无奇不有，是否存在类似太极阴阳球的东西呢？

对天才云集的计算机科学界而言，人机结合能否绘出三维的太极阴阳球的图形？如果可以，3D打印技术又能否按照所绘制的图形打印出太极阴阳球来？或者，太极阴阳球可能存在，但只能动态地存在，而无法静态地存在。这样，电子计算机可以演示其存在的动态，而太极阴阳图则成了太极阴阳球的一个截屏显示。问题的要害在于，这种计算机截屏每一幅都能是太极阴阳图吗？反过来提问，电子计算机能不能让太极阴阳图转动如初？

对于傲然于科学之巅的数学而言，能否给出太极阴阳球可能存在或不可能存在的数学证明？

对于哲学家或者喜欢哲学思考的人而言，恐怕至少得从两种可能性去考虑。

第一，如果不可能存在太极阴阳球，那么，为什么一种平面的、二维的图形可以如此深刻地揭示和解释立体的至少三维的现实世界？为什么可以如此有效地

---

① 笔者记于2015年8月8日。

指导人们的思维和行动? 我们知道,经过圆心画一直线做等分,是一个圆两部分最为对立的表现,而太极阴阳图则与此截然相反,是对一个圆划分最为调和的做法,是对立统一、相反相成、合二为一等哲学思想最为和谐也最为直观的表现。

关键问题在于,太极阴阳图的这种跨维能量究竟来自哪里? 大道至简,如何反馈、沟通乃至循环?

而反向思考,若否定太极阴阳球存在的可能性,是否意味着太极阴阳图本身也存在一定的局限? 它对现实世界的分析和指导并非放之四海而皆准。比如,在太极阴阳图从圆变球这一点上,"二生三"的说法就受到了阻碍。进一步看,太极阴阳图的局限又表现在哪些方面? 这些局限对人类行为又有着什么样的启示?

第二,如果的确可能存在太极阴阳球,那么,太极思想还可以做哪些拓展?"一生二,二生三,三生万物"的演化机制究竟如何? 能否借此加以更深刻、更系统的说明?

从 "秃头悖论" 说起

——模糊思维对经济测度的启示[①]

"秃头悖论"在逻辑研究中非常著名，其实，生活中也存在特别重要的启示意义。

假设这样一个场景，大厅里正在开会，有一位一根头发都没有的人走向讲台，人们可能会这样看：一个秃子上去了。假设第二位头上只有一根头发，多数人会这样感慨：又来了一个秃子。而第三位满头秀发，观众就会眼睛一亮，这次总算来了个不秃的。

第二位头上可是有一根头发的，为什么人们把他也判定为秃子呢？说时迟那时快，人们眼到、心到，实际上飞快地完成了一个二值判断，人或者秃，或者不秃，此人与第一位看着相同：秃子是也。哪怕是会场过道旁接近此人的听众，能看到第二位头上飘着的那根头发，也会把他归为秃子，因为此时其内心可能"一闪念"，即刻发生一个精确的推理判断："比秃子多一个头发的仍是秃子。"谁都认可这种推理，悖论的种子却就此埋下。

很少有人深思，"秃"本身是个模糊概念，也就是说，"秃"与"不秃"的边界无法截然划分。据说人大概有 10 万根的头发，一生中头发会掉，也会再生。满头秀发的人肯定不是秃子，那么头顶 5 万根的人呢？能说成"半头秀发"吗？头发究竟少到多少方可算为秃子呢？

更让人哭笑不得的是，按照那个精确的推理判断，"比秃子多一根头发的仍是秃子"，那么，只有一根头发的人就是秃子。在此基础上接续精确地推理，有两根头发的也是秃子，因为他比秃子只多了两根头发。再接续则是，有三根头发的还是秃子，因为……这个推理过程可以一直精确下去。然而，到了一定程度，满头秀发的人就被划归其反面，也成了秃子，因为推理很明确，且无缝隙接续：他只比（前一位）秃子多了一根头发。

这就是所谓的"秃头悖论"，结论虽然荒谬，但推理严格符合二值逻辑要求。尽管现代数学发达，计算机先进，各种计量模型林林总总，经典的二值逻辑判断对此悖论无法给出通透的解释。

---

① 原载于《经济学家茶座》2021 年第 4 期，曾收录在笔者的《守望经济统计麦田》，东北财经大学出版社 2021 年版，中国大连。

问题在于，提出这个"秃头悖论"不是书生冒傻气，不是吃饱了闲着没事儿，也并非仅是思想游戏。现实生活中赫赫然地存在着这种事例，需要人们认真对待和打理。而且不管你怎么聪明能干，无法躲开的别扭是：按理不该"一刀切"，但好多场合非得"切一刀"，事不由己。

最让学生伤感的就是"挂科"，低于 60 分就得补考，起码一个轻松的假期就泡汤了。你说，59 分和 60 分能有什么差别？凭什么 60 分就可以"万岁"？59 分就得乖乖准备补考？可老师又没法儿"心太软"，如果放过 59 分，这个问题又能接着被拷问下去，你说 58 分和 59 能有什么差别？凭什么 59 分就可以宽限为"万岁"？菩萨心肠的口子一开，那可就师恩浩荡春满校园了。最后，考个"鸭蛋"也能算作及格，那就不用学习啦。可按下葫芦浮起瓢，问题又从别的地方冒出来了：随意处理"及格"事项，对那些认真读书的孩子可是莫大伤害，对国民素质提升也是直接的威胁。

看来，博弈规则的制定，总是连着人性，不能只持"性善论"，也得顾及"性恶说"，我们祖传的文化讲究中庸之道，自然大有其道理。而且，道理分为不同层级，如果它们之间打架，应该是"大道理管小道理"。当然道理谁大谁小，也会有不同看法。就这么着争论了多少年，学校还是把考试及格线划在了 60 分。至于提分等变通操作，那就另当别论了，反正标准是必需的，总归得划一道"格"——考试成绩的分界线，摆在那儿，学生能否企"及"，走着瞧吧。

那么，秃头判断之"悖"究竟出自哪里？

从根本上看，还是源自事物本身内部的多元性与边界模糊性。自然现实并非泾渭分明，社会现实就更加错综复杂，很多事物并非"二值存在"（或者"是"或者"非"），客观上存在着中间过渡状态。毋宁说，是或非，不过是元素所在区段的"极值"而已，而中间状态才是其常态。单元对事物整体而言，往往更多地处于"隶属于"与"不属于"的不同程度之间。

像人的头发数量，就可以分成多种状态：秃子、近乎于秃、头发较少、头发不多不少、头发较多、满头秀发等。"秃"或者"不秃"是对个人头发数量的定性判断，但头发数量客观存在着一个从量变到质变的过程。

对于这种中间状态比较冗长或丰富的事物，硬要用二值逻辑将其归成"秃"与"不秃"两类，毕竟不是对现实的客观判断，往往容易造成令人啼笑皆非的结论。可见，传统逻辑思维无法解释这种客观的模糊性，从而，需要引入模糊逻辑思维和判断。

在笔者看来，使用模糊逻辑判断，特别需要注意以下三点。

第一，"确是"（exactly being）与"约是"（approximately being）可能大有区别。

在前面所说会场的例子中，第一个人的秃是"确认"为秃，一根头发都没有；

而从第二个人开始，就是靠推理而得出的秃，只是"近乎"于秃，而且，每推断一次，推理结论的真实程度就有所下降。

深究而言，在客观世界里，"确是"极少，绝大多数都是"约是"。估计这个观点大多能被接受，但由之引发的推论就会让人大跌眼镜。在客观世界里，"等式"极少，被写成等式的模型，其实质都应该是"约等式"。

击一猛掌：那等式是假的！聊补安慰：但可能是有用的。

所有计算公式都需要写"等号"，但那不过是一种形式化的表现，并不真的就意味着"相等"，实质上大都应该是"约等号"。笔者多次呼吁，社会科学中没有等式，其实，自然科学也极少有绝对等式。极而言之，客观世界里没有绝对直线，没有绝对平面，道理都是一样的。

多少年来，我们使用等号、等式、直线、平面这些概念如此得心应手，煞有介事，仿若天然。其实不过狸猫换太子的把戏，在好多场合和一定前提下，我们是在用"约是"替代"确是"，或许合理，或许相对有效。

第二，用"约是"替代"确是"的"推理链"不能过长。

对传统的二值逻辑来说，只要推理规则正确，不论使用多少次，结论都可以成立，不会失误跑偏。但这个性质对模糊逻辑来说就无法成立，因为这里推理判断的精确只是形式上的。每次都是在用"约是"替代"确是"，每一次实质上都有微小的偏误，只是一种"近似推理"。不过，如果约束在很有限的范围内，这种推理偏误可以被接受。

但是不能过分，因为这种偏误会悄然地随着"推理链"的拉长而积累，到了一定程度，同样基于量变引起质变的规律，偏误失度导致认知结论走向反面，就无法被接受了。可见，"度"是个大词，笔者坚持将 measurement 译成"测度"，就是要强调这个"度"。

第三，对事物使用二值逻辑，通常只是在短程范围内比较有效。

如果分析单位比较小，则中间状态离极值两端都比较近，此时此地，无论是做"是"判断，还是做"否"判断，判断与实际状态的"偏差"都不会很大，判断误差可以被接受。

但是超出了一定范围，遇到了"长程"的中间状态，再武断地做极值归划（是，或者否），离差及其累积就无法忽视了，完全可能超出逻辑链接的要求，非常容易导致荒谬的结论。换句话说，二值逻辑遵守的是排中律，当这个"中"比较小的时候，即使排除掉也无所谓；但如果这个"中"可能比较大，再视若无睹，武断地排除掉，就可能引发谬误。

刘应明院士和任平 2000 年出版了《模糊性：精确性的另一半》，这是国家重点图书"院士科普书系"中的一本，技术含量且搁置，思想含量却是高密度的，对模糊性领域，可谓让人脑洞大开。往往大家才能做科普，洞见才能开脑洞，能把深奥的道理浅显地讲出来且讲明白，深入浅出，可不是一般的功力。该书的前言中阐述了需要引入模糊思维的两方面原因。

一方面，"有的现象本身就是模糊的，如果硬要使之精确，自然难以符合实际"。试想，摄影的最基本要求是照片清晰，一位摄影大师告诉笔者，一张照片里，至少得有一个点得是清晰的。而笔者的问题是：拍摄不清晰之物（如迷雾）的照片究竟应该如何呢？此种照片如果还是坚持清晰的要求，会不会沦为"反事实"？有的事物有一种迷离之美，要想表现这种内在投射出来的、特定的美，恐怕还需要刻意弱化照片（绘画）的清晰程度。

另一方面，"有些现象是精确的，但是，适当地模糊化可能使问题得到简化，灵活性大为提高"。这就涉及测度的成本效益分析了，天下没有免费的午餐，追求测度精确是需要成本的，这就在许多场合产生了"度"的问题——如何在成本与效益之间适当平衡？这里也就是如何把握追求测度精确的效率问题。其中每每少不了的是"权衡"（tradeoff），比如，为了精确度提高 1%，测度成本提高 10%，合算与否？在不同的约束条件下，选择恐怕不同。

具体的情况具体分析，这是人的一种能力，是一种不可或缺的人生智慧。有的人指责凯恩斯先生经常改变自己的政策主张，可他理直气壮地回应：现实变了，难道我不应该相应地改变吗？从长期看，我们都死了。要这么看，心思还得收回来，得落在"实地"上，"脚踏"意味着"心系"。

人脑具备模糊推理和模糊决策的能力，既适用于模糊现象和环境，也便于人们相机抉择，故而在现实生活中特别奏效。一个证明是语言，日常生活的语言不遵循排中律，就体现了模糊思维的性质。一个对象不只是有一个而是有多个否定，所以聪明的人通常不做"非此即彼"的判断。

按照"理性人假设"，消费者购买同样的商品，总是选择价格最低的，或者面对同样价格，总是选择性能最好的，也就是追求"最优解"。但在市场交易中，实际情形并非如此。其一，消费者无法掌握市场该商品价格的全部信息；其二，即使能够掌握所需信息也需要付出额外成本；其三，甚至什么是"相同商品"，甄别起来也颇费周折。

作为"社会人"，而非抽象空间里的"理性人"，消费者通常是见好就收，差不多就得了，这位"差不多先生"，不是"排中"，而是"取中"。国人常常误以为，只有东方人才这么"马马虎虎"，岂不知，即使在西方，也存在这种不求最精确却关注实效的理念。当然，不求最优，并不是胡乱凑合，挖到篮子里就是菜，而是在一定约束条件下争取"次优解"，或"近优解"，模糊决策作为工具之一，便于得出这种结果。

1965 年，著名控制论专家、美国加州大学教授 L. A.扎德先生首次提出"模糊集"（fuzzy set）的概念，奠定了模糊性理论的基础。到了 1995 年，扎德教授做了著名报告——"模糊逻辑新前沿",其中列示了该学科正待开发的系列领域,而第一项就是:从"用数计算"转向"带词的计算"(computing with words)。在笔者看来,这是一种"计量"与"较质"的结合,其思维格局和导向尤其值得重视。

人类的认知,就是为了减少"不确定性"。有人误以为,"不确定性"就只是"随机性"。殊不知,"不确定性"存在多种类型,"模糊性"就是其中重要的一种。刘应明院士和任平明确指出:"现在,我们已经知道,至少存在两种不确定性:随机性和模糊性。模糊性背离了排中律,随机性背离了因果律。"一只黑天鹅就打破了"天鹅皆白"的武断定论。

从整个科学格局看,不宜将"随机性"混同于"不确定性"。随之而来的一个推论便是,"随机性方法"非常重要,但不能作为应对"不确定性"的唯一方法,不能用一种数理方法包打天下。这个判断意味着,即便我们否定经济统计的学科独立性,将其仅仅视为数理方法在经济领域的应用,也不能仅仅是数理统计的应用,至少,经济统计还需要模糊学方法的应用。若眼界再放宽些,对于混沌现象,恐怕还需要拓展相应的数理方法。总之,数理方法的武器库需要大大扩容,这样应用起来才可能有"十八般兵器"。

当然,经济测度方法论具有相对独立的学科性质,本质上是经济学这个学科群中的基础结构之一,这是作为社会科学的经济统计学。数理方法在经济领域的应用固然也是经济统计,但并不是经济统计学的主体部分,更不是其全部,而只是其作为交叉学科存在的一种统计学。只讲"一门"是"小统计"的学科观,如果真是存在"大统计",那么统计学应该是一个学科群。无论如何,学科发展应该是包容性的,不应该用一种替代另一种,不应该因为这一种就取消另一种。

1987 年,笔者在东北财经大学跟随佟哲晖先生攻读经济统计学方向的经济学博士学位。老人家特意从大连水产学院(现在的大连海洋大学)请来了查健禄老师,给我们两个博士生(另一位便是如今的蒋萍教授)上"模糊数学"这门课。佟先生学科思想非常开放,他认为我们需要补这方面的知识,他上不了的课就外请教师。

不出导师预料,笔者的博士学位论文涉及"模糊综合评判",就得力于查健禄老师的精心教学和专题指导。论文中提出"最大隶属度原则"是加权平均原则的特例,并给出了数学证明,发表在《统计研究》上,这可能是笔者最大的课程收获。而这么多年在经济测度的思考和研究中,总是坚持关注"模糊不确定性",就是佟先生和查先生当年播下的思想种子。

究竟哪种薪酬模式好？
——数率演变的出人意料①

社会生活对经济计量的启示往往无界无形，所以，我们应该解放思想，灵机一动，再动。

前两天在手机里看到这么个段子：有一个农民给地主打工，地主说，我给你每个月一石米。农民却说，"我有个大胆的想法：你给我第一天一颗米，第二天两颗，第三天四颗，第四天八颗……后面全部翻一倍"。地主想这农民傻了吧！要这么少，就答应了。

看到这儿，偏爱文史哲的会说，这是舶来品，欧洲国王与大臣的故事搬到中国来了。数学好的人会说，地主才傻了呢，农民真聪明！对数学来说，第二天起的薪酬数不过是 2 的 n 次方，他们的计算机脑袋运转神速，一下子就知道算术结果了。

两种薪酬模式，哪种好？计算的确很简单。

地主提出的是固定总量的目标模式，简单、明确。农民的替代模式看上去不起眼，起点卑微至极，只有一粒米，第二天起就不过是每天翻一倍。

农民用的是"微起点、日倍增"的办法，初过抑、后激扬：到了第 16 天才一斤多米（32 768 粒，网上说一斤大概是 3 万粒米），可是"倍增"型增长优势就在于足够的"时长"，越到后来威力越大，超过一定时限就不得了：第 23 天能拿到 4 194 304 粒米，大大超出一石米（3 552 000 粒）。到月底第 31 天，就是 1 073 741 824 粒米，按照 1 石 = 59.2 公斤算，这是 17 895.7 公斤，也就相当于 302.3 石米。放在今天看，这也是一笔不小的财富啊，没点脑瓜，怎么敢设想仅用一个月的劳动赢得？

用笨理儿也能想到，这的确是个"大胆的想法"。农民一个月的目标远远超出地主的出价，真按这个博弈协定清算，估计他们俩的身份就得倒转过来了吧？当然，这只是个故事，智叟杜撰出来，专门开脑洞用的，现实社会中不会真的出现这种博弈。我们不妨借题发挥，把心思用来挖掘它给我们的启示，从意外到意内。因为算术和政治算术不同，数值背后还藏着社会经济意义呢。

---

① 原载于《中国统计》2020 年第 2 期，曾收录在笔者的《守望经济统计麦田》，东北财经大学出版社 2021 年版，中国大连。

　　首先，国人并不是仅仅照搬欧洲故事，段子的精彩在于添加了一个大反转："后来农民坚持了七天终于饿死了。"狗尾续貂，妙就妙在这条狗尾。虽然地主"上当"接受了 B 方案，但执行结果却出人意料，农民只拿到了 64 粒米。它提醒我们，计算虽简单，想当然却极易失败。数值本身未必那么重要，但其隐含的启示却很重要。

　　农民这么聪明，为什么会饿死？知识就是力量，这话不假，可社会博弈是残酷的，力量可以制胜，也可能制败。对这个农民来说，他的薪酬方案设计就置自己于死地。

　　手里有粮，心里不慌，没有物质基础，慌张中的思想行之不远。拿这位农民来说，收入流量算计得方向明确，似乎万事俱备，只是忘了自己的财产存量，压根儿不足以维系他拿到那一个月 300 多石粮食。观点不错，但格局还需多虑，此岸到达彼岸的桥和船备好了吗？或者，河有多宽，自己能游过去吗？流量与存量没有连成一个循环，后期的流量也就只是一厢情愿的预期而已，画饼算不作数的。

　　再回头看这个地主，他真不知道"日倍增模型"的厉害吗？也许他并不愚蠢，不仅知道其奥妙，还掌握了更多的决策信息：这位农民家无存粮，别处也借不到粮食度日。故而博弈时假扮"愚公"，秘而不发，似乎接受了一个明显吃亏的方案。难道没有这种可能性吗？社会情形之复杂，让我们的计量分析不得不小心从事。

　　比照而言，我们在做经济计量模型时，对所隐含的因素考虑得周全吗？模型的前提条件究竟有哪些？我们已经挖掘出来的有哪些？还有没有我们所没有考虑到的"意外"因素？须知，决定模型真实效用的恰恰就是这些"意外"因素。像这种倍增型增长模式，最为关键的就是"时长"因素，增长固然好，可是其可持续性如何？什么因素能打破这种模式？为维系这种增长所需要的成本都包括哪些？成本、效益相比较，总效益究竟如何？

　　这些问题不解决，实证分析就容易成为虚证分析。比如本例，究竟哪种薪酬模式好，结论也未必真就能结。模型本身并不能告诉我们上述问题，甚至还可能牢牢吸引我们的注意力，以至于局限在运算过程中，只知有汉，无论魏晋，计算独大，淹没了思想。留意多了，"意外"才少。只计算不走心，"意外"因素就会把模型当成安居之所。

　　别的甭说，上面那么简单的计算也还包含着某些假定，不知各位浏览的时候想到了没有。

　　比如，计量单位在不同时期的换算关系并不相同，上文中笔者列示 1 石 = 59.2 公斤，其实是采用宋朝时候的换算关系。要是在别的朝代，财富意义就发生变化了，是涨是跌，需要逐个时期甄别，反正计量单位是随时间和空间变化的。特别需要注意的是：算术的计算对象是同质的，而政治算术的计算对象是时间异质或空间异质的，我们只有在多维空间的历史过程中把握所分析的对象，才能得出贴近现实的数据结论。

　　再比如，计算时假设这个月是大月，有 31 天。因为是"日倍增"的变化模式，这个假设非常重要：一天就差了一倍呢，要是在二月份，只有 28 天，薪酬得相差多少。并不是钻牛角尖，斤斤计较，在现实经济中也确实有这种时差的巨大影响。想想股票和期货交易，多少人利用市场在不同国家的时差来套利，又有多数人因为差那么一天，甚至几分钟，就没能逃出灭顶性股灾。

　　再比如呢？笔者还没想出来，眼下也没打算留待下回分解，就交给诸位看官了。

淋浴花洒的精选与计量模型效用①

吃穿行的困扰解决了，住房就成为刚需。买了住房得装修，未必配浴缸，可淋浴的花洒少不了。实物生产和消费这些年在中国大发展，花洒的样式也五花八门。到底选哪种比较好呢？不大不小，这是个问题，to be and not to be，悄然地跟哲学连上了。

物件不大，也有外国品牌，家装市场里现场演示，十多种出水模式，急的缓的，"专注"淋洒的淋浴花洒，据说有的出水方式还有按摩功效！当然一分钱一分货，外国大品牌就是贵，可人打拼了这么些年，还不得对自己好点吗？若是手头实在紧张，国产的普通花洒看上去也不错，这不是什么高端技术，国人的高仿能力不是吹的，关键是价格相当亲民。

话说到这个份上，似乎选择比较简单，钱有富余，就选外国的知名品牌，要不就国内高仿。然而不然，笔者不大主张用外国品牌的淋浴花洒，因为过犹不及，某些日用产品并不一定是越精细越好，而花洒恰好属于这类产品。

花洒用来淋浴，出水是最基本的功能。精细的花洒通常体现在出水的模式多，淋浴时你可以随意选择，享受生活。可花洒越精细，对水质的要求也就越高，不然时间长了，水垢，或者管道锈末，就容易把花洒精细的出水道堵死，原本挺多的出水模式可能就只剩下几种好用，甚至更糟，剩下的几种也有出水孔不全的情形。

国际品牌往往出发达国家设计，它们的水质标准比较高，水管质量也比较好，对花洒的使用不存在这种制约。跟"何不食肉糜"一个道理，发达国家的设计人员就很难设身处地为我们考虑，而出水模式多样化可以体现其产品的优越性，索要高价也有了正当理由。商品市场是个万花筒，你的需求容易得到满足，除了钱以外，还要求你的消费智能跟上，否则容易把人眩晕。精选未必是选精的，而是选得精，尤其需要注意产品与使用环境的匹配性，心里该弄懂且记住南橘北枳的理儿。

国产高仿花洒可能没那么精细，可恰恰出水管道比较粗，不容易被水垢或管道的锈末堵塞，耐用性反倒好些。退一步讲，即便堵死了，再换一个也花费不了多少钱。所以，不那么精细的淋浴花洒在这里反倒可能是优选。

闲话打住，毕竟这里不是生活频道，说淋浴花洒实际上是借题发挥，还得回

① 原载于《中国统计》2020 年第 3 期，曾收录在笔者的《守望经济统计麦田》，东北财经大学出版社 2021 年版，中国大连。

到经济计量的正题儿上来。

现如今经济界都喜欢用计量模型搞实证分析，而且都愿意用最流行、最新的模型，发达国家比较时髦的模型，国人鲜见的模型。如果抢先用上发表了，似乎本土作者俨然就成了模型的首创者。沧海横流，方显出英雄本色。

不过隐含的毛病在于，好多论文中缺乏一种问题意识：为什么应该使用这个模型，而非其他模型？本来应该在文献综述中做出交代，根据待解决问题的实际需要来选定适当的计量模型，然而学术逻辑的这一必需环节大多失踪，不知是有意还是无意，硬是被作者省略掉了，似乎天经地义，不在话下。洋洋大观的殿堂之作，形式上学术要素齐全，就是没有实际问题与模型之间匹配性的交代。

这隐含了一个设定，流行的计量模型"放之四海而皆准"，"一招鲜吃遍天"。本来，放之四海皆可用，并不等于放之四海皆好用，"可用"与"好用"或许有天壤之别。计量模型是否有效，与所分析问题的匹配性是基本前提，不可或缺。否则，模型再流行，基础数据再完备，数据结果再理想，都失去了定量分析的意义。意义是最要命的，一旦丢失，所有的工作都如同海市蜃楼，虽巍峨雄伟却形同虚设，虚无缥缈或转瞬即逝。

对一项研究的学术贡献和分量而言，其决定因素未必是其使用分析工具的难易度。反而，按照"奥卡姆剃刀"的裁量，如无必要，不需添加。能用简单工具解决的问题，复杂工具对其往往可能会是一种额外的负担。计量模型越复杂，所需要的假设就越多，其适用范围往往就越小。假设就像栅栏，用来阻挡被视为"敌对势力"的杂项，假设越多，意味着需要阻挡的杂项越多。按照笔者一贯的理解，模型的假定无非是对其有效范围的限制。说得难听一点，假设是模型构造者用来免责的，如果使用者囫囵吞枣、生搬硬套，一旦露怯笃定咎由自取。

计量模型是一般性的抽象概括，而应用模型则是一个从一般再返回特殊的过程，是一个具象化的过程，是一个多轮次的复合过程，是模型构建的反向过程。在这个过程中，根据实际问题的各种影响因素，需要做出适当的背景性"添加"，这样才是模型的应用，研究才是鲜活的，具有生命力的，也才切实有效。这个过程需要深入挖掘，其实学术要求很高。

如果只是套用模型，拼凑数据，甚至"炒作数据"（cooking data），那么就与实际问题无关，与学术研究无关，充其量是个"大作业"，或许能显示作者玩弄模型的水平，一种炫技？孔雀开屏将其绚丽羽毛全部用来展示，却不知人是多元的、动态的，未必只从正面观赏，美的单向分布必定容易露出破绽。笔者多次强调，"套用"不是"应用"，其实，搞应用受到的约束相当硬，在某种意义上甚至超出了纯理论和纯方法论的研究，由不得你天马行空。敢声称自己是搞应用的，那得有多高水平的综合素质？敢随意贴牌、套牌，那得有多么强大的心理力量？

　　脚踏实地，谁都大可满口承诺，可实地并非净土，你踏不踏？在现实社会经济问题的实证研究中，压根儿没有那么理想的基础数据，各种来源的数据，五花八门，甚至驴唇不对马嘴，需要艰苦、细致、烦琐、耗时的数据整理工作。当年西蒙·库兹涅茨教授开创美国国民收入统计，就是这么走过来的。而这一点，即使到了大数据时代也没有改变，甚至不会改变。毋宁说，而今数据整理工作的重要性凸显，甚至超出了数据分析工作。

　　社会经济计量，由于人的"自反性"，变得极为复杂。计量针对的是"复杂有机系统"，所分析问题中充斥着人的多因素动态交互作用，搞计量的又是人，这使得其远远难于生物计量，而生物计量又远远难于仅仅针对"无机系统"的物理计量。有的人把社会经济计量看得非常简单，似乎把数理模型一套就万事大吉，对领域知识缺乏应有的尊重。殊不知，仅仅计量模型与所分析问题的匹配性这一点，就很难达成，这也可能是好多模型用户躲着走的原因之一。

　　社会经济计量，贵在思辨，而实际生活对我们思辨的启迪非常重要。淋浴花洒的精选，强调使用背景，对计量模型的效用就颇有指导之功。

　　实际上，生活中这样的例子蛮多。比如，国人通常愿意选购发达国家的化妆品，一些人更喜欢欧美品牌。但作为东方人，恐怕日本的化妆品相对来说更为适用，对皮肤的养护作用更佳，这也是一种匹配性问题。笔者喜欢用身边的实例来说理，以小见大，由此及彼，开启心智。

　　社会科学的研究不能光动手，还得用心。不光读书得用心，生活中也该做个有心人，如此坚守，学术方成多维，且系统逻辑容易一以贯之。若是搞应用研究，这种触类旁通的思维习惯尤为重要。

　　原来笔者用的例子是 DVD（digital versatile disc，数字通用光盘）播放机，以说明计量模型并非越精细越好。在个人电脑和手机流行之前，影视节目曾经流行用 DVD，更早在欧美则是录像带。

　　曾几何时，我们遭遇了国产 DVD 机与进口 DVD 机的选择问题，进口 DVD 机的播放质量好，画面精美，不过只能用正版的 DVD 碟片，非正版的 DVD 进去往往死机。国产 DVD 机影像质量倒是一般，但遇到地摊卖的 DVD 却还能持续播放，死机的情况少，只是画面有的时候会有马赛克。

　　毕竟正版 DVD 非常昂贵，大大限制了播放机的使用次数。非正版 DVD 却逐步成了十元一片的地摊货，甚至如果撞见机会，欧美来的老外也大批购买。若用地摊卖的 DVD，显然还是国产播放机更为适用。笔者知道有一位美国来的外教，专门买中国制造的 DVD 机带回去，就揭示了这个道理。所以，产品并不是越精细越好，得看使用环境，得看系统内部功能的匹配性。

　　十多年的工夫，DVD 已然成了"古董"，笔者只好另外琢磨了淋浴花洒的例子，继续强调和呼吁应用计量模型的系统匹配性。

社会经济计量中的"距离"需要多元解读^①

"经济"一词的本义是讲效率，所谓多快好省乃经济学题中自有之义。在时下流行的社会经济计量分析中，我们往往会接触到"最短路径"（shortest paths）、"最小距离"（minimum distance）等思想，从而有了"最小生成树算法"（minimum spanning tree algorithm）、"捷径法"（short-cut method）等处理。我们通常以为这些科学思想和方法乃天经地义，放之四海而皆准。

需要深入挖掘的是，基础概念与社会经济现实的匹配性。经济学的母学科是牛顿物理学，开创之初曾有"社会物理学"之称谓。基因所致，我们往往不自觉地受制于牛顿物理的种种观念和工具，所谓"距离"便是其中之一。

当今物理学正经历革命性的拓展，量子物理的思想蔚然成风，牛顿物理的一些经典概念往往需要重新认知。在这个学科革命性发展的大背景下，经济学自然也应该认真反思，而不能一味简单地套用传统物理学或抽象的数理概念，否则，诸多定量分析很可能隐含着谬误。

本文提出对距离这个基础概念的若干反思，关键在于，应该进一步探索"多元距离观"对计量方法应用的隐含约束。

第一，对距离应作广义解读。

对社会科学而言，距离不只是"物理距离"，还可以有"经济距离"，物理距离与经济距离未必是一回事儿。须知，凡事有了人类的参与，往往会变得越来越复杂，经济距离隐含的影响因素大大多于物理距离。

现在出门好多人选择乘坐"计程车"（taxi），国人称其为"出租车"（rented car），实为张冠李戴。打车通常都不愿意绕远，希望所走的地理距离越短越好。但如果再考虑到路面状况（可分为公路等级、平路坡路等）、红绿灯设置、左转次数、道路拥堵即时情况等因素，可能有时地理距离就得作为路径选择中的次要因素。有时需要适当绕远，而非一味追求最短地理距离。例如，从首都机场回北京城，假如目的地在城西边，就可以有两种选择，一是走通常的首都机场高速，二是从京平高速转京承高速，后者比前者多几公里路，过路费也多五元钱，但在多数情况下会节省乘车时间，这么算账，后者的经济距离未必就大于前者。

计量城市之间污染的传递影响，固然需要考虑地理距离远近，此外不可忽视

① 原载于《经济学家茶座》第 84 辑，2019 年第 2 期，曾收录在笔者的《守望经济统计麦田》，东北财经大学出版社 2021 年版，中国大连。

的因素是地势、风向和风速、季节等，如果两个城市间有高山阻隔，那么即便地理距离相近，彼此间污染影响也可能大大减弱，而且风向和风速本身又会随着季节等因素变化而变化。在计量模型构造时，不仅要对影响因素做比较全面的考虑（当然我们未必能将所有的因素都考虑到），还需要深入考察因素间相互作用及其对污染传递的影响。

如果现实分析中忽视广义距离概念所隐含因素的诸多影响，实质上是对路径做了均质性甚至同质性的假定，等于是在抽象的直角坐标系中搞"纯"距离计算，计量而不较质，形式上实证、本质上虚证。计量分析时需要铭记于心的是，在社会经济现象的不同约束（时间、成本等）条件下，距离的性质及其意义大可不同。

第二，距离的内涵可能与事物的分布相关。

在事物的不同分布中，距离的内涵可能差异很大，特别是当我们面临极端分布情形时就更需当心，下面以"财富距离"和"智商距离"为例加以说明。

对常人而言，百万富翁和乞丐之间的财富差距性命攸关，但对比尔·盖茨而言，二者之间的财富差距可以忽略不计，以亿万巨富为参照，百万富翁和乞丐实质上都不富有。美国"占领华尔街运动"期间，游行者打出的口号是"我们都是99%"。可见，财富距离与其分布相关，与人口结构形态相关，与行为主体在结构中的位置相关。对不同经济主体，同样的财富距离意义大为不同。百万美金对多数人惶惶然是天文数字，终其一生难以企及，然而对比尔·盖茨来说，则根本不在话下。

曾经有位黑客在公开讲演中承认，在他眼里，世界上只有两种人，一种是黑客，即超过或至少跟他差不多的人，另一种就是傻子。他当场请求听众原谅，他只是如实地坦白他们那类人的内心，这一小撮电脑超人对他人的真实认知就是如此。在常人看来，芸芸众生，智商肯定高低不同，哪怕差异区间不大，也还总有差异存在，比如，哈佛大学、耶鲁大学毕业生通常优于美国社区大学的毕业生。然而在黑客内心，这种智商差距是可以忽略不计的，在聪明绝顶的他们眼中，芸芸众生其实就只是一种赤裸生存，跟没吃青苹果前的亚当、夏娃没啥区别。

统计学在历史上曾被某些学者称为"平均数科学"，要对未知现象做出估计，偏误风险最小的自然是中庸之道，这种取向在均匀分布或正态分布时比较容易得手，但遇到偏态分布时就需要格外注意，对距离的误读便是方法陷阱的后果之一。

第三，距离不同区间的权重大小与其在全局中的位置相关。

"行百里者半九十"，是东方先哲给我们留下的谆谆教诲。同样的地理距离，不同区间的权重竟然相差那么大，前九十里只相当于一半，而最后十里却占据了另一半，这是一种基于悲观主义立场的审慎判断。

如果说原来对此箴言不大理解的话，那么此次中美贸易谈判就恰好给我们补上了这一课。七八轮谈下来，本来中外各路媒体都相当乐观，传言是已经谈好了90%，似乎全球都可以见证签字时刻了。不料恰恰是这 10%其实根本无法谈拢，于是前功尽弃，转谈为打。谈和打都是多元博弈的形式，二者如何转化全看局势的演变。

理想丰满，现实骨感。无情的事实再一次警示我们，所谓条约在本质上往往是城下之盟，签约并不是停止博弈，而是博弈形式的阶段性转化。条约即便达成，也往往是签约双方内在实力的外化，实质上是要固化强者的优势，是要将弱者的劣势长期合法化，所谓平等互惠到任何时候都不过是个绚丽多彩的泡泡。

第四，距离与行为主体的运动速度相关。

需要内省的是，当我们讨论距离远近时，实际上已经预设了一个特定行为主体，而距离与该行为主体的运动速度相关。随便说出三个城市，比如从东京到巴黎，与从东京到伦敦显然存在着地理距离差异。然而，对不同运动速度的行为主体而言，这种地理距离差异的意义不同。对徒步之人而言，这个距离恐怕需要人步行很多天；对客机而言，到达时间会差上几十分钟；对火箭而言，这 400 多公里对到达时间而言则没有什么意义。

总体上看，对高速运动的物体而言，有的地理距离是没有意义的。如果火箭需要绕地球三圈才能从亚洲到达欧洲，那么是到欧洲的哪里对火箭而言就无所谓了。

人对距离的认识往往潜在地受制于自身的运动速度。特别是在人类直立行走之后，大脑发达的代价之一是身体运动速度的下降，所以人的基因里有一种求快的隐匿机制，对缩短距离更为在意，恐怕是这种补偿进化成本的心理表现。

第五，距离越短越好吗？莫被"欧氏距离"框住。

"欧氏距离"（Euclidean distance）是直角坐标系中最常用的距离概念，两点之间的最短距离是连接两点的直线距离，在三角函数中基于勾股定理解算三角形斜边得到。我们从小习得这种知识，容易养成先入为主的思维倾向，一谈距离就想到欧氏距离，潜意识里把二者混为一谈。

其实还有其他距离概念，比如，"曼哈顿距离"（Manhattan distance）与路径设置的约束相关，向现实靠近了一步，如果街道受到建筑物等影响无法直线设置，就需要采用两条直角边及其等价路径。此外还有"切比雪夫距离"（Chebyshev distance）等，需要考虑的隐含因素可能更多。

网上传过一个动态图，红蓝两个球从一个高点 A 下滚到 B 点，蓝球走 AB 之间的直线（最短线），红球则走 AB 之间的弧线，显然弧线长于直线，结果却是红球先从 A 点到达 B 点，这说明除了距离影响到达时间外，还有球体在两点间的动能发挥着作用。

这里，建筑物对路径设计的约束、物体运动的动能等都是考虑距离时的影响因素，我们需要注意，尽可能避免被欧氏距离框住，那是对社会经济计量的简单化或抽象化处理。

第六，直接路径一定优于间接路径吗？

　　与多元距离解读相关的一个认知就是直接路径与间接路径的区别。通常的理解大多是以直接路径为优,只有当直接路径无法达成或者其效果过差时,人们才设法采取间接路径。但是,如果距离本身是多元的,直接路径和间接路径就必然是相对的,得看是从哪一种距离概念来定义路径。甚至在路径的直接和间接关系确定后,二者孰优孰劣也是相对的。

　　在高速运行的网络中,二者实现的时长差异可能没有意义。比如神经网络中,从A点直接到C点,与从A点经过B点再到C点,二者所需的时长未必有差异,或者说二者的时长差异没有生物学意义,直接路径与间接路径存在等价的可能性。反过来看,如果我们内心里认定直接路径一定短于(物理距离意义上优于)间接路径,那么我们一定隐含地假设了一种运行速度。

　　在世界经济的全球化发展中,专业分工生产方式严重依赖于进出口贸易,并不遵守“最短路径法”,“为进口而出口”或“为出口而进口”等交易方式都大大增加了货物流动的路程,不仅不是最短路径,反而可能是采用“最长路径法”。需要特别注意到的是,专业化分工虽然被奉为社会进步的源泉,却恰恰大大增加了经济事物运行的环节及其节点,与最短路径思维不同的是,只要零部件专业化生产所取得的经济效益大于产品整体生产的效益,只要专业化生产造成的额外运输成本可以被其额外效益抵消,间接路径就可能优于直接路径。

　　第七,时间距离的细分和节省。

　　在诸多距离中,只有地理距离和时间距离相对而言比较容易确定和感知。即便如此,地理距离也可能夹杂着许多因素,时间距离同样如此。

　　就时间距离而言,并不是间隔越小的事物彼此间影响越大。对周期性现象而言,时间距离对不同事物的相关性影响要看其与该事物运行周期是否匹配、是否同步。比如人口出生现象,生育周期对不同年份间的相关性会有很大影响,一个生育高峰过去,一般要20多年之后才会出现下一个生育高峰。

　　再比如出门交通工具的选择,坐飞机还是坐高铁?选择“总花费时间”少,还是选择“无效时间”或“低效时间”少?这是一个应该深入分析的问题。

　　坐飞机虽然飞行时间短,但细算起来需要经历十一个环节,把旅行者的时间碎片化了:①从城市中心到机场(往往是远郊,需要提前到机场办理登机手续);②排队安检;③等待登机;④登机;⑤等待起飞;⑥起飞;⑦正常飞行;⑧下降;⑨飞机落地到停机位;⑩下飞机;⑪从机场到目的地城市中心。其中只有环节③和⑦能顺便做点什么,其余的都用来转换状态。乘坐高铁这种状态转换就少了一半,安检时间也短,落座之后就可以进入工作状态,虽然高铁比飞机慢,但用于状态转换的时间大大减少,“有效时间”比较多。

　　如果睡眠没有障碍(再多考虑一个决策影响因素),大可乘坐夕发朝至的火车,卧铺上安睡一夜,第二天可以照常工作,不用把白天的时间花费在交通上。

看着坐车时间长了，但由于集睡眠和交通于一役，有效时间反而增加了。

第八，社会经济计量中应当多元解读距离概念。

概而言之，距离的概念其实林林总总，并没有我们默认的那么简单，特别是在社会经济计量中，尤其不应该照搬牛顿物理的距离概念，特别需要深入探讨其中隐含的诸多影响因素，需要多元解读。

有些国人特别喜欢拿"世界 500 强"说事儿，可那不过是公司销售额的排名，顶多算是体量大，但未必有多"强"。把体量大误认作"强"不过是虚张声势，典型的如中国的五大国有银行，虽是排名在世界 500 强前列，但从其主营业务和利润来源看，不过仍旧是传统储蓄银行，还靠着"息差"吃饭，与真正的现代商业银行仍有距离。所谓"身大力不亏"固然有一定的道理，但其道理是很有限的。笔者以为，"势力"两个字得分开来解读，如果结构不好，"力"被"势"抵消，大力就可能演变成小力，社会经济生活中这样的例子比比皆是。

大学排名也是时下热点话题，这也是距离的衍生品。每个评价指标都标示了大学之间的不同距离，把各种距离合成起来就成了大学间的距离，可见，大学排名是一种"合成距离"。不同的排行榜包含的评价指标不同，即对距离的偏好不同，有的重科研，有的重教学，有的重社会影响。因此严格而论，不同排行榜之间的可比性很差，各学校都拿自己的最佳排名成绩说事儿，浑水摸鱼有了机会空间。作为排名榜的消费者，我们应该参照各种排行榜，综合在一起加以观察，或许能看出各学校之间距离的端倪。

还有最著名的 GDP，本来只是一个经济体（国土范围内或者地区范围内）经济活跃程度的指标，但通常被误用于"国力"或者"地区实力"的测度和比较，这是一个相当深、相当大的经济测度陷阱。好多国人沉醉于世界第二大经济体，甚至以为（按所谓"购买力平价"（PPP）计算）中国已经超过了美国，恰恰是着了 GDP 排名的迷幻之道。试想，一个饭店顾客满座，可顾客登门只点"今日特价"的菜，店家能赚到钱吗？GDP 之谜需要经济统计学的专业研究和解读，而对距离这类基础概念需要仔细辨析，以作为观念前提，本文权当作一个引子。

哪止一碗面
——外部性究竟怎么测度？ [①]

已经形成条件反射，一看到雪，笔者就想起 1977 年冬天在辽宁参加高考。那天太阳很大，照在盖着薄雪的稻田上，虽有些耀眼，却让人心情大好，好像是向笔者昭示着什么。天儿没那么冷，从知青点走到四方台中学——我们的考场设在那儿，估计二十多分钟，步子轻快，暗自约摸，应该能考个好成绩吧。

其实，真正让笔者心里喜滋滋的，是早上刚刚下肚的那碗热汤面。

笔者下乡的地方在抚顺和沈阳之间，浑河流域的产稻区，人多地少，一到冬天知青们就都放假了。头天晚上睡在知青点的凉炕上，当了一宿的"团长"。正像东北嗑儿调侃我们这些愣头青："傻小子睡凉炕，全凭火力壮。"早上笔者被大队王会计招呼醒，他敲窗子：快到点了，到家去喝碗面，嫂子都给你做好了。我们都叫他兴全大哥，他家在离知青点不远的河边，平日里就挺关照我们的。本来我自己备了些干粮，就想着对付个不饿，哪承想还有热汤面等着，兴冲冲赶过去，里面还卧了鸡蛋！这可是 1977 年的东北啊！城里一整年才定量供应一两斤鸡蛋呢。从冰窖到暖炕，热汤鸡蛋面一喝，里外都缓过来了，感激之情，油然而生。

笔者的高考成绩的确不错，好像是全县文科考生的榜眼。过后笔者总在想，到底是自己学习的底子好，还是这碗热汤面给力——在关键时刻把笔者推送到一个极好的状态，或者这两方面都有？我们总说内因、外因，如果大字不识，哪怕住五星级宾馆吃鲍鱼、海参，也考不出好成绩来；可如果说，头天晚上被冻病了，爬不起来，哪怕满腹经纶，失去进考场的机会，谁能证明你应该上大学呢？恐怕哪一头都缺不了。人尽力，天帮忙。送笔者热汤面的兴全大哥、大嫂就是天使吧？

人生一路走过来，不觉已经六十有三。当然遇到了些伪善之人，可像兴全大哥家这样的热汤面也没少喝啊。笔者从内心里感谢命运的眷顾，但笔者的感恩方式不大直接，就是努力做行善之人，用笔者的专业能力做公共品，做那些对个人或许用处不大，但对社会、对将来有正外部性的基础性研究。笔者的感恩不是特指的，只能努力做得好一些，让那些帮过自己的人感觉到：帮他值得，仅此而已。

如果说自己对社会还有些贡献，有多少是由当年那碗热汤面激发的呢？这个

———————————
　① 原载于《中国统计》2021 年第 2 期，曾收录在笔者的《守望经济统计麦田》，东北财经大学出版社 2021 年版，中国大连。

问号，牵扯出了社会经济统计的一个重大课题，"外部性"究竟如何测度？

其实，人们在实证研究中常常会碰到这类问题，经济学界对"外部性"这个概念有过论述，但多数人并没有把它当成一个经济测度议题，对于"究竟如何测度外部性"的专门思考还远远不够。这也表明，我们严重缺乏经济统计的问题意识。

很遗憾，本文只是从经济测度角度对外部性问题加以强调，笔者也没有现成的答案。不过在进一步探索中，以下几点值得注意。

第一，事物的边界与混沌事物的切割。

测度"外部性"的基本前提是事物边界的划分，以什么为标志区分"外部"和"内部"。萨缪尔森和诺德豪斯所著的《经济学》出了好多版，在第 17 版第 30 章《开放经济的宏观经济学》，题头辞是美国诗人罗伯特·弗洛斯特的一段话："砌一堵墙之前，我该问问清楚，围在墙里面的和留在墙外边的都是些什么……"形象地刻画了分界的重要性。

当然，这里的"墙"只是个隐喻，切不能误解，以为边界一定具备物质实在性。比如社会经济事物是"复杂有机现象"，与牛顿物理学研究的"无机现象"大有区别，往往边界模糊。还是马克思对社会的理解更深刻，商品不是物，而是社会关系。这种深刻认知本身就带来了负外部性，所圈定的对象更难测度，被人为切割排除在圈外的因素如影随形，悄然作用于圈里并没有真正独立的对象，形成了经济统计陷阱。

第二，分解的相对性造成结构分析的困难。

当对象总体确定后，内部的结构就将成为研究的重心。这时，统计分组起到非常重要的基础作用。好多人瞧不起统计分组，统计分组其实是最难的，因为社会经济统计面临的往往是模糊不确定性问题。因为事物本身是混沌的，边界不容易搞清楚，确定外部边界比较困难，确定内部结构就更为困难。统计分组，用数学的语言来看，其实就是定义域的确定。到了大数据时代，在面临海量数据时，社会经济统计角度的数据分组是非常重要的一个前置环节。说起来，经济统计两大基本工具，即分组和指标，看上去都非常容易，操作起来却非常艰难。用户感受不到数据加工的复杂，其实，这些基础性工作，公共产品的生产，"社会基础结构"（social infra-structure）的建设，本身的正外部性就非常强。

第三，成本效益分析是分析"外部性"的一个基本工具，但至今仍然非常基本。

无论是成本还是效益，都有一个长期与短期的时间范围的划定，从空间角度看则有项目波及范围究竟定在哪里的问题。成本效益分析的对象确定之后，范围界限划分之后，才能面对外部性的测度问题。

成本和效益，这对基本概念也对应着外部性的基本分类：正外部性和负外部性。人和事物彼此关联，种种博弈行为往往希望获得更多的正外部性，避免更多的负外部性。比如，"抱团取暖"就是正外部性的内化，减少效益的流失。而"邻避主义"（not in my backyard，NIMBY）就是一种对负外部性的抵抗。政府修建垃圾处理厂值得支持，但是别在我家附近修建就好。如此等等，隐性效益和隐性成本，隐性正外部性和隐性负外部性，不确定性更强，可见测度对象之深远，测度困难之艰巨。

　　望着窗外飘着的雪，笔者敲下以上文字，不是要给什么现成答案，而是提醒大家：这里还有一个重大的经济测度难题，等着我们去思考、去改进。宏观经济统计没那么简单，仅仅照搬经济学的理论概念还无法计量，需要经济统计学相应地开发出可计算的经济指标，需要经过"实践—理论—实践"的反复深入和提升过程。此外，数理统计在社会经济现象中应用也没那么简单，光是套用数学公式不成，再时髦、再前沿的模型也不成。但愿笔者的"消极"、质疑对现代经济统计的高质量发展能有些许的正外部性。

大学的录取线该问谁
——"自反性"与社会经济测度[①]

　　笔者在大学里做了一辈子老师，其中还有十多年做过学校的行政管理工作。那时候整个夏天，也就是笔者做高考咨询最忙的时候，而被问到最多的一个问题就是：你们学校今年的录取分数线是多少？

　　家长的心情完全可以理解，约摸孩子考得不错，不然不敢打我们这个热门学校的主意。不过填报志愿还是个重大关口：如果志愿报高了，孩子分数够不着，可能没好大学可上；如果报的志愿比较低，孩子录到不那么可心的学校，实在委屈。俗语说，编筐编篓，全在收口。填好志愿，才对得住孩子多年的辛苦。跟学校内部人认识，要是提前把录取线透出来，岂不得天独厚？

　　问题在于，家长打电话总是太"早"了。在报志愿这个时候谁也不知道今年我们学校的录取分数线究竟是多少。因为，它还没被统计出来呢。

　　实际运行程序是：得等考生都填报完志愿，相关部门把所有报考我们学校的考生从高到低排成榜，有了榜单，才能看出我们学校的录取分数线。说白了，如果我们学校招收 1000 人，那就看这个榜单上第 1000 名那位考生的成绩，这个考生的分就成了那道要命的录取线。

　　如此说来，学校的录取线并不是学校领导决定的，得看考生怎么报志愿。如果分数高的考生报我们学校的人数多，那我们学校的录取分数线就往上升；反过来，如果分数高的考生对别的高校更感兴趣，报我们学校的高分考生少，那我们学校的分数线就往下掉。这跟菜市场有其相似之处，不同摊位的价格怎么定？有钱的主顾往哪个摊位去得多，哪个摊位就可以卖高价。

　　解释到这里，笔者就开始反问那些提问的家长，你孩子分数究竟能有多高啊（有时是估分填报志愿）？报我们学校的决心到底有多大啊？说实在的，一个考生成绩再高，当然对一所学校的分数线也起不到决定作用，然而众人拾柴火焰高，我们学校今年的录取分数线恰恰掐在各位报考人的手里啊。所以得反过来问你们才对，正是你们家长和孩子当下正在共同做决定——划定我们学校的录取线。

　　到询问分数的时候为止，校领导也只知道前些年的分数线。但往年的分数只

---

① 原载于《中国统计》2020 年第 6 期，曾收录在笔者的《守望经济统计麦田》，东北财经大学出版社 2021 年版，中国大连。

能作为参考，这跟果树的大小年有其相似之处，头年高了，敢报的人少，第二年就可能降低，反之则反是。当然，一个学校的分数线高低还取决于家长和考生对往年分数究竟如何反应，都以为第二年会下降，结果反而上升，变成持续大年。又有点儿像赌大小的博弈，并没有一定之规。

通过这个例子，我们就应该知道，从事社会经济测度的人工作有多困难，这跟物理等学科在真空实验室里做实验完全不同。对数据用户来说，信息当然是越全面、越准确、越及时就越好，所谓韩信将兵，多多益善，而且最好是指哪打哪。然而，这其实有点儿漫天要价的意味，在社会领域里压根儿做不到。要知道，即便所有社会资源都用来搞经济测度，完备信息也难以做到，这由社会经济现象的本质特性所决定，完备信息假设绝不成立。

最要紧的是，社会现象跟自然现象完全不同：有人参与，人可以思维，并可以随时根据所得信息调整或改变行为方式。反过来看，人们做决定时又需要了解相关的状况，正所谓科学决策需要基于完备的信息，所以，需要经济测度者提供基础信息。

问题的难点就在于这两方面要求撞车了，社会事物是相互联系着的，而且这种联系是动态的。需要了解的状况往往还处于变动之中，跟报考大学一样，录取分数线——关键信息还在形成之中，恰恰取决于利益相关者（这里正是关心和询问分数线的人）所做的决定。想了解相关信息的人，恰恰是形成该信息的参与者。我们多喜欢用"结论"这个词，可事情还没结束，怎么就能做出"结论"呢？社会现象往往包含着互为前提的动态博弈关系，麻烦就在于有人参与，就在于人的"自反性"（reflexivity）。

自反性是"知识社会学"（sociology of knowledge）中的一个重要概念，网络上可以找到对它的通俗解释——宽泛而言它是指，在特定的社会系统背景下，观察者的观察行为影响了他们当下的观察。金融大鳄索罗斯比较喜欢哲学思考，对自反性概念情有独钟。他认为自己赚大钱并不是撞大运，而是得益于对这个核心概念的理解。从理论与实践相结合的角度看，他对自反性的阐述比较深刻。愿意深入了解的，也可以在网上找到索罗斯对西方经济学主流观点的批判，核心武器就是这个"自反性"。

有了自反性概念，我们更容易理解，社会经济测度与经典物理测度不同。自然界的测度对象是一个物质实在体，似乎对象是被动地"等待"测度，至少不会因为人的测度而发生博弈性的改变。而社会经济现象不同，人作为行为主体随时应变，有时变化还比较快。现代社会中甚至存在"快闪"现象，稍纵即逝，难以测度。经济测度者不可能像炒股票的人那样随时盯盘，如何及时把握对象的变化，并不容易。

更麻烦的是，测度者与被测度者之间并不独立，彼此存在着无法隔绝的社会联系，测度者有时成了被测度者的利益相关者，社会关系的远近对测度质量的潜在影响不可忽视。如果把测度对象比作一个靶子，那么这个靶子是移动着的，而测度者则可能是骑在马上瞄准，移动靶子的人与不同射手的关系远近还不一样。

曾经流行过一种说法，推断统计需要主客观相结合，而描述统计必须客观反映现实。听起来很有道理，被好多人接受。实际上，这是一种非分要求。由于自反性的存在，描述统计不可能提供纯粹的"客观事实"（objective facts），基础数据顶多是"构造性事实"（constructed facts），这"构造"两个字，就表明了其中的主观性——人的因素，总得有"构造者"才会出现"构造"。

描述统计不可能像照镜子或者照相机那样，提供所谓"有一是一"的镜像。就算照镜子，镜子怎么挂（上下、左右、偏正），离得远近，镜子的质量，等等因素都存在着人为操作的空间。要是用哈哈镜，所出现的影像就滑稽了，成了马三立的"逗你玩"。更甭提照相，同样的照相机，同样的场景，不同的人，照出来的照片大有不同。再加上现如今 P 图技术的发展，"有图有真相"的时代早就过去了。

细想一下，其实人正是这个世界上最大的麻烦制造者，社会经济现象中离不开人，离不开"自反性"，测度起来就很麻烦。所以，不能对所谓信息的可靠性期望过高，不管测度方法显得多么漂亮，不管结果检验看上去多么严谨，也不管发布机构多么权威。

使用数据，本不该不问青红皂白，知道了"自反性"这种测度偏误的潜在来源，就更得小心谨慎。在数据应用中，需要培养自己的经济统计意识，深入掌握指标的计算机理，练就一双慧眼，发现数据中可能的偏误类型，大致做到胸中有数。这样，现场从事数据分析时才容易发现问题，对潜在的陷阱有一种历经专业长期浸润之后的直觉。

对于股市基础数据，有的人做基本分析（fundamental analysis），有的人做技术分析（technical analysis），都需要将其他股民的市场反应作为重要的考量因素，而超乎二者之上的，是对股市的直觉（feeling）。这种直觉基于对人性的熟知，即便养成，也需长年之功。索罗斯那种金融大鳄，在金融深海里也不多见。临渊羡鱼，不如退而结网。当然我们做不了索罗斯，可望而不可即，甚至难以望其项背。

不过，在测度社会经济现象时充分注意到自反性，对工作和生活总会有所裨益。思路对了头，或许能上楼，高一层就看得远一层。经济统计计算增加值，在研究中我们应该追求的也是学术的增加值，能相对优化一些，理直气壮地表示为自己的学术创新和贡献，积累起来可能就是知识财富。

捐十个亿都行，就是汽车不行
——"支付意愿法"隐含的测度风险①

在电影《私人订制》里有这么一段场景，记者（在影片中没露脸，不过声音高度疑似冯小刚）采访正在河边为生态环境而忧虑的杨先生：

记者：采访您一下，行吗？杨先生：嗯。……

记者：我们想问您，如果您有 100 万，您愿意捐给那些需要帮助的人吗？杨先生：都捐了啊？记者：对，都捐了。杨先生：愿意。

记者：您有 1000 万呢？杨先生即刻回话：愿意。记者：您有一个亿呢？杨先生很干脆：10 个亿都行。

记者：那您如果有一辆汽车，您愿意捐给别人吗？杨先生朝自己车那边望了一眼，旋即摇头。记者：为什么呀？杨先生：别的都行，就是汽车不行。

记者不解地问道：您有 10 个亿，您都愿意捐，为什么车就不行了？杨先生凑近镜头低声说：因为我真有一辆汽车。

空头愿好许，手头事难做。高品质的喜剧是笑中含悲，这段表演生动地揭示了深刻的人生哲理，无须笔者多费口舌。

本文要说的是，这段内容其实也与社会经济统计密切相关，记者所问所访，思路上与"支付意愿法"（willingness to pay，WTP）非常契合。支付意愿法，众多的欧美舶来品之一，改革开放后，国人在社会经济计量分析中用得很多。

然而，国际通用的东西未必笃定管用，更非处处可行。依笔者看，这个"支付意愿法"本身就隐含着很大的测度风险，任意在社会经济领域到处套用，恐怕很成问题。

我们常常自嘲中国传统文化中的"差不多先生"，要请"赛先生"来痛加改造。然而，不能像涉世未深的小姑娘追星那样一门心思，有道是：冷眼向洋看世界。不管欧美数学公式多么严格，计量模型多么漂亮，也不能光看形式。我们不能光搞数据挖掘，还应该搞"方法论挖掘"，盯着计算的机理。流行的方法，未必都那么严谨，其中往往也隐藏着不少的"差不多先生"。

当然我们知道，逼近往往是追求科学目标的一种基本思路，"近乎"本身并

① 原载于《中国统计》2020 年第 7 期，曾收录在笔者的《守望经济统计麦田》，东北财经大学出版社 2021 年版，中国大连。

不为过。只是我们追求精确计量，光盯着公式的形式美不成，还得注意方法和模型内在的局限性，不应该被公式的"等号"迷住了眼，以为它真的就全然表达"等于关系"，忘了它往往有"约等于"的含义。把"约等号"拉直了变成"等号"，简洁，让人觉得可靠，不确定性程度降低。不过凡事有其利必有其弊，取其利时，别忘了防其弊、减其弊。把原本的曲线关系当成直线关系处理，最大的弊端就是其结果仅为近似值，不再是等于关系。

再者说，前沿和流行的方法模型不在少数，五花八门的，实证分析时必然面临方法的选择问题，此时尤其需要注意所用方法与所应用场合的匹配性。一招鲜吃遍天，不是真正的科学研究，而是假学术之名而套一己之利，把学术当成了生意。

本文就拿"支付意愿法"来当个靶子，从主观、客观两个方面来分析。

首先，放心使用"支付意愿法"需要一个基本假设，即多数回答者愿意把自己的真实意愿表达出来，如同《私人订制》里葛优扮演的杨先生。然而，在社会经济现实中，是不是大多数受访者都这么诚实呢？并没有保障。只要所问问题事关答卷者的切身利益，所得到的答案就可能与真实意愿相悖，甚至相去甚远。

尽管在设计问卷时我们可以绞尽脑汁，预堵漏洞，然而道高一尺，魔高一丈。一个是现实问题的复杂性，另一个是问卷设计的内部一致性，这两边会发生博弈，动态之间，恐怕还是设计者处于下风。还有，不同诚实程度的问卷答案混杂在一起，能够反映出总体水平和趋势吗？我们敢拍胸脯做出保证——种种虚假意愿能被扣除干净吗？

"支付意愿法"很早就被用于奢侈品行业，是用主顾的意愿调查来询价的一种机制。问卷对象都是业内的熟人，这个范围无形中就是一种限制，不管如何博弈，被调查者需要认真地对待问卷，随意回答很可能给自己的长期或总体利益带来损失，也是对自己内心和眼光的一种侮辱。这个有些类似于建筑业中的招投标，诚实回应问题是一种约束，也是长期利益的一种保障。

将"支付意愿法"的应用范围无限扩展，问题回应者并不是固定的人群，即便信口开河也没有任何事后的惩罚，甚至无法知道谁在任意作答。风险敞口，对问卷质量是相当大的潜在破坏。

更不为社会所容忍的是，有的问卷调查雇了不负责任的调查员，根本不去实地发放问卷，而是宅在屋里闭门造车，随便乱填，就把调查补贴赚到口袋里了。这种臆造的答案输到计算机里，数据结果肯定被污染得一塌糊涂。不同国家的社会发展高低不平，需要提防的漏洞实在太多。

其次，即便问卷回答者的诚信没有问题，也仍旧存在着测度风险，至少有三大局限还需要注意。

一是"现场效应"（the scene effect）限制。面临问卷时，回答者通常是在某种构想的情形下给出自己的支付意愿，并没有也不可能身临其境。然而，人是感性的动物，身处现场与隔时、隔空的情境相望之间肯定会有心理差异，对多数人而言，这差异恐怕还不小。

要求答卷者"设身处地"地给出选择，其答案就容易受到这种心理差异的影响。而更具不确定性的是，我们甚至无法得知这种"现场效应"的影响究竟有多大。不过，影响不小是笃定的。在我们身边，好多人用电脑模拟炒股总是大赚，而一旦实战就赔钱。还有不少人，平时锻炼跑得挺快，一到赛场腿就抽筋，不得不败下阵来。这些事例都典型地证明了"现场效应"影响之大。

二是"量级效应"（the magnitude effect）限制。支付意愿问卷中涉及的决策或选择问题，其涉及金额的量级（规模）往往不大。由于心理调查的对象多为大学生——这往往是问卷组织者的"方便样本"，相当部分问题往往只是在大学生经济条件下就可以做出的决策。做 A 选择，可能收益（损失）几美元或者几十美元，最多也就是千儿八百的。做 B 选择呢，损益的概率值会有差异，但差不了太多。这等金额数量与实际公司业务中处理的问题相去甚远。就是实际家庭生活中，重大事项所涉及的金额也可能超出这个数量级。

一般而言，决策问题的金额量级（规模）越大，具备该量级层次理性决策能力的人就越少，即可以做出理性选择的人越少，答复的可靠性就越差。由于现实社会问题的量级规模与问卷模拟问题的不一致，支付意愿问卷难以准确涵盖人们在社会经济现实中的真实心理愿望。

三是"收入结构"（income structure）限制。对高收入者而言，支付金额的边际成本比较低，而达成某种意愿的边际效用相对来说比较高。反之对低收入者而言，支付金额的边际成本比较高，而达成某种意愿的边际效用相对而言并没有那么高。所以问卷数据结果往往取决于回答问卷人员的收入结构。

高收入人员支付意愿比较高，其给出的金额对问卷结果的影响往往比较大，由此在加总处理后，问卷结果往往更多地反映了高收入者的意愿，这是"数值平均方法"（算术平均、几何平均和调和平均）不可避免的连带效果。一般来说，"位置平均方法"（众数和中位数）可以在一定程度上避免这种偏差，但其公式往往不宜进行数学处理，实证分析时又面临着"计算便利性"的限制。

暂且假设只有这三大局限，如何减少其对问卷结果的不良影响，是采用"支付意愿法"应该充分注意到的关键，在解读"支付意愿法"所得数据结果的社会经济内涵时，也需要注意这三个限制的潜在影响。

经济学实验方法如今很时髦，该方法是从物理学搬过来的，也是从心理学搬过来的，"支付意愿法"就是其中一种。引入新方法、采用新手段当然是好事情，工具越多，科学选择和决策的余地就越大。关键在于如何应用，千万别"套用"，务必要对得住"应用"一词中的"应"字，注意社会经济领域不同场合对所用方法的限制，才能取得预期的应用效果。

画大人腿的小孩^①

　　为了开拓视野，妈妈领一个还不大会说话的孩子上街。回家后妈妈有些失望，孩子并不是很开心，就让他把街上看到的东西画出来，画什么都行。结果，孩子画的是好多竖线，柱子一样的东西。乍一看，妈妈不知道孩子画的是什么。琢磨了好半天，才猜到，孩子画的是大人的腿。

　　这则寓言故事，或者真事儿编撰，对大人的启示是什么呢？

　　第一，大人、小孩的个子不一般高，看到的事物不一样。孩子上街独立行走，看到的"街景"尽是些大人的腿，非常令人压抑，印象不佳。

　　第二，孩子上街愿意让大人抱着，并不一定是孩子懒得走，依赖性强。很可能是总看大人的腿看烦了，有大人抱着，视野借势发挥，能看到大人所看到的风景。还可能有一个原因，孩子自己走时总闷在人群下面，空气流通差，憋得慌，想上来透透气。

　　第三，上一次街，孩子肯定看到了比大人腿更有趣的事情，为什么单单画了那些竖线，或那些柱子呢？从现象出现的频率看，有趣的事物出现的频率低，而大人的腿反复出现，孩子印象深刻。从孩子的描绘能力看，大人腿比较容易表现，对一个还不大会说话的孩子来说，其他事物，不管有多精彩，表现出来都太复杂。非其不愿，实其不能。

　　进一步思考，这则寓言故事对思考社会经济测度又有哪些指导意义呢？

　　首先，立场、观点（包括观察高度）、格局对社会经济测度的结论至关重要。苏轼在《题西林壁》中开篇就是"横看成岭侧成峰"，自然景观尚且如此，更何况社会经济现象？这种"横岭侧峰效应"当然更为明显。

　　不过需要注意的是，并不总是"观察高度"越高越好，那得取决于具体的观察任务。比如摄影，据说窍门（在许多场合）是把镜头放低些，人蹲下去，镜头所表现的事物可能大增其彩。"远近高低各不同"，只是讲了观点对结论的差异影响，但结论高下如何还并不明确。此外，有的时候还得跳出事物来观察："不识庐山真面目，只缘身在此山中。"恰是因为对经济测度具有这种指导意义，笔者主张，苏轼的这首诗应该是经济统计学者的座右铭。

　　其次，事物本身可能是一因一果，也可能是多因一果、一因多果，更可能是

---

　　① 原载于《中国统计》2019 年第 10 期，曾收录在笔者的《守望经济统计麦田》，东北财经大学出版社 2021 年版，中国大连。

多因多果。而且，因与因之间存在主次关系，果与果之间也是如此。特别是，这些因果关系往往是动态的。

搞数量模型，是要简化和明确表现事物之间（或事物的因素之间）的因果关系。或许模型结论正确，但即便如此幸运，所得结论也只是事物多因多果关系之中的一种关系而已。这样，以偏概全、"局部推断"往往是大概率事件。

而且，简化和明确往往意味着固化某种因果关系，与事物本身的动态演进过程恰恰相反。当我们确定模型时，其实应该意识到，全要素的综合与分析是人力所不及的，再聪明的头脑也不能超越事物本身的复杂程度，只是相对比较全面一些而已。两种模型，如果一个比另一个考虑得更深入或系统，那就是研究的推进，就具备了科学的增加值。

最后，人的表现能力有其局限。当人的能力与任务不匹配时，尽其所能全力以赴可能是理性的，但不可忽略的是，结果还是可能与任务要求相去甚远。因为社会科学或交叉科学所面临的往往是"社会复杂有机现象"，比"自然复杂有机现象"（生物学对象）复杂，比"自然无机现象"（物理学对象）更复杂。有机、无机分科比流行的文理分科更为重要，在其诺贝尔奖获奖演说中，经济学大师哈耶克特别强调于此，值得国人深思。经济学脱胎于牛顿物理学，存在着对象与认知思路及方法上的错配，这是一种基因缺陷，从事经济统计分析时应该铭记于心。

细思恐极，面对如此复杂、不确定和动态的待观察事物，我们是不是那位"画大人腿的小孩"？我们该不该、敢不敢、能不能坦言经济测度乃至数理模型的不足？

从"小鸡炖蘑菇"到"腌笃鲜"
——因素分析的滑铁卢，或者"钢锯岭"？

小鸡炖蘑菇是东北的一道名菜，为什么说这道菜知名，因为在物资匮乏的年代，好吃的东西很有限，自己家里人平日里根本舍不得吃，只有尊贵的客人来了，才毅然决然地"断舍离"。爹妈疼闺女，往往表现在对女婿好，所以"姑爷子进门小鸡断魂"，这句话代表了东北地区招待女婿的一种习惯性操作。

要说这道菜，味道确实不错。但不要以为，它就只是小鸡（现在更讲究用当年的童子鸡）的味道和蘑菇的味道，这两样炖在一起半个小时，会产生一种综合的味道，又鲜又香，的确是上档次的下酒菜。

对习惯搞因素分析的人来说，这应该意味着：

$$小鸡炖蘑菇 \neq 小鸡 + 蘑菇$$
$$小鸡炖蘑菇 = f(小鸡, 蘑菇, 佐料\cdots)$$

或者再稍微形式化一些，用 X 代表小鸡炖蘑菇，用 c 代表小鸡，用 m 代表蘑菇，用 i 代表佐料（ingredients），则有

$$X = f(c, m, i\cdots)$$

公式列出来，就可以做因素分析了吧？看起来很容易，其实较起真儿来很难，因为这括号就像潘多拉盒子，如果把它打开，不可测因素就顺势掺和进来了：

$$X = c + m + i + cm + ci + mi + cmi + \cdots$$

cm 代表了这道菜主料之间味道的综合作用，小鸡与蘑菇味道比较"相合"，所以才放在一起炖，让二者比较充分地互相作用，得以烹制鲜美醇香的独特佳肴。当然不是所有食材都可以放在一起"乱炖"的，有的东西味道不合，硬放在一起炖，菜品的味道并没有那么好。什么东西放在一起炖好吃，这是老百姓多年经验的总结。如若不信，分别把小鸡炖上一个多小时，再把蘑菇炖半个小时，装到一个盆里，立马端上桌，与按标准程序做出来的小鸡炖蘑菇比较，味道截然不同。

用我们习惯的统计语言说，小鸡与蘑菇对菜品美味的提升作用并不是"独立"的，然而，这种交互作用对提升美味的作用究竟是多少？能否给出定量结论？若大而化之，或不以为然；然而"细思恐极"，恐怕是桩颇费思量的事儿。

说到味道，佐料更不可忽视。小鸡炖蘑菇的佐料，菜谱上又分列了十多种：糖、姜、葱、蒜、红辣椒、大料、茴香、花椒、酱油、料酒、盐、食用油，都需

要"适量"添加。这些佐料,或者单独作用于小鸡,或者单独作用于蘑菇,或者单独作用于二者的相互作用过程,或者几种佐料"联合"起来作用于这个过程,让小鸡和蘑菇的鲜香更为充分,或者去掉主料隐含的杂味等。但也可能掩盖了食材本身的味道,对讲究原味的食客,并不可取。无论如何,它们本身的量都是"少许"这种模糊表述,若再要求将其作用量化出来,岂不是更难。

值得琢磨的是,公式里为什么还要放进省略号(…),因为小鸡炖蘑菇的质量还存在某些"非物质因素"。例如,至少还取决于厨师的手艺,这又隐含了好多难以分解的因素,怎么预处理,炖的时间、炖的顺序,如此等等。

并非只是东方餐饮这么讲究、这么复杂,西方文化也有此例此理。对此,做统计的脑子里应该有现成的例证,可记得"女士品茶"的试验,费歇尔大师的杰作,先倒茶后倒奶,与先倒奶后倒茶,味道居然是不一样的。

当然,还是东方文化比较讲究"综合"这一面。光说菜品吧,东北这一带虽说相对粗放,可也还有不少"说道",像猪肉炖粉条、酸菜炖白肉、鱼块炖豆腐、土豆炖茄子等。在"文化大革命"期间,还发明了一道菜——"东北乱炖"(请注意,"乱炖"其实并不乱,该炖些什么,炖怎么个"乱"法,都还颇有讲究),改革开放后,日子好过了,这道菜还被翻腾出来"复古",成为有些饭店招徕生意的一张名片。

南方餐桌上炒菜比较多,可也少不了炖品。广东那一带讲究煲汤,还有好多地方有"板栗烧肉",还有"腌笃鲜"等等。同样,板栗与猪肉分别烧再放在一起,味道肯定不如两样烧在一起,鲜肉、咸肉和竹笋分别煮汤,再倒在一起,也绝不是"腌笃鲜"。照搬上面的公式,就是:

$$板栗烧肉 \neq 板栗 + 肉$$

$$板栗烧肉 = f(板栗, 肉, 佐料 \cdots)$$

$$腌笃鲜 = f(鲜肉, 咸肉, 竹笋, 配料 \cdots)$$

在统计学著作里大谈菜品,是不是风马牛不相及?笔者以为,这种借题发挥实际上给出了一种"隐喻",为了表达方便,姑且就叫它"腌笃鲜隐喻"吧,这个隐喻可以给我们什么启示呢?值得深入、拓展思考,以提升我们的认知。这里抛砖引玉,先罗列几条。

其一,吃中有学问。

国人讲究吃,其实即使在国外,也是"民以食为天"。西方有句谚语,"人如其食",直白点儿表达,就是"人吃什么就是什么"(you are what you eat)。这话如果放在这个题目里说,"炖"的菜品吃多了,就应该在无形中更容易接受"综合"的思维方式。当然光用嘴吃不成,吃的过程同时还需要"过脑子",不能光是满足口舌之欲,还需眼观耳听,留意吸收精神食粮。社会人文研究,好多思想火花（或许能导出新知）往往来自餐桌，七嘴八舌的，说不定啥时候引来灵光一现，也指不定哪一句听着振聋发聩。吃什么，跟谁吃，怎么吃，都很有讲究。生活一旦超出了温饱阶段，则"饭局"之要在于"局"，而不仅仅是"饭"，当然，往往需要以"饭"为媒。

其二，分析与综合不可偏执。

不同文化，综合与分析的思维倾向不同，有的偏综合，有的偏分析，不同的行为主体存在差异，研究对象和研究者都如此，所以，恐怕不能什么都以分析为准。需要注意的是，"分析"一词可以做狭义和广义两种理解。狭义的分析就是趋于微观的分析本身，而广义的分析是包括了综合和分析二者在内的思维行为。

其三，定量分析并没有那么容易。

分析本身面临的是复杂现象，如果分析做得容易，那么肯定是没做到位。故而需要深入思考，不宜浅尝辄止。

其四，因素分析是个细化的过程。

把对象做因素分析，不管解构成几个因素，总是会有残存项"兜底"，细化就是添加因素个数，也就是从残存项中再分离出新的因素，将隐含的系统因素显化的过程。如果操作得当，应该是分解的因素多比较好，更容易认识对象的内在结构。

其五，警惕"伪装的精确"。

社会经济现象肯定难以定量，乃至无法定量，精确的结果往往是把隐秘成分武断地删除了。"不知道我们不知道"，这是专业水平问题，或者明明知道自己之不知，却装作自己"全知"，这可就涉及职业道德问题了。

从"补品悖境"看经济统计中的因素分析

啊是"补品悖境"？笔者的解释是：补品这东西，吃，不是；不吃，好像也不是，好多人难以做出令人满意的选择。

吃补品是为了补身体，只有补品具备了这个功能，吃的行为才有意义，自己、家人皆大欢喜，卖出货的商家也偷着乐。可如果没有体会到什么效果，并不知道这东西究竟补不补，就不必吃。如果没有发挥应有的功能，自然不应该吃，浪费自己的钱财，还浪费社会资源，何苦呢？

然而，这东西补不补的，还真不容易知道。严格而论，补品的效果其实不可量化，至少很难量化，人们不知道补品的"产出"究竟是多少。"究竟"这两个字张嘴就蹦出来，却很难实现——这个"竟"很难"究"，于是往往成了某种测度悖境。

补身体，本应该是一个长期过程，不同补品的效果即便有，也存在"时滞"。有的补品见效快，效果一下子出来，但可能很快就失效。有的补品见效慢，却有后发力，效果持续时间长。而且，不同补品效果的"时滞"不同。叫人烦恼的是，这种"时滞"很难确定。并不是补品见效快就好，如果吃了就让人精神头十足，倒可能是含了激素什么的，对身体并不利，不良商家为了自己的货销得快，想歪招、走邪路，让消费者上当，藏着莫大风险呢。

认知上的麻烦还在于，这个过程并不单一，补品只是导致身体健康的诸因素"之一"，其他因素也可能对身体有利，比如工作业绩突出，春风得意、前景光明；又如锻炼身体适度；再如各种娱乐使精神享受；等等。各种因素的不同作用过程又往往掺和在一块，产生正向的或者负向的叠加效应。

在实际生活中，很难把补品的功能与有益于身体的其他因素区分开来，不知道到底是哪个因素发挥了作用，或者，哪个因素的作用比较重要。这很难真正量化清晰。不同因素交互作用，各自的正效用多大？负效用多大？净效用多大？各种因素的"可分割性"需要深入考虑，但往往深入不下去。用专业术语概括，这些因素并不独立。一说起"因素独立"，真心搞统计的人心里就该犯嘀咕了，这种理想状态可遇不可求啊。

较起真儿来，保养身体是个复杂有机过程，或者说，身体本身是一个复杂有机系统，这个操作对象可是不简单，物理学处理的才是"无机系统"，可"养生学"处理的却是"有机系统"，以"有机"比"无机"，这生物学可比物理学难多了，这种分类对比，恐怕会让那些理工控（唯"硬科学"马首是瞻），有点儿不容易接受，毕竟早已习惯了文理分野，不论其他。这里需要敲黑板的是，此处的"机"不是"机器"的机，而是"机理"的机，玄"机"难测啊。

若单单是"随机不确定性"现象，那就采用概率方法。若单单是"模糊不确定性"现象，那就采用模糊学方法。可若是"模糊不确定性"再与"随机不确定性"交织在一起，进入了两种不确定性的交叉区域，就很难深入分析了，其中不同因素到底起到了什么作用，到底起了多大程度的作用，要把诸因素的影响分析清楚，还真得有点儿金刚钻儿，"还原论"的老套路是不成了。

称之为补品，往往从其成分着眼，这个成分对肝脏好，那个成分对肺脏好，如此等等。听着似乎很在理，可这种种的好处究竟能不能实现，对消费者来说，其实很难辨识，与补品的生产厂商处于一种信息"非对称"的状态。

证实不易，往往伴随着一种好处——证伪也难，于是容易浑水摸鱼。消费者可能会以商家的信誉为依据，所以市场经济里信用非常重要。

不过，天底下说不清楚的事儿多了，地球还得照样转，人也得照样继续活着。有条件了，就活得认真点，对自己好一点。物理、生理，再加上心理，从而也就有了"补品效应"，明明并不确定补品是否有效，甚至还有人担心补品会有副作用，但相当一部分人还是采取"宁可信其有"的态度，毕竟人各有其偏好。

吃补品未必灵光，不灵也吃，等于是在用"试错法"。说白了，就是拿自己当成小白鼠，自己身体成了战场，让所用的补品与身体系统进行"匹配性试验"。有的商家还算良心未泯，补品的主料用面粉来做，吃不好可也吃不坏，其商业底线是吃不出什么毛病来，仅仅是多赚些钱而已。

对讲究补养的人来说，试错法，只要代价不大，就可以放胆去试。思路对头，可能多半会有些用，是不是心理作用，或者，其中有多少心理作用的影响，并不清楚。似乎也不用搞清楚，感觉上对头，比什么都强。我分析，故我在。

这种行为也可能是理性的。从中医学理和中药药理看，可以琢磨出其中所遵循的道理。例如，有的人体热容易上火，需要败火，就得吃点败火的东西。如果认定西瓜是败火的，那就多吃点西瓜，泻泻火，调节自己身体的阴阳平衡。这时候吃的，就不光是西瓜了，吃的其实还包含了一种信念。知道自己吃了败火的东西，心情放松，火气容易外泻，还真就达到了败火的效果。到底是西瓜的作用，还是心情得到了调节，这又是一个需要"究"的"竟"。

扯了这么一阵子生活里的补养，其实还是借题发挥，不过试图采用一种类比的手法，（毕竟与物理学相比，经济学离生物学更近）意在更好地理解和应用经济统计当中的因素分析。在社会经济领域里，我们喜欢把什么对象都分析得清清楚楚、明明白白，一种事物包含哪些因素，各自对总体的影响是多少，分析非常精确，似乎这样很有"量化工程师"手到擒来的成就感。

然而需要泼点冷水，社会现实其实非常残酷，因素分析可没那么容易，较起真儿来，往往会把数据结果的"清晰假象"掀个底朝上，或许会显现出一塌糊涂。北京大学就曾流传过这样一个调侃：吃饱了没事儿，且到未名湖畔转转，对着湖面和那座颇有艺术外观的水塔拍张照片，随随便便、轻轻松松，就能弄出个"一塔湖图"。

在经济统计的因素分析中，成分（投入）可测，对消费者而言，效果（产出）是否可测？净效益如何？因素交叉作用如何分解？不同因素的可测性并不均衡，需要深究的问题多多。下面就做一列示。

如果我们将事物构成因素与药品成分相类比，那么能否仿照药品疗效随机试验，对社会经济现象做实验分析？

因素分析时，是否需要外因作用的均衡假设？如果因素（药）的作用在不同时期效应不同，例如先弱后强，或先强后弱等，如何处置？经济统计中，固定资产消耗（折旧）如何测度？一直是一个老大难问题，药的作用强度分析是否与此类似？

因素的作用期究竟多长？药品的作用窗口期长短，如何确定？这与经济统计中固定资产的生命周期确定恐怕也有类似之处。

外因需要与内因交互作用，借助于内因，依赖于对象，对象之间差异会对外因的效用产生不同影响。例如，如果药理中需要以毒攻毒，那就需要内外之毒的类型匹配对应。人种之间存在差异，测度外因作用，是否需要对象无差异地假定，从而才能保证药理的一致性？对这些问题的回答如何启发我们从事因素分析？

因素（药）的功效（作用结果）"可完全测度假设"，如果外因的作用测不准呢？如何处理事物受外部冲击的影响？

对象（内因）自作用存在周期。如人的身体每年都会有春夏秋冬的季节变化，还有年龄周期，身体不是越变越好，也不是越变越差，存在着起伏，趋势性的变化与周期性变化交错，如果外因作用与内因作用出现交互影响，如何分别加以测度？

首先需要对内因和外因加以分割，让内外边界清晰。其次需要假设外因作用的测度指标周全，外因作用可测度假设（药物检验可信）；体检有效的假设。说到内外之分，这里是否存在模糊不确定现象？如果存在，那么分析结论将随着边界移动而发生变化。是否需要将"比较静态"作为分析的基本假定？如若真的需要，其影响又如何？

总之，现有的因素分析作业都需要经历上述问题的拷问，只有将这些问题都给出可以接受的解释，所谓的分析结论才有可能真正有效，从而才有意义。

然而，有些人对研究的意义并不在乎。由于人们迷信定量分析，对其效果往往抱着宁可信其有的态度，就有人利用这一点。比如科学研究中因为无法证伪，或证伪成本高，就冒叫一声，先声夺人，抢得先机，占领学术市场和资源，形成垄断地位，不顾学理，实乃学术骗子，或学术混子。

"人口总数"，这类加法难在哪里？

政府统计应该为国民提供社会经济的基本统计数据,这是信息形式的"公共品",统计部门的职责所在,义不容辞。不过,老百姓通常并不知道,政府统计其实是一桩非常困难和繁杂的工作。好多人认定,统计局就应该"指哪打哪"——社会公众要什么数据,你就应该提供什么数据。这种天经地义的架势,就基于政府统计非常简单的认知。例如"人口总数",不就"数人头"吗?怎么就搞不准?难道统计局拿了工资经费,就养一群"吃干饭"(东北话里"饭桶"的意思)的吗?

的确,"人口总数"是社会经济统计中最为基础的指标,似乎是最简单的总量指标,然而,即便是这个指标,在统计过程中也会遇到相当多的困难,绝不像人们想当然地那么容易。统计工作看似简单,做起来却没那么多的理所应当。从微观测度到宏观指标,统计的范围越大,所遭遇的"测度陷阱"就越多。如若不信,我们就把这个所谓"数人头"的过程当作例子,好好掰扯掰扯。

1 先易后难——"数人头"里面藏着的说道

设想老师在课堂讲课的场景,小教室来了多少学生,可能一目了然。可如果换了大阶梯教室呢?想知道究竟有多少人(这里敲一下黑板:未必都是学生!对象究竟是"学生"还是"人",就出现口径差异了,场景变大了,搞清楚这个差异就需要格外费力),恐怕就得请人在现场分片数数,倒也不算难。再如果扩大到整个校区呢?难度就加大多了。

教室里上课时,人是坐在那里的,相对于测度"标的"("数人头"只需知道人作为个体的存在,并不在意其心理活动)而言,统计对象处于暂时静止状态,停止了流动,似乎在等着"被测度",非常配合统计工作。

一旦统计范围出了教室,校区里的人可就不同了,就算有围墙,总得开门,进来的还不止一个,通常不可能挡住人们进进出出。就算各类人等留在校园里,也不那么"配合"你"数人头"了,南来北往的,上上下下的,这"数人头"的活计,你得怎么折腾?

就人口统计来说,校园还是"单位级别"里比较容易做的,公司、企业、工厂、社区等,较真做起"数人头"来,各有各的难处。

不过，如果统计范围再扩展，到了城市这个层级，难度系数明显陡升，"统计单位"的难度，又是小巫撞见了大巫。范围越大，进进出出的口子开得越多，如飞机场、港口、火车站、高速路口、边界桥梁等。

其实，城里与城外之间往往没有物理界限，土地都是连着的，哪就真的处处都建隔离墙？最典型的如改革开放初期，人们都愿意去深圳，奔着那条与香港各占一半的商业街，两边的小商品琳琅满目，甚是诱人。而且，两三步就出境了，岂止是出了城市？

当然还不仅是人口流动，扩到了城市这个层级，还增加了一个"人口总数"的又一变动因素——人口的"自然变动"。前面讨论统计之难，我们只考虑了"机械变动"因素，学校这种单位在"数人头"上比社会可是单一多了。但范围扩展到社会中，每时每分，生生死死都在发生过程中，使得人口状况发生变化，这又给人口统计带来不少困难。

首先是"定义域"的确定，什么算作"生"？是出娘胎就算出生，还是以第一声哭啼为准？出生后没有生命现象，算不算新生？还是既算出生同时又算死亡？这涉及出生时间的确定。再看另一端，什么算作"死"？脑死亡，还是心脏死亡？

除了时间规定，还有空间规定，在哪里出生算作本国的"生"？典型的如，在别国的飞机、轮船等交通工具上出生，算哪国的新生人口？有的人会说，这不过是个例，然而如果我们把目光放到一国国内的人口结构，类似的事例不就增大了"数人头"的难度吗？

总量统计的一个基本要求就是"每切原则"，外文是 mutually exclusive and collectively exhaustive，翻译过来就是"相互独立、完全穷尽"，据说这是巴巴拉·明托女士发明的，出自现代管理咨询巨头——麦肯锡公司，大有来头。

有的把它称为"枚举分析法"，而笔者所给的这个译名兼顾了"音"和"意"两端，易记、易懂。不过更应该明确的是，这是我们一直以来就倡导的统计规矩："既不重复也不遗漏。"早在明托女士发明之前就认真践行多年了。也许明托女士在内容上有所细化，但至少该原则的核心意思相同。

不重不漏，说起来容易，张嘴就得，做起来可就麻烦重重。可也正是因为现实中不容易做到，各种各类的模糊纠缠不清，这才需要把这种"似易实难"的要求作为原则提出来，该原则存在的本身，正说明了困难之所在。

2   到底难在哪里——政治而非算术

抽样调查与普查相结合的方式。

掰扯"数人头"过程，不过是用来说明"人口总数"统计所隐含着的种种困难，让百姓和用户（包括某些专家）了解国家统计系统所面临的复杂对象，打破那种社会经济统计非常简单的误解。解决那些隐含着的困难，需要精心的统计设计。

人口统计，不光在发展中国家比较难，在发达国家其实也难。在社会经济领域，很多人都知道斯通先生设计了国民核算体系，不过却不大知道"社会人口统计体系"，这个体系也是斯通先生设计的，也由联合国作为"官方统计"的标准发布，但是运行远不如 SNA 成功，其中一个重要原因就在于人口统计和社会统计本身更困难。不过，富国之难相对于穷国之难还有很大的区别，这也是需要注意到的。

人口统计，从最早开始就是"政治算术"的基础内容。说到"算术"，谁都觉得是非常容易的事情，可是人们往往容易忘记，这种计算容易的前提——算术的加减乘除是设定在一个抽象的空间里，由于各项"同质"，所以才可加减、可乘除，也就是说，才具备了"可加性"和"可比性"。

到了"政治算术"当中，"政治"这两个字并不是人们随意加上去的，这是告诉我们，算术所实施的是具象领域，算术只是计算工具，人们在社会经济领域中需要知晓现实态势，需要算术作为工具，完成从微观到宏观的测度和认知。既然政治因素不是随意添加的，也就不能因为怕麻烦就任性地去掉。

第一，时间因素，时点指标和时期指标。

第二，人口总数与结构指标的关系，光是考虑人口总数统计就那么难，如果再考虑各种结构和动态指标，进行统计就更难了。就业与失业统计，实际居住人口与户籍人口区别，年龄结构与性别结构。

第三，人的"自反性"对人口统计的影响。生死不明状态，出生隐瞒的人口，普查时算不算进来？另外，重大事故的死亡数呢？

第四，统计工具的发展。大数据时代，技术可能帮忙，但也可能添乱，不能光想着人工智能优势的一面，水涨船高，办法与困难往往相伴而行。至少到现在，还不能完全依赖于"网络痕迹数据"。例如，在新冠疫情期间，手机痕迹，从北京到南京开会，乘坐高铁，路过天津停车 2 分钟，当天津被列为高风险地区时，乘车人的行程码就变成了"黄码"。

第五，统计工作往往面临"持续性"的困难。怎么处理都有问题存在，总有"立体化的陷阱"等着你，前后、左右、上下六个方位，指向哪里都无法满足要求。新措施都可能改进现有的工作，但同时也带来新的问题。总之就是，问题无法做到所谓的"彻底"解决，没那么痛快。说白了，统计就不是一种让人痛快的活计。

第六，统计中要注重人的社会属性，而不能混同于实物统计。也就是说，统计时要把人当成人，不能当作一个"数字"（number），掉以轻心，任意处理。反思一下，套用数学模型搞"人口总量"的预测，为什么会错得那么离谱？就是因为在数学模型里，人的社会属性往往失踪了，人仅仅沦为一个数字。

"政治算术"，易在算术，难在政治。加加减减的确很容易，但为什么可加？为什么这么加？要想清楚、说清楚、做清楚，很难。需要深入思考、提升和拓展。

3　知难而上——明确统计工作的五个"需要"

（1）需要应有的投入和工作环境。社会在对国家和地方统计系统提出工作要求时，先应该想想，我们为这种公共品的生产提供足够的条件和环境了吗？发达国家做事情通常是"预算先行"，提出工作就先给出预算，没有预算就没有工作，最典型的例子，美国连政府都可以关门。而在我国，有些地区可能是先把活干起来，至于工作条件等以后再说，有些基层单位既得完成任务，还得为完成任务创造条件，会造成难上加难的局面。

（2）需要一支坚守阵地的队伍。操作烦琐的工作，需要职业牺牲精神。并不是解决了"统计造假"的问题，数字的真实性就可以得到保障。还需要相关人员具备坚守精神，不怕麻烦，业务素质也需要考虑"匹配"问题，擅长技术的聪明头脑未必同时有这种耐心，未必能做好这种需要处理模糊不确定性的基础性事务。

（3）需要一支专业队伍，这是一项高智力工作，是脑力劳动密集型工作。得把专业当成专业，把事儿当回事儿。

"人口总数"作为基础指标可以派生出好多社会经济指标，在统计过程中如何考虑其派生影响，从而反馈到如何真实测度指标的过程中。

社会统计，并不是把数理统计方法搬过来运用就可以了，还得发展社会科学领域中的社会统计。

（4）社会经济统计往往需要一个长期过程，并不是搞搞突击就能弥补的，这类工作不能指望什么"追赶奇迹"，就是一种"耗费时间的活计"（time-consuming job）。现在抓紧做，已经不早了。说起来，投入产出核算，主要基于线性推算，算术上并不难，但作为核算基础工作，细致地编表，却是相当繁杂的工作，靠短期突击是无法完成的。比如联合国 2030 年"可持续发展目标"的监测工作，抓紧启动是对的，是统计系统为国家高质量发展的应有贡献。

（5）需要厘清所欠的工作债。说到债，实际上具备多种形态，不光有金钱的债，还有工作上的债，这种债看不见、摸不着，可也得还。国家统计能力是"软实力"的必要组成部分，尤其在高质量发展中不可或缺。

如果说原来主要解决温饱问题，顾不上公共品的生产，或许情有可原。现在真要高质量发展，就得在高质量发展的前提条件上狠下功夫。"知己知彼，百战不殆"，发展正是为了中国人民，如果我们连究竟有多少人口都搞不大清楚，发展的质量怎么会真的提高呢？

　　不是有了高速公路和汽车，交通就便利了，通勤问题就解决了。不是拥有钢琴，就懂得欣赏乐曲了。同样，不是宣布实施 SNA，就完成了现代国民核算，不是有了中国方案，决策所需要的高质量数据就可以得到了。最典型的是投入产出表，如果分类程度不细致，核算效果大减，粗略的投入产出表近乎于摆设。

　　社会发展不同于经济增长，是个长期过程，不是搞 GDP 追赶就能够完成的。世界上最早搞人口普查的国家是美国，经历了几百年，既有经验，也有教训。相比而言，我们从事同样工作的时间段，还欠着工作债呢，还得认真补课。既需要注意避免人家已经走过的弯路，也需要学习人家的经验。

从 material 的两种词义看经济测度的重心转移

  material，作为形容词时主要有两种词义："物质的""非精神上的"；"重要的""需予以考虑的"。当然，material 还有其他词义，例如："和推理内容有关的"，因为这一点与本文要借题发挥的主旨关系不大，所以这里就省略了。

  material 当"物质的"讲，我们都比较熟悉，经常用到。而后一重意思，"重要的"，则通常不大被关注，因为我们学习英语时，先学到了 important 这个词，先声夺人，先入为主，脑子里已经定了型。

  想到表达"重要的"这个意思，记忆库存里弹出来的就是 important，这时多数人恐怕不会反应出 material 这个词。而阅读中遇到 material 这个词，最直接的反应也是"物质的"，多数人恐怕不会想到"重要的"这个意思。

  虽然语言本身是多元、多维的，但我们多数人还是习惯于"一对一"，意志坚定地搞对号入座，明明不符合两种语言的实际，还是固执地"粗放经营"。

  那天笔者遇到了一个文本场合，material 意为"重要的"，再次验证了自己英语水平的 poor（"CHINGLISH"的一种表达）。这种滑铁卢，屡见不鲜，并没有萌生对自己语言水平的愧疚之意，反而觉得这个词意设计本身有那么点 poor。这里且说出来跟诸位探讨一下，虽然我等并不是专业的语言学者。

  material：物质的，非精神上的。同时又表示：重要的，需予以考虑的。这两种词义，以当今的社会发展水平看来，似乎有些矛盾。

  为什么"物质的""非精神上的"就同时是"重要的""需予以考虑的"。如果把同一单词的这两个词义联系在一起，难道精神上的东西就不重要，就不需要予以考虑吗？造这个词的人似乎也太讲究"眼见为实"了，太重视"有形之物"了，是不是对偌大的精神世界有所忽视？难道是"唯物主义者"所为？

  猜想一下，恐怕当初创造这个单词时，英伦小岛的物质还比较匮乏，人们还苦于生计，更在意"免于贫困的权利"，"短缺经济"约束下的"偏好"，更倾向于"脱虚向实"，人们更在意"物质极大丰富"。于是，"物质的""非精神上的"就同时是"重要的""需予以考虑的"。

  回想一下我们自己，情同此理。当年社会上热衷于"四大件"，改革开放前好长时间是"手表、自行车、缝纫机、收音机"，后来提升为"洗衣机、录音机、电视、冰箱"，至今为怀旧之人津津乐道。这些物件如今看来稀松平常，当初可是有些人奋斗一生打算实现的目标，结果未必如人意。处于这种非常局促的物质条件下，我们当然衷心拥护对 material 的两重词义规定，"物质的""非精神上的"当然就同时是"重要的""需予以考虑的"。

可见，在物资匮乏的语境中，material 的两个词义之间不仅没啥矛盾，而且彼此还挺贴切。然而时过境迁，人们吃饱穿暖了，消费欲望扩张了，就开始"脱实向虚"了，精神层面的东西开始变得重要了，就需要予以考虑了。在物质生活得到满足的语境下，material 的两个词义之间就出现矛盾了，不能直接联系在一起。当然，我们不能因此矛盾找旧账，不能埋怨当初的造词者没有远见。相反，倒是应该从这个词义的一致性变迁中悟出些道理来。

在笔者看来，经济测度重心的转移，就是与这个词义一致性变迁相对应的。最初，欧洲国家是按照"苏格兰方式"去认识生产边界，什么是生产劳动，什么项目可以计算产值，都偏重物质生产和物质福利。

发达国家是在物质生产到达一定程度后，才逐步重视服务业，也就是第三产业的发展，经济测度才将其纳入生产劳动的范围，服务项目才计算产值。以至于服务业产值在整个社会产出中的比重越来越高，甚至出现如今人们所说的产业"脱实向虚"。

不过，由于社会经济发展水平不同，由于产业"链位"不同，发达国家 GDP 与新兴国家 GDP 的产业结构性差异，究竟孰实孰虚？说虚论实的时候，这"虚"和"实"究竟是什么意思，也得仔细掂量掂量，且不可一概而论。

第 4 部分　对事理与数理关系的早期思考

论统计指标构造中的十大要素

　　构造科学的统计指标，是社会经济统计用以客观反映和认识世界的主要方法，在现代社会发展过程中，构造新的统计指标，并改进原有统计指标的设计，以深入分析变化着的社会经济现象，是广大统计工作者的重要任务之一，也是社会经济统计学发展的主导方向之一。因而，明确地、系统地把握统计指标构造中的主要因素，是社会经济统计的一项重要基础工作。

　　对统计指标内含的主要因素，一般认为，单从统计理论和统计设计上看，统计指标含义包括指标名称、计量单位和计算方法三个要素。若再从统计实际工作过程看，则统计指标还包括时间限制、空间限制和统计数值这三个要素。

　　对上述提法，我们有三点补充意见：①只提出有几个要素还不够，还应该深入分析每种指标要素的含义。②无论是从统计理论、统计设计，还是从统计实际工作角度看，指标要素的组成应该是一致的，彼此联系的。③统计指标的构成要素至少应该包括十个方面。

　　下面拟就统计指标构造中的主要因素谈一些认识。

1　指　标　名　称

　　统计指标也有一个正名的问题。指标名称应能够：①科学地表现指标内涵；②方便地与其他指标区分开来。有时，同一指标从不同角度称谓，便有了不同名称。比如"固定资产产值率"，强调了该指标的相对比率性质；而"单位固定资产的产值"，则更侧重于说明该指标的经济内涵。但有的时候，不同的名称，表明了两种指标的某些差别。比如许多人将社会净产值和国民收入（这里指 MPS[①]中的国民收入）看作同一指标。实际上，国民收入是一个指标群，它包括了国民收入生产额、国民收入初次分配额、国民收入可供使用额和最终使用额等一系列指标。社会净产值仅与国民收入生产额同一，严格而论，将社会净产值与国民收入混为一谈是不确切的。由此可见，科学地确定和运用统计指标名称并不是微不足道的，也不是轻而易举的。

---

　　① MPS 全称为 system of material product balance，物质产品平衡表体系。

2　指　标　定　义

准确地为统计指标下定义，给人们一个明确的指标概念，这是统计指标构造中的首要任务。指标名称的确定也往往是指标定义的再浓缩和再提炼。当然，指标定义的确定不可能是一蹴而就的，而是在长期统计实践中逐渐改进和完善的。

我们认为，社会经济统计中定义指标的方法主要有以下四种。

（1）提要法。提要法是在指标的定义中给出该统计指标内涵的要点，以便人们掌握。比如，GDP 是按国土原则计算的，一个国家的领土范围内本国居民和外国居民在一定时期内所生产和提供的最终使用的产品和劳务的总价值。这个定义给出了三个要点：①在空间范围规定上，按国土原则而不是国民原则计算；②在指标项目构成上，既不是总产品价值，也不是净产品价值，而是最终产品和劳务的价值；③在指标部门范围上，"产品和劳务"意味着 GDP 计算不再拘囿于五大物质生产部门。这样，通过 GDP 要点的揭示，可以形成一个明确的指标概念，很容易将之与社会总产值、MPS 国民收入等指标区分开来。

（2）示算法。示算法是在统计指标定义中，直接交代出该指标的计算方法。统计指标是反映社会经济现象总体某种特征的数量概念，其数量性需要通过计算来体现，因而在指标定义时，通常也采取示算的方法。比如，人口密度是一定地理范围内人口数与相应土地面积的比率，这个定义就交代了人口密度这个指标的计算方法。一般来说，相对指标更多地采用示算法来作定义。

（3）穷举法。穷举法是从外延的角度出发，在统计指标定义中把指标的各个构成项目都列举出来的方法。比如社会商品零售总额是一定时期内，各种经济类型的商业、饮食业、工业和其他行业的零售额与农民对非农业居民零售额之和。这个定义就把社会商品零售总额的五项构成全都列举了出来。这种定义统计指标的穷举法，往往只用于总量指标的界定。

（4）限定法。限定法是当指标之间存在包含（母指标）与被包含（子指标）关系时，定义子指标的一种方法。比如，固定资产是在社会再生产过程中能够长期存在，多次使用的国民财产。这里，固定资产与国民财产就是子指标与母指标的关系、被包含与包含的关系。采用限定法定义指标一方面要交代指标所属的母体范围，另一方面要确定指标在此范围内进一步的限定条件。用限定法定义指标还需注意的是：限定条件应尽可能明确，并可量化。在固定资产指标的定义中，"长期、多次"都是模糊概念，因而定义后面还要附加条件：使用年限在一年以上，单位价值在规定限额以上。否则，固定资产指标的统计就无法进行。

3 指 标 类 属

单个统计指标只反映客观事物总体的某种特征。为了全面地反映总体数量方面，统计指标必须构成多层次、多分支的系统，这样，在统计指标构造中，就必须考虑本指标与其他指标的关系，明确指标的类属。

统计指标的类别划分是多维的。从所属体系上看，有经济指标、社会指标、科技指标、环境指标；从所反映内容上看，有总量指标、结构指标、动态指标、效益指标等；从层次上看，有宏观指标、微观指标；从形成方法上看，有时点指标、时期指标、相对指标、平均指标、边际指标、弹性指标、乘数指标等；从作用性质上看，有正指标、逆指标和适度指标；从计量上看，有实物量指标、价值量指标和劳动量指标等。

有的时候，指标的类属是比较容易确定的。比如，国民收入是经济指标、总量指标、宏观指标、价值量指标等。但有时人们对指标的类属认识并不一致。比如，相当多的同志将人均国民收入、职工死亡人数降低率等视为经济效益指标，实际上前者是一个生产成果平均量指标，后者属于社会指标。还有的同志将财政收入与国民收入的比例看作结构相对数（实际上两种收入在计算口径上并不一致）。这些都反映了我们在指标构造和类属关系认识上的问题。

4 指 标 作 用

统计指标的作用涉及该指标要不要构造，又如何应用，因而是十分重要的。不同统计指标，由于其内涵不同，性质不同，在社会经济管理中的作用也有所不同。像社会总产值，近年来大家对它的局限性注意得更多一些，但由于它包含了物质消耗价值，包含了社会产品的完全价值，所以只有它可以反映社会产品生产的总规模。反映社会产品生产中的投入产出关系也离不开社会总产值，由于计算上时效性好，社会总产值比国民收入更适于国民经济预警统计。上述三方面作用仍是其他总量指标不可替代的。

与统计指标作用直接相对应的就是其局限性。指标的作用和局限性是一个事物的两个方面。要使用某个指标，就必须正视其局限性。如总产值易受中间消耗转移价值重复计算的影响、易受专业化协作水平影响、不能确切反映活劳动消耗数量，这些局限性对总产值本身而言，是不可取消的。我们只有全面地认识统计指标的作用和局限性，才能决定指标的废立，才能扬长避短，在适宜的场合使用适宜的指标。

5　指标计算方法

统计指标的数量性特点，决定了统计指标构造中必不可少的一个要素是其计算方法。指标计算方法包括两个基本点：一是指标计算公式，解决指标如何计算的问题；二是指标算式内含的计算机理，这涉及该指标为什么这么算，有没有什么前提或设定条件等问题。后一点往往不被人们所重视，然而正是这个"所以然"应成为社会经济统计科学研究的重点。

有些指标计算看起来很简单，但其内含的计算机理却较为复杂。我们以国民收入指标计算来说明这一点。用分配法计算国民收入生产额，似乎不过是"加法"——将国民收入初次分配各项目加总取和。可是在其计算中却隐含了一系列的假定条件。比如，"应得利润"的比例推算就必须设定：按生产口径计算的利润占总收入比重等于按实现口径计算的该比重。再比如，利润乃至国民收入数值的准确程度，以折旧的正确计算为前提，我们知道，折旧额是用来反映固定资产损耗的，这种反映是否准确，由固定资产使用时限和损耗速度两个因素决定。然而这两个因素人们很难确切把握，所以折旧额计算时往往要采用一些假定（使用年限法计算折旧就有固定资产使用年限已知和损耗速度成线性变化这两个假定）。这样由于利润指标本身的"平衡项"性质，折旧计量中的偏差将传递到国民收入计算中来，使其数值具有某种不确定性。随着社会经济统计的发展，人们将使用更为复杂的统计指标（如参数指标等），指标内含的计算机理将更为重要。

6　指标计量单位

统计指标数量性的特点，也决定了指标计量单位在指标构造中的重要地位。指标是有名数，还是无名数；采用单一计量单位，还是复合计量单位；采用实物量单位、价值量单位还是劳动单位；采用混合实物量，还是标准实物量，这些都是指标构造和使用中需要注意的。另外，通过指标计量单位还可以反过来明确指标的计算方法。比如人口密度指标的计量单位是"人/公里^2"，这表明指标分子是人口数，分母是土地面积，不至于弄颠倒。

7 指标的空间规定

统计指标的具体性特点，决定了空间范围规定在指标构造中的重要地位。没有空间范围的明确规定，任何统计指标的计量和描述将无从谈起。由于客观世界的空间是多维的。统计指标的空间范围规定也可以有多种构造角度。主要如下。

（1）指标的部门范围。国民经济由各个部门组成，计算统计指标时，包括哪些部门，不包括哪些部门，往往是很重要的。比如社会总产值，在我国以工业、农业、建筑业、商业和运输邮电业五大部门为空间范围，而国民生产总值计算则包括了全部三次产业。

（2）指标的地区范围。地区有行政区划、经济区划之分，不同时期的区划还会发生变化。另外，世界各国对于运行中的飞机、轮船及使馆等特殊项目的地区归属有着不同的处理。这些都使得指标构造和使用中，需要注意其地区范围问题。

（3）指标的活动主体范围。统计指标往往是对人及其活动的计量，这样就涉及计量哪些人，不计量哪些人的空间范围规定问题。像产值指标，是按地域原则，还是按居民原则，按居民原则的话，常住居民又如何确定，等等。只有明确了这些，指标计算才不至于重复或遗漏。

（4）指标的项目范围。客观事物的层次关系，决定了一些统计指标之间也具有层次关系。比如社会产品有总产品、最终产品和净产品之分，统计指标上相应也有总产值、最终产值和净产值之分。不同产值指标项目构成上各有不同，明确这些不同及其对指标性质的影响是十分必要的。

另外，由于我们认识客观世界的角度不同，社会经济统计中往往有一些成对的指标（从数学上看可视为交集），比如，常住人口与现有人口、国民生产总值与GDP、社会劳动力资源总数与劳动适龄人口等。这些"对指标"在项目构成上既有"共"（主方面）也有"异"，明确其项目范围上的联系与区别也是十分重要的。

8 指标的时间规定

客观事物不停地变化和运动着，但统计指标对之的反映却不能连续不断地进行，而只能定时分期地统计，这相当于电影中的"定格"，从社会经济运动过程中抽取一个片段来加以描述和分析。

统计指标的时间规定或表现为某一时点，或表现为某一时期，从而有存量指标和流量指标的区分。统计指标的时间规定也可以从不同角度设计，如生产年度、日历年度和财政年度，就是年度指标中三种不同的时间规定。广义地理解，统计指标的时间规定和空间规定构成了我们通常所说的统计指标的"计算口径"。要得到具体的、反映客观事物的指标数值，必须有统一的指标计算口径，这也是马克思主义时空观在统计指标中的直接体现。

通过指标对比来深入分析社会经济现象是统计中的一个重要手段，而对比则要求指标间是可比的，是符合分析目的要求的，所谓"可比"就是指所对比指标的计算口径彼此间的一致和协调。

9　指标数值及其功能含义

一般来说，指标数值是实际统计工作的结果。但就相当部分的统计指标而言，在构造指标时，就可以根据指标的内涵、性质、相关指标的历史数据等，对所构造指标的数值取值范围做出估计，并对数值的功能含义作出判断。指标数值的取值范围比较容易理解，像社会总产值是大于零的正数，而结构相对指标必定介于 0 到 1 之间等。

所谓指标数值的功能含义是指标所取数值对人们的利益影响指向。就这一点而言，统计指标有正指标、逆指标和适度指标之分。正指标是越大越好的指标，像利润、劳动生产率等；逆指标是越大越不好的指标，如死亡、废品率等；适度指标既不应过大，也不应过小，而应趋于一个适度点，像人口总数、GDP 增长等。

在构造指标时应明确其属于正、逆、适度哪一类指标，明确其对人们影响的功能含义，便于更好地运用指标。在统计指标数值的取值范围内，往往存在一定的转折点或关节点。在指标构造中，对这些关节点及其社会经济含义作出判断也是十分有益的。比如，用功效系数法计算综合经济效益时，当 $X < x$ 时，即指标实际值小于指标不允许值时，该指标经济效益分数为负数，即 $d < 0$，出现 $d < 0$ 的情况，就不能采用几何平均法合成综合经济效益总分数 D。这里"$<$"就是这种关节点。

10　指标基础数据取得方式

统计指标不同于社会经济科学中的纯理论概念，由其功能决定，统计指标最终必须通过数值来反映社会经济现象总体某种特征。因而在指标构造中，基础数据取得方式的安排和选取是不可缺少的一个因素。否则，再完美、再重要的理论概念，无法取得可靠的数据资料，就不能成为真正的统计指标，数据来源上的可行性，是形成统计指标的一个重要前提条件。

统计指标的数据取得方式主要有统计调查、会计核算、业务核算、统计估算等。统计调查又有各种不同方式。在这个问题上需要明确两点：①对许多指标，特别是深加工指标而言，统计估算是取得数据的重要方式，若以科学的方法进行估算，同样可以取得与直接抽查第一手资料相同的数值质量。②统计指标数据取得方式的多样性，导致了指标构造中的统计效益问题；选择不同的基础数据取得方式，会有不同的统计投入，不同的统计数值质量，以及不同的统计工作效益。打破几十年来我国统计工作不计工本、不讲效益的传统做法，在指标数值质量与统计投入之间找到一个合理的平衡点，应是今后我国统计工作中的一个重大方向。

上述十大要素中，前四个主要侧重统计指标质的方面，而后六个则主要涉及指标数值计算方面。如果对每一个指标，人们都能从这十个方面作深入的探讨和研究，那么统计指标的构造、掌握和运用就会更加科学，统计指标作为认识和管理的工具，也将会为社会进步发挥更大作用。

中国人口地区分布的几个统计量
——人口密度系列指标的构建与分析[①]

中国人口地区分布的不均匀，是人所共知的。然而，这种不均匀状况究竟处于何种程度？能否给予综合性和结构性的定量描述？其变动趋势又如何？本文试图在分析方法研究的基础上，对中国近几年来人口的地区分布做较为深入的统计实证研究。

1 集约分析：从人口密度到人口密度变异系数

以往的人口地区分布研究往往止于人口密度（population density，P.D.）单个指标的计算和分析。实际上，在人口密度指标基础上可以进行深加工，计算一系列的指标进行集约分析。这些指标包括：人口密度平均值（the average of P.D.，A.P.D.）、人口密度标准差（the variance of P.D.，V.P.D.，即 σP.D.）、人口密度变异系数（the variance coefficient of P.D.，V.C.P.D.）和人口密度的 H 指数（the Hirschman-Herfindahl index of P. D.，H.P.D.）等。

根据中国各省（自治区、直辖市）的人口数（用 P_i 表示）和地理面积（用 A_i 表示），可以计算其人口密度（用 X_i 表示），即

$$X_i = P_i / A_i \quad (i = 1, 2, \cdots, n)$$

但分省（自治区、直辖市）的人口密度只是反映单个地区的人口疏密程度，难以综合反映全国人口分布的均匀程度及趋向变化。计算人口密度的标准差可以弥补这一不足。其算式为

$$\sigma\text{P. D.} = \left[(1/n) \sum \left(X_i - \bar{X} \right)^2 \right]^{1/2}$$

式中：$\bar{X} = (1/n) \sum (P_i / A_i) \quad (i = 1, 2, \cdots, n)$。

由于人口密度标准差是一个绝对指标，它的大小不仅取决于各省（自治区、直辖市）人口密度的离差程度，还取决于人口密度平均值水平的高低。由于我国

---

① 本文发表于《统计应用研究》1990 年第 12 期，其实，这里所谈及的方法，也可以用于其他方面的分布研究，这应该是本文的方法论意义所在。

人口的持续普遍增长，人口密度平均值呈单向增值，为了消除这种影响，更准确地反映人口地区分布的不均匀程度及趋向，就应该计算人口密度的变异系数。其算式为

$$\text{V. C. P. D.} = \sigma\text{P. D.}/\bar{X}$$

此外，在国际上，度量产业集中程度有一个著名的 H 指数。类似地，我们也可以计算人口密度的 H 指数，即

$$\text{H. P. D.} = \sum X_i^2 \quad (i = 1, 2, \cdots, n)$$

人口密度的标准差与人口密度的 H 指数之间存在着如下的非线性函数关系：

$$\text{H. P. D.} = (1/n)(\sigma^2\text{P. D.} + 1)$$

根据上述公式，我们计算了 1981～1988 年中国人口地区分布的各项指标，如表 1 所示。

表1　1981～1988年中国人口地区分布的各项指标

年份	A.P.D.	V.P.D.	V.C.P.D.	H.P.D.
1981	288	351	1.218 07	0.085 64
1982	293	356	1.217 92	0.085 63
1983	296	360	1.218 55	0.085 68
1984	299	364	1.217 68	0.085 61
1985	302	367	1.216 95	0.085 56
1986	306	372	1.216 75	0.085 53
1987	312	379	1.212 08	0.085 14
1988	316	382	1.208 64	0.084 68

从表 1 中可以看出，1981～1988 年，人口密度标准差 V.P.D.逐年增长，人口地区分布差异似乎在扩大，但同期人口密度变异系数 V. C. P. D.及人口密度 H 指数 H.P.D.均呈下降趋势，所以这 8 年来人口地区分布走向应该是：不均匀程度有所好转。

通过计算可知，1987 年国民收入地区分布的变异系数是 2.6489，大于 1987 年人口地区分布的变异系数（1.212 08），显然产值地区分布的离差程度明显高于人口地区分布的不均匀程度。

2　指标创新："人口地区分布总差数"的设计和应用

本文提出一种新的人口地区分布分析指标——人口地区分布总差数（gross difference of population area distribution，GDPAD）。

人口地区分布总差数的定义为：地区面积比重与其人口比重之差绝对值的和，即

$$\text{GDPAD} = \sum \left| \frac{A_i}{\sum A_i} - \frac{P_i}{\sum P_i} \right| \quad (i = 1, 2, \cdots, n)$$

人口地区分布总差数具有如下性质：①它是一个综合性指标，可以用来与不同国家、不同地区的相同指标做横向比较；并可用来与同一国家/同一地区的其他地区分布差数（比如产值地区分布总差数）指标做横向比较；还可以用来与不同时期的同一指标值做纵向比较。②它的取值范围是 0 到 2 之间。③它是一个逆指标。数值越小，越靠近零，说明人口的地区分布越均匀。数值越大，越靠近 2，说明人口的地区分布越不均匀。④计算简便，容易掌握和运用，特别是用电子计算机处理更加方便。⑤可以与其他反映人口地区分布均匀程度的指标比较，互相验证。

我们计算了 1981～1988 年全国的人口地区分布总差数，其结果如表 2 所示。从表 2 可以看出，全国人口地区分布总差数的指向与人口密度变异系数、人口密度的 H 指数基本一致。纵观全过程，人口的地区分布不均匀程度有所降低。对比来看，1987 年全国国民收入地区分布总差数为 1.076 87，大于 1987 年人口地区分布总差数（1.029 340），这说明，我国经济地区分布不均匀程度大于人口地区分布的不均匀程度。

表 2　1981～1988年中国人口地区分布总差数

年份	人口地区分布总差数
1981	1.031 128
1982	1.030 758
1983	1.031 102
1984	1.030 842
1985	1.030 716
1986	1.030 692
1987	1.029 340
1988	1.029 676

3　角度转换：将基尼模型引入人口地区分布的研究

这里我们把基尼模型引入中国人口地区分布差异程度的研究。基尼模型的主

要内容是洛伦茨曲线中基尼系数的计算分析。基尼系数的计算公式不止一个，计算人口地区分布的基尼系数（the Gini coefficient of P.D., G.P.D.）可采用如下公式：

$$G.P.D. = \sum \left[\frac{A_i}{\sum A_i} - \frac{P_i}{\sum P_i} \right] + 2\sum \left[\frac{A_i}{\sum A_i}(1-Y_i) \right] - 1$$

式中，$Y_i = P_i / \sum P_i + Y_{i-1}(i=1,2,\cdots,n)$。

人口地区分布的基尼系数具有如下性质：①它是一个综合性指标；②它是以零为标准值的一个逆指标；③它属于结构相对数，取值范围在 0 到 1 之间；④具有几何直观性，可以用图像表现和比较其发展变化。

1981～1988 年中国人口地区分布的基尼系数如表 3 所示。

表 3　1981～1988年中国人口地区分布的基尼系数

年份	人口地区分布基尼系数
1981	0.548 048
1982	0.548 201
1983	0.548 097
1984	0.547 423
1985	0.545 782
1986	0.545 557
1987	0.544 286
1988	0.544 487

从表 3 可以看出：①人口地区分布的基尼系数与人口地区分布总差数的指向相同；②从 1981 年到 1988 年人口地区分布基尼系数呈缓慢下降状态，从 0.548 048 降至 0.544 487，平均年降低量为 0.05087%。这说明，中国人口地区分布状况在 1981～1988 年缓慢地趋于均匀。另外，我们用国民收入指标计算了中国产值地区分布的基尼系数，1987 年的数据为 0.6176，大于人口地区分布基尼系数的值（0.544 286）。

4　结构探索：人口密度比例和人口比重指标的结合运用

在人口地区分布的结构分析中，我们主要采用人口密度比例（the ratio of P.D., R.P.D.），这个指标定义为：人口密度与人口密度平均值之比，即

$$\text{R.P.D.} = \frac{P_i / A_i}{\dfrac{\sum (P_i / A_i) A_i}{\sum A_i}} = \frac{P_i / A_i}{\sum P_i / \sum A_i} = \frac{P_i / \sum P_i}{A_i / \sum A_i} \quad (i = 1, 2, \cdots, n)$$

R.P.D.以 1 为标准。各地区比值均为 1，则人口分布绝对均匀；各地区比值越接近于 1，人口分布越均匀。人口密度比例都是各地区的数值，它本身不是综合指标。人口密度比例与本文中其他指标的另一个区别，在于它是一个适度指标，过大过小都标志着人口地区分布的不均匀。

表 4 是我们按上述公式计算的 1988 年的中国各省区市（不包括海南和重庆）人口密度比例。

表 4 1988年的中国各省区市人口密度比例

省区市	人口密度比例	省区市	人口密度比例	省区市	人口密度比例
上海	17.7835	湖北	2.5111	吉林	1.1492
天津	6.5005	湖南	2.4451	云南	0.8033
江苏	5.6351	辽宁	2.2855	宁夏	0.6466
北京	5.6068	福建	2.0667	黑龙江	0.6442
山东	4.6847	江西	1.8884	甘肃	0.4138
河南	4.2251	四川	1.6174	内蒙古	0.1521
浙江	3.6057	贵州	1.6035	新疆	0.0777
安徽	3.6056	广西	1.5494	青海	0.0525
河北	2.8065	山西	1.5395	西藏	0.0154
广东	2.6959	陕西	1.3665		

从表 4 可以看出，中国人口的地区分布很不均匀。人口密度比例最高的是上海，为 17.7835，说明上海人口密度是全国人口密度的 17 倍多；而最低的是西藏，仅为 0.0154。全国人口密度比例最高的江苏、上海、天津、北京四省（市）面积仅占全国总面积的 1.4149%，而人口比重却达 8.8386%；相反，全国人口密度比例最低的青海、西藏、新疆、内蒙古四省（区）面积比重为 49.7414%，而人口比重仅为 3.826%。

综合上面的分析，我们对中国人口地区分布状况得出三点基本认识：①中国人口在各地区间分布的差异是相当大的；②中国人口地区分布的不均匀程度正在以极缓慢的速度改善；③中国经济的地区分布不均匀程度比人口地区分布的不均匀程度更加严重。

5　方法小结：人口密度指标系列

以上分析中提出的几个描述人口地区分布的统计量构成了人口密度指标系列。其中，最主要的有人口密度变异系数、人口地区分布总差数、人口地区分布的基尼系数和人口密度比例四个指标。这四个指标的性质异同见表5。

表5　描述人口地区分布的统计量

项目	人口密度变异系数	人口地区分布总差数	人口地区分布基尼系数	人口密度比例
计算原理	人口比重与面积比重之商	人口比重与面积比重之差	人口比重与面积比重之积	人口比重与面积比重之商
计量标准	0	0	0	1
指标取值	V.C.P.D.＞0	0～2	0～1	R.P.D.＞0
指标分类	逆指标	逆指标	逆指标	适度指标
指标作用	综合指标	综合指标	综合指标	个体指标
指标特点	—	计算简便	几何关系明确	适用于结构分析

贫困的三维测度观：贫困测度准则的再思考[①]

本文力图用笔者提出的三维贫困测度观来重新考虑有关贫困水平测度的准则，其要点有：①为了表明贫困水平变化的三种状态，Sen（阿马蒂亚·森）氏贫困测度的后两个准则需要作进一步推论；②对有关准则在贫困测度中的功能或作用应该有一个明确的认识；③由于贫困者人数是直接影响贫困水平的三个基本因素之一，对贫困普遍性的关注也应该作为测度贫困的一条准则；④贫困人数关联准则、收入差距关联准则和弱转移准则对应了影响贫困水平的三个基本因素（贫困者人数、贫富收入差距和贫困者收入差异程度），是设计贫困水平测度指标的三个基本准则，所谓贫困的三维测度观，就是指用这三个准则来指导贫困水平的测度；⑤然而，在多数情况下，有关贫困测度的准则往往只能被单独地满足。

Sen（1976，1977，1981）曾经构造了贫困测度应该满足的三个准则，这些准则成为一系列贫困测度指标建立的基本框架。在发展经济学的定量研究中，得到了各国学者的认可。然而，Sen 氏的贫困测度准则还不是尽善尽美。人们对准则的理解是否准确？除了三个准则已经表明的思想之外，还存在着哪些贫困测度应该注意的问题呢？贫困测度准则的主要功能又是什么呢？本文拟就这些问题做探讨。

1 测度范围准则（the focus axiom）的重新表述

Foster 等（1984）是这样表述这一准则的："一旦贫困线已经确定，在测度总体贫困水平时就应该忽略那些与非贫困者收入有关的信息。"考虑到与非贫困者收入有关的信息可能同时也与贫困者收入有关（比如，贫困者与非贫困者之间的收入转移可能改变收入差距），所以我们可以忽略的只是与贫困者收入无关的信息，可见，Foster（詹姆斯·福斯特）的表述并不准确，需要进行修正。

本文这样来表述测度范围准则的要求：在测定总体贫困水平时，一旦贫困线已经确定，就不必再理会与贫困者收入无关的信息。

测度范围准则的功能是将贫困测度与生活水平测度、不平等测度区分开来，生活水平测度和不平等测度都要关注所有人的收入信息，相比之下，贫困测度只

---

① 本文发表于《统计与信息论坛》1996 年第 1 期。

需要集中于贫困者的收入信息。

　　与 Sen 氏的两个其他准则相比，测度范围准则只是指明贫困测度指标的作用范围，它并不告诉我们贫困指标应该如何随着其影响因素的变化而变化，所以在贫困水平的测度中，还需要其他测度准则。

2　收入差距关联准则（the montonicity axiom）的扩展

　　收入差距关联准则所指定的是：给定其他条件，贫困者收入的减少必定带来贫困水平的提高。随之而来的问题是：当贫困者收入增加或保持不变时，贫困水平又将如何？可见收入差距关联准则需要进一步地扩展。

　　收入差距关联准则的推论是：给定其他条件，贫困者收入的增加必定降低贫困水平，而贫困者收入不变则贫困水平不变。

　　因而，收入差距关联准则的功能在于保证贫困测度指标对贫富间收入差距（贫困者实际收入与贫困线收入之差）敏感。

　　设 $Z > 0$ 为事先确定的贫困线收入，$Y > 0$ 为贫困者平均收入，P 为综合贫困指数，则收入差距关联准则的功能可以用图 1 来表示。

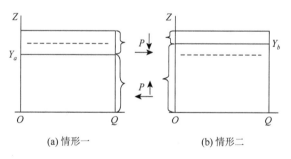

(a) 情形一　　　　　　　　(b) 情形二

图 1　收入差距关联准则的功能

　　显然，在图 1 中有 $Y_a < Y_b$，如果贫困者收入从 Y_a 变为 Y_b，所测度的贫困水平应该下降；反之，如果贫困者收入从 Y_b 变为 Y_a，贫困水平就应该上升。当然，若贫困者收入保持在情形一或情形二的水平，则贫困测度指标值应该保持不变。

3　弱转移准则（the weak transfer axiom）内容的补充

　　弱转移准则指出：给定其他条件，当收入从贫困居民户向任何比之富裕的贫困居民户转移时，必定带来贫困水平的上升。

　　与收入差距关联准则类似，我们也可以得出弱转移准则的推论：给定其他条件，①当收入从贫困居民户向任何比之更加贫困的居民户转移时，必定降低贫困水平；②当收入从贫困居民户向与其同等贫困的居民户转移时，必定提高贫困水平；③如果没有贫困者之间的收入转移，那么贫困水平不变。

　　弱转移准则的功能是确保贫困测度指标对贫困者的收入分配或其收入差异程度的变化敏感。设 Y_i 为各贫困者的收入，收入转移只在贫困者中间发生，我们用图 2 来说明弱转移准则的功能。

　　图 2 假设了两种不同的情况：对于情形一，贫困者收入完全相同，即 $Y_i = Y_p$；而在情形二，不同的贫困者得到不同的收入 Y_i。我们可以把情形二看成在情形一基础上经过了贫困者间收入转移后产生的结果。所谓弱转移准则就是说，从情形一到情形二，贫困指标值应该下降；反之从情形二到情形一，测度所显示的贫困水平应该上升。

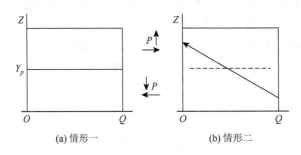

(a) 情形一　　　　　　　　(b) 情形二

图 2　弱转移准则的功能

　　为什么这里我们只考虑贫困者之间的收入转移，而不考虑贫困者与非贫困者之间的收入转移呢？因为那种转移会影响贫富间收入差距，在收入差距关联准则中已经被考虑到了。所以这里不需要考虑全部收入转移，而只是贫困者之间的收入转移。

4　一个新的测度准则——贫困人数关联准则

　　收入差距关联准则和弱转移准则涉及了测度贫困水平的两个基本因素——贫富收入差距和贫困者收入差异程度，但这并不够。

　　我们从一个简单例子谈起，假设贫困线收入水平为 10，有两组收入状况为

$$Y = (5, 5, 5, 5, 12, 12)$$
$$X = (6, 6, 6, 6, 6, 12)$$

　　Y 和 X 哪一组更贫困呢？仅根据收入差距关联准则和弱转移准则，是没有定论的，因为两组的贫富收入总差距是相等的，两组的贫困者收入也是平等的。那么，两组的贫困程度是否真的相同呢？

　　我们注意到，Y 组的贫困者人数为 4 人，而 X 组为 5 人。从贫困普遍程度的角度看，X 组的贫困水平应该高于 Y 组。

　　事实上，贫困者人数是直接影响贫困水平的基本因素之一，它回答了贫困水平测度中的首要问题：一个经济中有多少穷人。在有关贫困测度的文献中，竟没有关于贫困者人数的测度准则，这是非常不应该的，因而需要增添新的准则——贫困人数关联准则。

　　贫困人数关联准则是指：给定其他条件，贫困者人数的增加，必定提高总体贫困水平。其推论为：贫困者人数的减少，必定降低总体贫困水平；贫困者人数不变，则总体贫困水平不变。贫困人数关联准则为贫困者比率提供了理论基础，它的功能在于确保贫困测度指标对贫困普遍程度敏感。我们用图 3 来说明这一点。

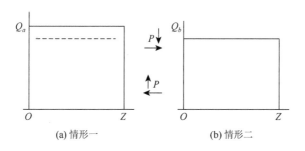

(a) 情形一　　　　　　　　(b) 情形二

图 3　贫困人数关联准则的功能

　　图 3 假设了相同的贫困线收入水平和不同的贫困者人数，当贫困者人数从情形一下降为情形二时，所统计的贫困水平应该随之下降；而当贫困者人数从情形二上升到情形一时，所统计的贫困水平也应该随之上升。

　　在以往的贫困研究中，经济学者已经提出了不少的测度准则，但就决定贫困水平变化的三个基本因素（贫困者人数、贫富收入差距、贫困者收入分配状况）而言，应该有三个测度准则，这三个准则与其他类型的准则（如测度范围准则等）是不同的。

5　测度准则与三大因素的交互作用

　　前面例子所揭示的另一方面重要信息就是：在一些情况下，测度准则不能同时被满足。比如，按收入差距关联准则和弱转移准则，Y 组和 X 组的贫困水平相同；而按贫困人数关联准则判断，则是 X 组比 Y 组更贫困些。更难做出定论的是，三个基本因素的作用状况可能互不相同，比如贫困者人数保持不变、收入差距增大、贫困者收入不平等程度减弱，总的贫困水平究竟怎样呢？

问题在于，当我们讨论和确立贫困水平测度准则时，一次只考虑一个因素，我们不得不设定其他条件保持不变，以得出结论。而现实经济中，各影响因素是交互作用的，它们共同决定着总体贫困水平的变化。

影响贫困水平的基本因素有三个，而每一种因素又都有上升、下降和持平三种状况，于是一共可以有 27 种状况。其中，只有当三个因素都同方向作用时，贫困测度准则才能同时被满足。

根据上面的分析可知，贫困测度准则给出了设计和检验贫困指标的基本指导思想，是我们测度贫困水平的起点。然而，它们并不是选择、评价贫困水平指标和综合贫困指数的绝对标准。

至于如何运用这些准则来评价和分析贫困测度指标，将另文专述。

参 考 文 献

（1）Sen A. 1976. Poverty: an ordinal approach to measurement[J]. Econometrica, 44（2）: 219-231.

（2）Sen A. 1977. Social choice theory: a re-examination[J]. Econometrica, 45: 53-89.

（3）Sen A. 1981. Poverty and Famines: An Essay on Entitlement and Deprivation[M]. Oxford: Oxford University Press.

（4）Foster J, Gree J, Thorbecke E. 1984. A class of decomposable poverty measures[J]. Econometrica, 52（3）: 761-766.

从增量的分解看贫困测度指标的性质①

本文是在笔者的"三维贫困测度观"指导下完成的，是《贫困的三维测度观：贫困测度准则的再思考》的续篇。根据影响贫困水平变动的基本因素所对应的三个测度准则，本文对国外发展经济学家设计的贫困测度指标进行了分析，做出了新的评价，并对如何使用这些指标提出了个人意见。

我们认为，影响贫困水平变动的基本因素有三个：贫困者人数、贫富间收入差距和贫困者收入差异程度。因而在测度贫困水平时，就应该以这三个因素作为基本维度。也就是说，应该按照贫困测度的三个基本准则（贫困人数关联准则、收入差距关联准则和弱转移准则）来设计和分析贫困测度指标。那么，发展经济学定量研究中提出若干指标，比如 $P_0(H)$、P_1、P_2、P_s 等，与这三个因素是怎样的关系？本文将用增量分析的方法对其性质提出新的看法。

1 对单因素指标 P_0、P_1 和双因素指标 I 的剖析

Foster 等（1984）提出了测度贫困的一个指标族：

$$P_\alpha = \sum ((Z - Y_i)^\alpha / Z) / N \quad (i = 1, \cdots, Q) \tag{1}$$

式中，Z 表示贫困线收入；Y_i 表示贫困者收入；N 表示该经济总人口数；Q 表示贫困者人数。测度贫困时常用到的 $P_0(H)$、P_1 和 P_2 都可以看成这个指标族的成员。

1.1 贫困者人数比率

当 α 取 0 时，P_α 是贫困者人数比率 (H)。

$$P_0 = H = Q / N \tag{2}$$

$$\Delta P_0 = \Delta Q / N \quad （当 N 保持不变） \tag{3}$$

显然，P 只满足三个贫困测度准则中的一个——贫困人数关联准则，是一个单因素、贫困人数主导型的指标。贫困者人数比率是一个基本的贫困测度指标，不仅因为它反映了贫困者人数变动对贫困水平的影响，而且因为一些贫困测度指标要

① 本文发表于《统计与信息论坛》1996 年第 2 期。

以它作为组成要素。

然而，对贫困人数关联准则的忽视，导致了对 P_0 指标作用的低估，在有的文献中，P_0 被称为测度贫困的"粗糙"指标。

1.2 单因素、收入差距主导型的指标 P_1

当 α 取 1 时，P_α 成为消除贫困最低成本与最高成本的比率。

$$P_1 = \sum((Z - Y_i)/Z)/N = HI \ \ (i=1,\cdots,Q) \qquad (4)$$

式中，I 表示平均贫困程度，即

$$I = (Z - Y^P)/Z \qquad (5)$$

式中，Y^P 表示贫困者平均收入。

从式（4）中看，P_1 似乎是一个受贫困者人数 (H) 和平均贫困程度 (I) 影响的双因素指标，Kanbur（1987）就依据这点，把 P_1 看作比 H 和 I 都优越的指标。

实际上，如果用 G 代表收入差距，则有

$$I = (Z - Y^P)/Z = \left(ZQ - \sum Y_i\right)/ZQ = G/ZQ \qquad (6)$$

$$P_1 = HI = (Q/N) \times (G/ZQ) = G/ZN \qquad (7)$$

如式（7）中，G 是消除贫困的最低成本，而贫困线收入乘上人口总数则是消除贫困的最高成本（Ravallion，1992）。

若我们设定 N 和 Z 保持不变，则有

$$\Delta P_1 = \Delta G/ZN \qquad (8)$$

式（7）和式（8）所示，ΔP_1 事实上满足三个贫困测度准则中的一个——贫富收入差距准则，只是一个收入差距主导型的单因素指标。如果贫富收入差距保持不变，不管贫困者人数是否变化，ΔP_1 都保持不变。

通过上面的分析可知，我们并不能说 ΔP_1 绝对地优于 P_0，作为单因素指标，ΔP_1 和 P_0 都是从各自的角度来反映贫困水平的高低，从这个意义上说，ΔP_1 和 P_0 一样"粗糙"。

1.3 对 I 指标的再认识

从式（6）可以推得

$$\Delta I = (\Delta G - \Delta Q \times ZI)/Z(Q + \Delta Q) \qquad (9)$$

式（6）和式（9）告诉我们这样的道理。

第一，收入差距比率 I 事实上是一个既反映贫困者人数影响，又反映收入差距影响的双因素指标，说 I 不受贫困者人数变动的影响，并把这一点作为由 H 和 I 组合来设计 P_1 的理由（Sen，1976；Kanbur，1987），实际上是错误的。

第二，由于 H 和 P_1 都是单因素指标，而 I 是双因素指标，所以把 I 看成 P_0 和 P_1 的组合，比那种将 P_1 看成 P_0 和 I 之组合的观点更为合适。

第三，I 指标的主要问题在于它的计算中，ΔQ（代表贫困者人数）的增减与贫困水平的高低正好相反：在式（6）中，Q 与 I 成反比；在式（9）的分子里 ΔQ 的系数是负的，也与 I 反向变化。这意味着，I 不仅不符合，而且违反了贫困人数关联准则，这应该是经济学家们选用 P_1 而非 I 作为测度贫困主要指标的真正原因，尽管 I 在某些场合仍是一个有用的分析工具。

Ravallion（1992）曾用一个例子指出了 I 存在的问题。但没有从 Q 与 I 的一般关系上进行分析。

第四，从 I 与 P_0、P_1 的比较分析可知，双因素指标并不绝对地好于单因素指标。

2 对三因素贫困测度指标的评价

2.1 P_s 指标的增量分析

Sen 提出 P_s 作为测度贫困的综合指标。

$$P_s = H\left[I + (1-I)G_P\right] \tag{10}$$

或
$$P_s = P_1 + (P_0 - P_1)G_P \tag{11}$$

式中，G_P 为贫困者人群的基尼系数。

比较容易验证，P_s 满足 Sen 的三个贫困测度准则，而且，P_s 也满足贫困人数关联准则，正如 Sen 所说，P_s 包含了三个基本因素（贫困者人数、贫困者收入差距、贫困者收入平均程度）对贫困总体水平的影响。

然而，这一性质还并不足以使我们选择 P_s 作为测度贫困的综合指标，需要进一步了解的是：在 P_s 中，每个因素在多大程度上影响贫困总体水平及其变化？让我们来分解 P_s 的增量。

$$P_s' = P_s + \Delta P_s \tag{12}$$

$$= (P_1 + \Delta P_1) + (P_0 + \Delta P_0 - P_1 - \Delta P_1)(G_P + \Delta G_P) \tag{13}$$

$$\Delta P_s = \Delta P_1 + (\Delta P_0 - \Delta P_1)G_P + (P_0 - P_1)\Delta G_P + (\Delta P_0 - \Delta P_1)\Delta G_P \tag{14}$$

从式（2）、式（3）、式（7）、式（8），我们可以得到：

$$\Delta P_s = S_1 \Delta G_P + S_2 \Delta Q + S_3 \Delta G + S_4 \Delta G_P \Delta Q + S_5 \Delta G_P \Delta G \tag{15}$$

这里，我们定义：

$$S_1 = (QZ - G)/ZN = Q(1-I)/N \tag{16}$$

$$S_2 = G/N \tag{17}$$

$$S_3 = (1 - G_P) / ZN \tag{18}$$

$$S_4 = 1 / N \tag{19}$$

$$S_5 = -1 / ZN \tag{20}$$

式（15）表明，ΔP_s 是三个因素及其组合对贫困水平影响增量的加权和，权数 S 代表各因素及其组合对贫困水平影响程度的大小。比较 S_1、S_2 和 S_3，我们可以看到：在大多数情况下，S_1 将比 S_2 和 S_3 大出很多，这意味着 P_s 将主要受收入差异（ΔG_P）的制约。尽管在计算中包括了三个因素的影响，但 P_s 并不是一个真正的三因素指标，而是一个潜在的收入差异主导型指标。即使考虑到 ΔG_P 与 ΔQ、ΔG 三者间数量级的差别，结论仍然如此。

2.2　P_2——一个潜在的贫困者收入差异主导型指标

Foster 和他的同事提出了 P_2 指标（即在 $\alpha = 2$ 时的 P_α 指标）。

$$P_2 = \sum ((Z - Y_i)^2 / Z)^2 / N \tag{21}$$

或

$$P_2 = HI + H(1 - I)^2 C^2 \tag{22}$$

$$P = P_1^2 / H + (H - P_1)^2 C^2 / H \tag{23}$$

式中，C 为贫困者收入的变异系数。

Ravallion（1992）把 P_2 分解成两大部分：P_1^2 / H 是贫富收入差距的影响；而 $(H - P_1)^2 C^2 / H$ 则是贫困者收入差异程度的影响。我们认为，采用与前面相同的增量分析方法，P_2 的变动可以被分解成七个部分：ΔQ、ΔG、ΔG_P、ΔQG、ΔQG_P、ΔGG_P、ΔQCG_P，它们反映了三大因素及其组合对贫困总体水平的影响程度。

P_2 是否一定优于 P_0 和 P_1？答案是否定的。其原因在于，在某些情况下，P_2 可能过分强调贫困者收入差异程度的影响。让我们来看一个数例（表 1）。

表 1　P_0 指标的数例比较表

指标	集合 A	关系	集合 B
Y	（2 2 2 2 4）		（1.25 2 3 4 5）
Z	3		3
H	0.8	>	0.6
Y^P	2	<	2.0833
G	4	>	2.75
I	0.3333	>	0.3056
P_1	0.2667	>	0.1833
P_2	0.0889	<	0.0902

注：表中 Y 表示收入；Z 表示贫困线收入；H 表示贫困者比率；Y^P 表示贫困者平均收入；G 表示贫富收入总差距

　　两个集合哪一个贫困水平高？从贫困者人数或贫富收入总差距看，是集合 A；但从贫困者收入平均程度看，却是集合 B。有的喜欢用 P_2 指标，有的则愿意用 P_0 或 P_1，这取决于他们不同的价值判断。这个数例告诉我们，P_2 可能会对贫困水平作出误判。

　　这个数例也告诉我们，P_2 尽管也包含了三大因素对贫困水平的影响，但仍然是一个潜在的贫困者收入差异程度主导型的测度指标。在 P_α 指标中，α 值越大，就越强调贫困者收入差异因素对贫困水平的影响。

　　问题在于，贫困者收入差异程度的高低并不一定与贫困水平成正比，设想一个特殊情况：所有贫困者收入一开始都相同，如果其中有一人收入提高，接近于贫困线，此时贫困者收入差异程度变大，而贫困水平应该降低。可见，过分强调贫困者收入差异程度这一因素，也许会得到错误信息。

2.3　综合贫困指数的一个选择

　　综上，我们可以得到影响贫困水平三大因素与各测度指标间的对应关系：

$$贫困者人数 \longrightarrow 贫困人数关联准则 \longrightarrow P_0$$
$$贫富间收入差距 \longrightarrow 收入差距关联准则 \longrightarrow P_1 \Big\rangle I$$
$$贫困者收入差异 \longrightarrow 弱转移准则 \longrightarrow \longrightarrow \longrightarrow P_s、P_2$$

　　由于 P_s 和 P_2 的潜在收入差异主导性质，以它们作为综合贫困指数来反映三大因素的全部影响，就有可能失误。为了避免这种结局，对已有指标作些调整，可能是较为合宜的。这里我们选用三个贫困测度指标的几何平均数：

$$\overline{P}_2 = (P_0 \times P_1 \times P_2)^{\frac{1}{3}} \tag{24}$$

或

$$\overline{P}_s = (P_0 \times P_1 \times P_s)^{\frac{1}{3}} \tag{25}$$

　　这样调整的原因在于：第一，相乘的三个指标间存在着包容关系，P_1 包含 P_0，P_2 包含 P_0 和 P_1，这种关系适合采用几何平均方法来综合；第二，计算比较简单。

参 考 文 献

（1）Foster J, Gree J, Thorbecke E. 1984. A class of decomposable poverty measures[J]. Econometrica, 52（3）: 761-766.

（2）Kanbur S M R. 1987. Measurement and alleviation of poverty: with an application to the effects of macroeconomic adjustment[J]. IMF Economic Review, 34（1）: 60-85.

（3）Ravallion M. 1992. Growth and redistribution components of changes in poverty measures. Journal of Development Economics, 38: 275-295.

（4）Sen A. 1976. Poverty: an ordinal approach to measurement[J]. Econometrica, 44（2）: 219-231.

套用经济学模型的可能陷阱
——读凯根《三种文化：21世纪的自然科学、社会科学和人文学科》札记①

1　还得提倡"活学活用"

近段时间反复阅读《三种文化：21世纪的自然科学、社会科学和人文学科》（王加丰等译，上海人民出版社 2011 年 3 月中文版），深有感触。作者杰罗姆·凯根（Jerome Kagan）是美国著名发展心理学家，他主张广义的科学文化观。而他的这本书对经济学科尤为重视，不少表述对经济学人颇有警示意义，特作此札记。

要说印象最深的，恐怕是对套用经济学模型的高度警惕。有一天再读时，突然想起个老词儿——"活学活用"。

这个词儿在我国曾非常流行，后来一段时间内，"活学活用"遭到了部分人士的批判，主要原因是说这种主张割裂了所学的思想体系，为阴谋家的篡改打开了方便之门。

而今回想起来，其实"活学活用"并没有错。明明知道老百姓没有那么多的时间和精力，不可能去搞清楚偌大的思想体系，所以只能搞急用先学、立竿见影，只能在"用"字上狠下功夫。其实，即便社会到了发达阶段，高等教育普及了，也不能都去当学者，而且就算当学者，也不能都关在象牙塔里，社会可受用不起。

身为学者，当然应该掌握本学科的思想体系。那么有了体系，还要不要"活学活用"呢？笔者以为还是要的。到什么时候也不能"死学死用"，尤其是作为"致用之学"的经济学，否则会给相关决策带来很大麻烦。套用经济学模型，便是"死学死用"的一种。

经济学模型，当然是好东西，社会科学皇冠上的一颗明珠，人类文明的结晶。搞经济学研究，很多场合不可不用模型。然而我们"过犹不及"，不可不记，套用经济学模型仍是时时处处需要警惕的，因为后来者很可能不知不觉就掉进陷阱。

① 本文原载于《经济学家茶座》第 59 辑，2013 年第 1 期第 41-47 页，曾收录在笔者的《经济统计学科论》，中国财政经济出版社 2013 年版，中国北京。

2　经济学的学科移植性质

经济学18世纪后期开创于英国，19世纪得到了很大的发展。这个时空背景明确地告诉我们，数学和物理学对经济学发展的作用至关重要。彼时彼地，物理学是诸学科中最硬的"硬科学"，艾萨克·牛顿则是英格兰知识界的圣人。大卫·李嘉图等深受此等学术大潮影响，他们力图使经济学成为一门"社会物理学"。于是，从物理学移植便成了经济学发展的不二法门。

凯根（2011：6）指出："19世纪是模仿物理学的时代，那时的经济学家天真地假设，能量和平衡的概念用于经济学，以及采用物理学家用来描述这些观念的数学可能都是合适的。"[①]"第一代经济学家认为物理学家的'能量是做功的能力'这个句子中'能力'（capacity）的意义，类似于'货币是购买货物的能力'中的意义。结果是，他们假定热力学（thermodynamics）的各种方程式可能适用于经济学的各种数学模型。"

问题在于：两门学科的基本概念和方程式为什么可以等量齐观？学科移植的假定能否成立？这种移植在经济学基本理论体系建立时程序是否完备——是否得到了如同数学和物理学那样的严密证明？如果这些问题确实仍待解答，那就意味着：经济学大厦的基石尚有悬空之处。

3　对"无条件移植"的质疑

对经济学照搬或者说"无条件移植"物理学和数学方法，存在着种种质疑。

凯根（2011：27）认为："不是所有的现象或所观察事物之间的关系都适合于用数学来描述。""经济学家假设，为了描述无生命物质或解释形式数学中的一个悖论而发明出来的数学工具，应该可以应用于历史所创造的各种条件下的经济决策，这只是一个基于信仰的假设。"（凯根，2011：159）他进一步评价道：经济学家"未能认识到，许多谓语与不同的名词结合时，具有不同的意义。因为每一种陈述的有效性依赖于一个完整的句子，而不是依赖于单个的词"。（凯根，2011：6）

我们知道，经济学界从来不乏学科硬化的极端拥趸者，威廉·斯坦利·杰文斯（William Stanley Jevons）是受人尊敬的经济学奠基人之一，他在19世纪70年代写道："经济学必须成为一门数字的科学，因为它是处理数量关系的。"（转引自

[①] 引自《三种文化：21世纪的自然科学、社会科学和人文学科》，第155页。

凯根，2011：104）诺贝尔经济学奖获得者罗伯特·卢卡斯（Robert Lucas）在这个问题上是一个更为教条化的人。他说道："经济理论就是数学分析。其他一切都只是些想象和漫谈。"（转引自凯根，2011：29）按照这种"唯数理"派的观点，经济学之父亚当·斯密就不配称为经济学家，因为他开创经济学所依赖的是语义形态，压根儿不是数学方程式。

然而，凯根（2011：104）指出："杰文斯未能察觉到，经济学的许多概念不能满足数学所要求的所有必要条件，比如，相等的数量加相等的数量产生两个相等的数量之和（equals added to equals yield equal sums）之类的条件。这个世界的事实本身决定着分派给某种现象的数字是否可以用物理学家处理物质、能量、速度和距离的概念的方法来加以处理。"

比如，物理的概念"质量"（mass）达到了数学标准，使得科学家可以用各种数学和物理学方程式加以处理。那么，经济学中的基础概念"效用"是不是也具备了这种数量分析的"普适性"呢？不同的经济背景，不同的心理反应，使得每个人的同一效用值所应该代表的内涵差异很大。"效用"到底能否像物理中"质量"概念那么处理？确实值得进一步深入考虑，毕竟"事理"不同于物理啊！杰罗姆·凯根甚至认定："经济学家和进化论生物学家的形式模型中，没有一个概念具有物理学家的质量这个概念所具有的那些数学性质。"（凯根，2011：30）

保罗·萨缪尔森认为，数学公式成功地解释了物理能量的转化，在解释经济决策时应该同样有效。可是他忽略了一个事实，物理学的各种概念有固定的定义，不会随地点和时间的变化而变化，而人类的种种偏好和期盼在一生过程中不断发生变化，并随着历史时期、文化、性别、种族和阶层而变化。（凯根，2011：160）经济学家寻求理解和预测大量前提条件和少量结果之间的关系，然而这种因果关系在各个历史时期和各种社会中一直在变。经济学分析的"靶子"是时时处处移动着的，但物理学的分析对象并非如此。这个根本差别在移植模型方法时不能不严格加以区分。

4 经济学模型的"不完全性"

经济学模型运用还有一个更大的麻烦：毕竟经济学模型不能涵盖研究对象的全部范围，因为不能纳入模型，而不得不忽略现象的某些因子。于是，仅仅根据模型来推论其数量关系即意味着：不能被测量的现象并不存在，这显然是一个背离事实的无奈假定。爱因斯坦在普林斯顿大学的办公室里的一块牌子上写道："不是每一种有价值的东西都可以计算，不是每一种可计算的东西都有价值。"（转引自凯根，2011：106）

在经济学分析的范围从生产向生活扩展后，这一点尤为明显。生活质量有两种不同的组成部分：一种是指带来物质舒适的物品、健康和长寿；另一种指一个社会成员的心理状态，二者截然不同。经济学家本应该为这些不同的偏好发明各种尺度，不能把它们视为可以累计的数值。（凯根，2011：165）但是，因为经济学家缺少各种灵敏的方法，无法测量人们所渴望的目标以及达到这些目标的预期，所以他们只好冒险无视不太理性的、情感和道德的因素对经济选择的影响。（凯根，2011：178）

经济学模型当然有很多成功的案例，这种成功激励着后来的经济学人勇往直前。甚至，有些人在掌握了一定的经济学模型后，竟然不能容忍自己对经济现象有所不知，俨然一副包打天下的派头。

然而，经济学模型并不是万能的。比如，当我们问及人类生命价值时，依靠成本效益方法来分析行为后果明显是不可能的。（凯根，2011：170）一般而言，在一个本质是不确定的世界上要达到确定，等于迫使社会将自己置于某个无法容纳自己的小盒子中。（凯根，2011：169）

5　经济学定量分析中的"可加性"问题

经济学方法的物理学移植带来的另一个基本问题就是不同数据间的"可加性"。

凯根（2011：105）指出："社会科学家受为所有的概念发明持续的数字标尺的困扰，这迫使他们把各种非常不同的现象聚集在一起。这种做法的好处是一个人可以估计某种方法、某个标准差（standard deviation）的数值（values）并利用相关的统计技术，估计出所观察的成果不是某个偶然事件的概率；其不利之处是不同的现象常常被集合在一起。智商、不安全型依恋（insecure attachment）、国内生产总值等，都是由不同根源的事件构成的概念的例子。"

相对于其他社会科学而言，经济学家拥有货币度量标准的独特优势，然而对这一优势也不能滥用。不是任何事物都有价格，也不是任何经济现象都可以相加。对经济学现象的"可加性"，笔者在《话说没头没尾的"大作业"》（载于《经济学家茶座》第 58 辑）中已有说明，这里就不再赘述。

6　经济学模型的"假设之假"

我们知道，经济学家在构建经济学模型时总需先考虑种种假设、前提和条件。所以，这些假设、前提和条件是模型的应用者须首先关注的。如果连这些"前置构件"都存在问题，那么模型成立就失去了依据，应用就没有意义。

　　然而，经济学模型中的假设还有不少值得质疑之处，有其脱离现实之处，也就是笔者所说的"假设之假"。

　　凯根（2011：156）告诉我们："经济学家倡导的各种形式模型都基于这样一个有争议的前提：个人总是通过不受他人行为或经济立场的影响而作出理性的决策，试图使自己的经济利益最大化。这样的经济学家就像弦理论家，因为两者都包含各种变量，这些变量要么未曾加以测量，要么甚至当前还不可测量。"

　　除了理性选择，还有其他需要深思的假定。比如，最流行的沟通网络模型假设，任何两个人之间的联系强度总是一样的，而且任何两个个体之间只能存在一种联系。这两点都与现实不符。

　　再比如，纳什的博弈模型建立在四个假设上：①所有游戏参与者都能准确地评价自己的动机；②具有相同的讨价还价技巧；③充分了解其他参与者的爱好；④参加游戏时不能互相交流。显然，这四点对经济主体的要求过高，是完全不现实的。

　　经济学模型离不开参数，但如果模型包含了太多开放的参数，其数值随着环境条件的变化而变化，就会造成计算结果的多种可能性。约翰·冯·诺依曼（John von Neumann）当年常说：给我 4 个参数，我能造出一头大象，有 5 个参数，我能让它摆动鼻子。这个说法形象地告诉我们，参数质量对分析结果的影响之大。

　　按照凯根（2011：155）的介绍："当量子论摒弃了牛顿的观点及其数学方法时，20 世纪的经济学家当众坦言他们不再以物理学作为他们的研究模型，尽管许多人在论及效用时继续使用同一些方程式的各种变体。效用概念因太具有心理倾向而变得模棱两可，当经济学家对此感到不满时，保罗·萨缪尔森（Paul Samuelson）用从实际消费的总数据中推断出的'显示性偏好'（revealed preference）的概念，取代效用的概念，问题是消费行为并非总是泄露人们偏好什么，因为现实条件限制了他们的真实愿望。许多贫穷的成年人喜欢新鲜的羊角面包（croissants）当作早餐，但其实只能吃上隔夜的白面包。"

　　近些年，经济学的行为实验大行其道。实验可能揭示出经济主体的行为规律，但也不能迷信其结果。因为，在一种人为的实验室环境里，行为者的表现并非总是在真实生活环境下的表现。（参见凯根，2011：181）仿真毕竟只是对真的模仿，其结果并不必定为真。什么事儿不是身临其境，没有切身体验，假想自己或他人面对某种选择的反应，恐怕会离实际相去甚远。在自然科学中，小剂量的实验结果或许可以按比例放大，在社会科学中就难以如此线性预期了。

　　不幸的是，在任何社会科学中都不存在像物理学那样起同样作用的等式，因为在各社会和个体内部存在着各种重要的调和过程，当各种社会、心理和生物的时间越过一定的价值观时，相应的调整就会展开。社会、心理和生理现象之间的关系异常复杂，而大多数经济学家的模型都大量剔除这些关系的复杂性，以至于他们的模型不适合自己试图解释的现象。（凯根，2011：177）

7　模型有效空间与现实空间之异

从空间意义上看，所谓假设、前提和条件的考虑，实质是在确定模型的有效边界。若干假设、前提和条件结合在一起，经济学模型的有效空间便形成了。如果这些假设、前提和条件可靠，那么在此边界内，模型所揭示的数量经济关系是可以成立的。然而，并不是这些假设、前提和条件成立，经济学模型就可以大行其道了，使用者就可以高枕无忧了。

我们还应该清楚地意识到两点：首先，我们不可能只在模型的有效空间里应用此模型，而必须将之放置到经济现象的现实之中。其次，模型的有效空间往往小于现实空间。如此说来，当我们把一定理论空间内有效的模型应用到现实空间时，理论空间与现实空间不一致就会带来结论的偏差，这种偏差就会影响到决策结论。因而，我们在使用经济学模型时务必保持清晰的边界意识，要设法考虑放松假设、前提和条件后的影响，由放松所带来的结论偏差到底能否被接受。

旨在描述一系列事实的数学方程式，只是指出事物是什么（what），并不能解释这些事件怎样（how）发生和为什么（why）发生，对该结果的背景或确切性质也没有详细说明。构建经济学模型，是从具象到抽象的过程，而应用经济学模型，则是一种还原，是从抽象到具象的过程。既是还原，就需要把一定时空下的特殊因素再添加回去。唯有如此，经济学模型才是真正"管用"的。

8　经济学作为"学生"的不足

尽管我们的学习态度几近虔诚，但经济学对物理学的移植似乎还不够彻底。

物理学十分关注模型的现实性质，表现出一种忠于实际现象的精神——物理学模型必须接纳各种已知的事实。比如，在解释许多天空现象时，托勒密宇宙模型跟牛顿模型一样好，但它认定太阳围绕地球旋转，就被牛顿模型取代。

然而，经济学主流并没有认真对待种种质疑，经济学人多热衷于追逐方法创新的前沿，反而忽略了基本问题的研究。当然，经济学模型的有效性并不像物理学模型那样容易判断，所以，其无效性也难以判断。

另外一点，自然科学也并不是以数学模型作为唯一的表现方式，许多重大发现都是意料之外的经验观察，其结果用语义形式或图表形式加以表述。在自然科学中，数字、语言和图表这三种人类心智工具都会得到运用。所以，强调经济学必须以数学模型为唯一表达方式，超乎自然科学，实在是过分之举。

控制论之父诺伯特·维纳认为，社会科学家并没有完全理解物理学家的理智态度。他特别强调，如果要仿效现代物理学，数学经济学必须从批判性地叙述这些定量概念开始。

学科移植的"唯数理观"还引发了一个基本问题：经济学是由其研究主题界定，还是由其表现方式来界定？就一个学科的科学性而言，内容和形式孰更重要？

总之，包括经济学在内的所有社会科学都还处在发展的早期阶段，严格来说，还是"发展中学科"。

9 应用经济学模型的三点小建议

前面所述，"无条件移植"、经济学模型的"不完全性"、定量分析的"可加性"问题、经济学模型的"假设之假"、模型理论空间与现实空间之异，如此等等，都是套用经济学模型可能会遇到的种种陷阱，或者说是应用时所存在陷阱的种种表现。

确有陷阱，那该怎么办？笔者提出三条建议供参考。

其一，执中庸立场，持批判态度。

对经济学模型，既不能因其位于主流而迷信、盲从，也不能因陷阱的存在而却步弃行。采取中庸的态度恐怕比较适宜。要努力应用但不滥用、不套用，"活学活用"而非"死学死用"。按照诺伯特·维纳的意思，保持一种批判的科学态度，探索经济学数量分析的方法论。

其二，不求最优，但求较优。

单项的经济学研究只追求有限的目标，不奢望得到最优解，只要能得到相对好的结果。追求在已有的分析中是比较好的，是有所改进的，是更接近于经济真实的。

其三，老实报告方法，善意开放进程。

在研究中，努力避开陷阱。在报告成果时，老老实实把自己所用的方法交代给读者。成果都是阶段性的，本研究还有哪些不足，也应该真正地说清楚，以免后人再走弯路，也便于人家发现陷阱。此外，数字、语言和图表这三种人类心智工具在经济学研究中都有其用武之地，从分析与综合的需要出发，不但重视数字，也借助语言和图表，以期救偏补弊，会不会更好些？

成本效益分析的几条软肋①

打工，过日子，当老板，不管处于什么位子，无论碰到的事情大小，总得做决策。既费了心力，又希望决策正确。在现代社会，遇到重要项目就得靠科学的决策思想和得力的定量工具。成本效益分析（cost-benefit analysis，CBA）就是人们常用的精确化决策工具之一。

要是按照学院派学者的高头讲章，成本效益分析可是神乎其神，没有数学模型断然难以规范完成。您看教科书中的规范定义：成本效益分析是通过比较项目的全部成本和效益来评估项目价值的一种方法。作为一种经济决策工具，其基本原理是：针对某项目提出若干实现目标的方案，运用一定的技术方法，计算出每种方案的成本和收益，并依据一定的原则加以比较，选择出以最小的成本获得最大收益的决策方案。

又是基本原理，又是技术方法，巍巍然一本正经，然而成本效益分析还是扎根于现实的土壤里。在日常生活中成本效益分析的基本思想到处可见，像人们口头上挂着的"赔本""包赚"，还有"合算"之类的用语，就体现了百姓骨子里对成本和效益的讲究。

当然，成本效益分析自有其丰厚的科学内涵，不然就不可能流传下来，不可能成为一项专门工具，吸引那么多人费时费力去学、去用。只是我们在学习和使用时得存有戒心，它固然很有用，但也有其软肋，有时没那么神，不可尽信，不可完全依赖。

前些天出席一个课题论证会，涉及成本与效益的对比，刺激笔者动了一番脑筋。粗粗想来，大概它有这么几条软肋，值得格外注意。

先是成本效益分析的时空维度把握。

不管成本，还是效益，总是跟一定的时间、空间相联系。时空一变，本钱和益处就很可能随之而变。成本多少，效益如何，就看你分析时的时空维度究竟怎么确定。如果考虑的时间过短，范围过小，成本可能没那么大，效益同时也会少算、漏算，决策如何正确？

古贤者云：不谋万世者，不足谋一时；不谋全局者，不足谋一域。在进行成本效益分析时，对象把握上通常应该是长期比短期好，全局比局部好。

---

① 本文原载于《经济学家茶座》2013 年第 3 期，收录在笔者的《经济统计学科论》，中国财政经济出版社 2013 年版，也收录在《品茶问学》，中国财政经济出版社 2014 年版，中国北京。

可也不是时间越长越好，空间越大越好。

首先是这"长"、这"大"没有尽头，难以企及。时空是由种种事物构成的，而事物总是相互联系着的，没有直接联系，还可能有潜在的间接联系。美国气象学家爱德华·洛伦兹（Edward Lorentz）有一个形象的说法："一只南美洲亚马孙河流域热带雨林中的蝴蝶，偶尔扇动几下翅膀，可以在两周以后引起美国得克萨斯州的一场龙卷风。"蝴蝶效应的客观存在，使得人类没有权利断然切开事物之间的联系。要命的是，成本效益分析的对象范围必须有所限定，非得切它一刀。从时间上看也是这样，事物还在发展过程中，我们可以确定某些时间节点，但决不能断定节点之后事物就不再相关。

成本效益分析的定义可是指令明确，要求我们定量分析"全部成本和效益"。真是脚踏实地去应用，"全部"二字是无法落实的。此时就用得上"尽信书不如无书"之古训，教科书中强加给我们的不过是一个虚幻的要求。

在分析范围选定上还存在一个隐含的矛盾。时间越长，空间越大，难以确定的因素就越多，成本效益分析的结果就越难把握。本来成本效益分析是精确化的工具，随着对象范围的扩大，定量分析的效果却往往走向了反面。分析的全面性要求与精确化要求实质上存在着矛盾，二者是相悖的。

于是，长期到底该有多长？全局到底该有多全？这个"度"究竟如何把握，或者说，成本和效益的边界确定问题，是成本效益分析面临的首要问题。

确定了分析范围，又会遇到隐性成本和隐性效益的显示度问题。

这里笔者用的说法是隐性和显性两类，也有的人将成本和效益区分为有形和无形两类，或者硬型和软型两类。比如无形收益（soft benefits）等，叫法不同，所指称的对象则是相同的。

在成本效益分析中，本身显性的成本和效益相对容易处理，但在决策时还必须考虑隐性成本和隐性效益，这是落实所确定分析范围的难点所在。将隐性成本和效益显化，是成本效益分析避不开的问题。不考虑隐性部分，分析就不完全；而考虑了隐性部分，又不容易准确，这又是一个两难的问题。

隐性部分应该考虑多少，意见往往不一致，公说公有理，婆说婆有理。于是问题演变为：到底听谁的？谁具有最终裁决权？或者说，谁具有最终定价权？

比如，在进口废弃物中，我们能分离出可供二次利用的工业材料，这是显性的收益，投入劳力拆卸，是显性的成本。但总还是会有一部分无法利用的废弃物，这部分又该如何处理？掩埋还是焚烧？它对土地或空气所造成的污染（再次污染）如何估价？在分拆过程中劳工身体所受到的污染（二次污染）伤害又如何估价？这些都是隐性成本，短期可能无法精确地测度它们，但它们的存在却是不争的事实。

中国这些年经济总量增长很快，污染也变得非常严重。我们知道，天底下并没有只带正能量的活动，任何生产都必然有投入、有产出，还有废弃物伴生，任何人都是垃圾的生产者，我们必须正视自己造成的污染。但同样不容忽视的是，在中国的总污染中，除了内源性的这部分外，还存在着外源性的部分——中国确实有一部分污染是从国外进口的，还有相当一部分是为了出口产品而发生的。

在改革开放初期，作为世界的加工车间（好多产业没有核心部件的生产，实际上够不上世界工厂），我们为了那么一点点微薄的毛利，为了名义上的 GDP，为了低层次的就业岗位，为了这些显性的收益，除了劳工的辛勤工作，我们还留下了废水、废气等污染物，中国落下了争夺资源和市场的黄祸恶名。近年来好多劳工受害者身心两残，国民的身体素质也有所下降，这与我们不顾代价扩大出口究竟有多大关系？究竟如何估价这些隐性的成本？

在经济增长方式这个最大的国家项目上，究竟该不该进行成本效益分析，又如何进行成本效益分析？为止渴而饮鸩行不行？为了保增长，为了政绩，我们真的应该引进污染吗？我们真的可以无视"大进大出"所伴生的污染吗？发展是硬道理，到底有没有底线？举个极端点的例子，为了高额经济利益，或为了安排农民就业，难道我们能够去大量种植罂粟吗？

隐性成本不好计算，隐性收益也同样。比如，1977 年当年恢复高考，是邓小平的果断决策。对其效益究竟怎么看，如果拖到 1978 年再恢复高考，只是晚半年，1977 年上大学的高龄学生中有多少人会放弃？有多少人会失去这一改变命运的机会？这部分人对国家改革开放的贡献究竟怎么估价？

不管显性部分，还是隐性部分，都须估价，于是又得面对价格信号的失真度问题。

要比较成本和效益，得先把各类成本和效益加总，最后对比的应该是总成本和总效益。加总往往得靠价格，到目前为止，价格仍然是人类最合用的加总因子。

可价格也不是万无一失，如果市场失灵，哪怕只是部分失灵，那么价格信号就可能失真。问题恰恰在于：世界上压根儿就不存在完全自由竞争的市场经济，现实往往是存在着政府垄断和企业垄断的混合经济。只要有垄断存在，不管是政府的，还是跨国公司的，那价格就不会是市场供求的真实反映，就会有一定程度的失真。

对主张市场调节的人来说，政府行为可能会造成价格的扭曲。比如，2012 年，三公消费①禁令和中央八项规定出台，国内高档餐厅订单明显减少，原来的价格也难以维系，这说明并不是市场供求水平已经充分提升，高位价格部分是由官方消费支撑。

然而并不只是政府行为导致价格扭曲，跨国公司的干预力量甚至更为强悍。美国的四家公司主导了全球农产品市场的定价权，中国作为供需大国本该参与作

---

① 指的是政府部门人员因公出国（境）经费、公务车购置及运行费、公务招待费产生的消费。

为，至今却仍然是"价格接受者"（price taker）。世界三大信用评级公司主导了各国金融信用等级的生杀大权，欧洲中央银行的专项研究"意外地"发现，这些本应公正的评级巨头也存在关联交易倾向——屡屡抬高与他们有业务往来公司的信用等级。

价格不光失真，失真的程度还有所不同，不易把握。价格信号失真有时大些，有时小些，有些事项大些，有些事项小些，很难确知其大小。失真小时或许可以忽略不计，对成本效益分析并无大碍。失真大到一定程度，成本和效益的计算就容易被误导。

社会现实中存在着不同的价格机制。比如在发达国家，对居民的废弃物都是实行"抛弃收费"的制度。但是在中国却有"收破烂"一说，现在在国内大都市居然出现了破烂王，他们垄断可获利废弃物的回收渠道，发了大财。不管卖钱多少，居民家中部分废弃物有人来收，不用费力抛弃，还能得点小钱，这与发达国家形成机制上的反差。

不过，还有一个反差却被国人忽视，发达国家个人抛弃废物是收费的，但他们的企业和国家往落后国家出售废弃物，不是抛弃缴费，而是抛弃得钱！为什么发达国家对内和对外形成了这种行为反差？到底哪种方式才是对市场供求状况的真实反映？哪一种价格机制才代表了社会的进步方向？

对难以估价的成本和效益，特别是隐性部分，人们创造发明各种方法，直接也好，替代也罢，总是设法找出答案。但如果遇到极端的情况，有些成本和效益就是无法用价格估量，那么这部分又如何放到总成本和总效益中？

除去私人物品外，估价中还有市场化和公益化的平衡问题，公共产品的定价完全依照市场供求法则行不行？市场是不是过分看重经济效益而忽略社会效益？是否过分看重短期效益而忽略长期效益？是否过分看重效率而忽略公平？在企业之外，是否需要政府和非政府等社会组织的调整？政府干预对市场完全是破坏性的吗？如果还有社会调节的一面，那又如何区分其行为的正当性和非正当性？

就成本效益的估价而言，市场失灵时的价格扭曲、价格信号失真度的差异、无法估价部分的计入，还有公共产品的定价基准，这四点使得价格尺度本身具有弹性。当然还可能存在其他笔者尚未想到的原因，也会造成价格度量尺子的刚性缺失。无论如何，尺子有弹性，测量就难免有操作风险，很容易造成成本效益分析结果可靠性的降低。

当然，所有价值指标都会面临价格信号失真的问题，越是强调定量的精确性，受到此问题的困扰就越大。因此，越是强调方法的精确性，人们就越需要保持更高的警惕性。

令人费神权衡的，还有成本和效益的变化组合。

决策有不同的方案，也涉及不同的时间段。

　　成本走向可能先小后大，也可能先大后小。比如盘山路和隧道相比，盘山路的前期开发成本较低，但使用和维护成本则持续较高；隧道开发成本前期特高，但使用成本与盘山路比则大大降低。

　　效益也会出现不同变动形态，收益曲线先高后低或先低后高。比如高危岗位有特殊津贴，前期收入很高，一旦身体受损，收入会急剧减少，以致为零。再比如，读工商管理硕士学位前期可能需要自己担负高额费用，一旦学成找到高薪岗位，收益可能大幅跃升。

　　成本和效益的变动组合在一起，变化就更为复杂。二者同时下降，或同时上升，或一升一降，还可能一个固定一个变化，或即使变化，变化速率却互不相同。

　　不同历史阶段，人们对成本和效益的认可度不同，给予的权重也不同。权重不同，成本和效益的贴现率就不同，成本效益分析的结果也就可能出现巨大的差异。

　　在进行成本效益分析时，格局狭隘不成，大而无当也不成。"长"中还该有"短"，所谓"短"就是分析时要注重历史时期中的阶段性特征。"全"中还得有"局"，这个"局"是局部的局，就是分析时还真得注重共性规律下的特殊性问题。在大时空中对特定"小时空"给予更高的权重，重点考虑。不光具备"大局观"，还同时具备"小局观"，这是决策时也该注意到的。

　　比如，发达国家对废弃物通常有两种处理办法，一是一弃了之，二是循环再生利用。中国作为一个新兴的人口大国，我们在经济链中的地位可能提升，也往后发国家推卸废弃物，这老路能不能行得通？恐怕不成。现在信息流通发达，即便在发展中国家，民众的环保意识也在强化，此其一。而且，我们人多废弃物也多，哪个国家能承接得了这么多的废弃物？可见，中国只能以循环再生利用为主，明确这一点，现在行动为时并不算早。

　　再比如清洁能源。清洁当然受欢迎，欧美发达国家离不开能源，有清洁能源让他们受用更是好上加好。可是在目前的技术水平条件下，清洁能源设备的生产中却必须使用严重污染的中间产品，这就造成了清洁能源生产成本和使用效益间的巨大反差。

　　比较典型的是太阳能的利用，多晶硅发挥着巨大的作用。然而生产多晶硅的副产品——四氯化硅是高毒物质。用于倾倒或掩埋四氯化硅的土地将变成不毛之地，草和树都不生长。它具有潜在的极大危险，不仅有毒，还污染环境，回收成本巨大。

　　如果只看到世界大局，似乎中国这样的生产国应该为人类做出贡献，但是中国污染加剧的后果谁来承担？欧美国家甚至并不认可中国人的实在贡献，谁会补偿我们为世界清洁能源做出的牺牲？面对如此格局，成本和效益究竟应该如何计算？全球共同利益与国家利益的矛盾如何调节？

　　人类生活可以概括为四大再生产：自然再生产、人口再生产、物质再生产和精神再生产。物质再生产中有自然资源的开发利用，也有再生资源开发利用。所谓再生资源主要就是人工产出品中的闲置物和废弃物，如果不加利用，这部分物质就退出了经济循环，导致新陈代谢的部分断裂。资源有分布，环境无边界，人类非动物，精神会传承，这是人们决策的最大背景。

身处如此复杂的巨系统，我们不可能掌握一两项万能工具去解决所有难题，科学再发达也不成。本文用了"软肋"这个说法，肋者，物质形态上介于骨肉之间，寓意是成本效益分析这个精确化工具硬中有软。既为软肋，支撑和保护自己时就得当心。

在学习和使用成本效益分析时需注意，尽管它属于现代科学定量方法，但成本效益分析的结论并非绝对正确，只具有相对性，千万不可迷信。

不迷信，也不走到另一极端。难道我们可以因为其相对性而放弃成本效益分析吗？生存还是毁灭（to be or not to be），生活中人们时常会碰到这一根本性问题，它苦苦困惑着哈姆雷特，其实我们也逃不掉。笔者以为，答案应该是：to be but not to be too much，还是有所作为，但不过分，秉持中庸之道。

这里还有一个行为目标正确定位的问题。

有一个小故事说，两个人遇到老虎要逃命，一个先系鞋带，另一个问，你系鞋带就跑得过老虎了吗？系鞋带的说，我不用跑得过老虎，只要跑得过你就行了。撇开道德因素不讲，系鞋带者的行为目标较为理性，虎口逃命的可能性更大。

我们从事成本效益分析，不是要得到绝对真理，而是要使决策相对正确。我们的最低目标是比拍脑袋决策者科学，毕竟有聊胜于无，通过定量分析可以得出比较靠谱的见解。而当博弈各方都进行成本效益分析时，如果我们把上述种种不确定因素考虑得更到位，那决策的正确程度也就更高。

话说没头没尾的"大作业" ①

这些年评阅了好多经济学方面的硕士、博士论文，可能是由于经济学的致用性质，多数论文是应用性的。笔者的一个突出感觉：现在这些应用性论文的一个最大的毛病就是做"大作业"，或者从实质上看，论文其实"没头没尾"。而且这是个通病，或者说几乎形成了一种值得关注的趋势。

毋庸置疑，这些学位论文的中间部分大多看上去很好，经济学模型很漂亮，往往是最前沿的、最流行的，有证明推导，甚至声称带有对模型的改进。模型后面有不少数据，还有分析，乍一看可谓有模有样。

问题在于，好多论文"没头没尾"。

按说，现在论文都是按照洋八股套出来的，前必有文献综述，后必有政策建议，不然哪能通过导师关？头和尾在表面上还是有的，不过往往有张冠李戴且削足适履之嫌。

做任何研究都要从已有的思想材料出发，所以得有相关领域的文献综述。然而文献综述只是个基础，目的是要引出所研究的问题，应该研究什么，为什么要研究它？研究它采用什么分析工具为佳？这是论文中间所用模型的来由，二者存在着不可或缺的内在逻辑联系。

所谓"没头"，就是这些文献综述往往是形在而实不至。

有的论文只是将本领域内的相关文献罗列出来，国外学者怎么说，国内学者怎么说，洋洋洒洒，长篇累牍。什么都提到了，就是没有自己的理解、认识，更不用说比较和评论，没有研究者的系统加工。打个比方，等于是砖给你摆上了，水泥给你摆上了，钢筋也给你摆上了，摆上之后他不管了，他另搞一套自己建房去了。

这种做法只是罗列，是陈述而不是综述，有述而无综。

本来，论文前面的重心在于研究意义的交代，我为什么非得研究这个问题？经济学致用，那就是社会经济现实中碰到了重大问题，需要学者深入来思考。思考的必要，自然得有对研究前沿的概括。

那就必然会有以下问题：现在这个研究做到了什么份上？国内外学者做了哪些工作？已有的工作成果中有哪些共同点？又有哪些不同点？不同学者的观点不

① 本文发表于《经济学家茶座》第 58 辑，2012 年第 4 期。

一样，其原因或认识背景究竟是什么？在这些共同点、不同点中，哪些是好的、是优点？哪些是不足的？有没有是前人研究都忽略和遗漏的？

对这些问题，1990 年笔者做博士论文时曾用"四点论"加以概括，搞清楚前人研究的共同点、不同点、优点和弱点，才能真正开始自己的研究。"四点论"的概括倒不一定准确，但笔者以为只有较为全面地回答了诸如此类的问题，才是真正的文献综述，才能逻辑地导出后面自己想用的模型。

分析工具的选择依赖于对问题的理论认识并促进认识的深化，二者可以形成良性循环。模型的试用很可能会促发新认识的产生，但思考的逻辑起点则必定是待研究的现实问题。否则，贴上去一个文献综述，论文中的模型横空出世，来而无影，论文其实"没头"。

"没头"的论文也往往"没尾"。

应用性论文的结尾部分缺不了政策建议，研究目的在此。然而值得关注的是，好多学位论文的政策建议都大有问题。先是篇幅上就不够，与模型部分很不匹配，有的甚至只有几页纸。看上去分量很重的论文，到人家想看你"高招"的时候，却乏善可陈。更要命的是，这些建议与前面的模型、数据分析是断开的。好多建议不知道从哪里抄来的，是一些套话、空话、废话。其特质是：似乎绝对正确，但信息量几乎为零，路人皆知，似曾相识燕归来，压根儿不用论文作者再来提什么建议。

笔者参加论文答辩，愿意从这儿挑毛病，一挑一个准儿。笔者的提问如下：前面那些模型和数据分析都不要，光这些政策建议的话，作为论文去拿学位行不行？肯定不行，对吧？那中间那些模型和数据对你得到这些建议的作用究竟体现在哪里？别人不用模型也能得到这些建议，你用了高深的模型也只得到这些建议，那你用模型的意义何在？按照奥卡姆剃刀，那些模型是不是应该统统剪掉？当然，这种问题到了答辩时节已无法回答。

政策建议成立与否与前面的模型、数据分析关系不大甚至无关，实际上论文没有尾，这个结尾是遵照洋八股的规定硬接上去的。这样做，比狗尾续貂都不如，因为这个"尾巴"已经严重动摇了模型在此应用的正当性。

这类论文的自述不足往往是数据不够，是经济统计的缺陷把自己束缚住了，英雄无用武之地，自己有能力做分析却没法做。这说法实际上是在给自己找借口，推卸责任。需要进一步研究的问题也往往是虚幻的，是那些等社会进步了，有数据基础了才好办的问题。可见，结尾部分的论文不足和进一步研究方向也是硬贴上去的。

还有论文的参考文献，英文的打冲锋，中文的断后，动辄数百篇，蔚为大观。答辩时如果挑出一篇问作者从中得到什么具体的启示，所答往往极为勉强。其实，好些名家大腕儿都不过是陪绑的"壮丁"，作者在论文付印前才拉过来的，似有以

"貂尾"示人之状。

因为没头，所以没尾。模型与文献综述的逻辑脱节，很容易导致政策建议与模型的逻辑脱节，模型实际上处于上不着天、下不着地的悬空状态。

好多研究生把注意力都放在中间的模型，关注的可能就只是两点：模型是不是时新？怎么能把数据凑出来？这不是在做"大作业"吗？如此研究，最后能得出真正的结论只是：我会用这个模型，仅此而已，这恐怕不是真正的研究。

既然是没头没尾的"大作业"，为什么在经济学研究中得以盛行？一个重要原因可能是不同科学文化理念之间的矛盾。

对不同的人而言，同样的术语其指称的含义可能大为不同，"科学"二字就是这样。最广义的科学概念，包括了自然科学、社会科学和人文科学。然而，不少人认定只有自然科学才称得起科学，更有极端者认为，只有数学甚至纯数学才当得起"科学"二字。

美国著名发展心理学家杰罗姆·凯根（Jerome Kagan）在《三种文化：21 世纪的自然科学、社会科学和人文学科》[①]中指出了"各知识学科中的身份等级制度"，"一个类似于太阳系的力场"（force field），"在这个类比中，物理学是太阳，数学是其核心，化学和生物学是附近的行星，在离中心越来越远的轨道中，有经济学、语言学、心理学、社会学和政治科学"。"历史学和哲学位于更远的轨道"，"在这个假设的宇宙的遥远边缘是艺术和文学"。

在这个力场中，不仅是自然科学对社会科学和人文科学的轻视，同时也有自然科学内部不同学科间的等级观念。多数学科都处于既可轻视他者又被他者轻视的二重地位，"学者相轻"还是成为一个相当普遍的现象。就是在搞纯数学的人当中也分高下，最聪明的脑瓜认定，搞不了经典数学的才会去搞概率论、模糊学等。按这个逻辑下来，自然是搞不了纯理论的才等而下之，转去搞应用，比如搞物理，搞化学，搞生物，搞数理统计，等等。

人们把追求对事物数量关系的认知混同于对事物的认知，把精确性混同于正确性，在这种单一维度下，滋养了"唯数理观"的两个基本认定。一是"数理便是科学的全部"，其他的一概不是科学，不配称为科学，顶多是数理的应用。二是数理方法放之四海而皆准，什么假设、前提、条件诸应用环境统统都不重要，应用时自然而然就可解决。

数学自然放之四海皆可用，但并不笃定放之四海而皆准，"可用"并不等价于"皆准"。其实，越是根本性的学科，越是应用面广的学科，就越属于方法论学科。而方法论学科与实质性学科有相当大的区别，在人类的认知中有着不同的使命，并不能只从方法论的维度来分辨高下。数理方法是抽象的，要切实加以应用，就

---

① 王加丰等译，格致出版社 2011 年 3 月中文版，第 210 页。

得还原到具象。这就得有对实质性学科的掌握，如此才能还原得好，不然的话，这种还原很可能是失真的。

笔者曾做过一个概括：再复杂的数学模型都可以归结为四则运算的衍生品，无非加减乘除，根基上就是小学生的算术，只不过在怎么加减、怎么乘除上有所创新和深入。谁都知道，减是加的逆运算，除是乘的逆运算，所以四则运算实际上就是两则，或加减，或乘除。因而，任何计算最基本的前提，就是可不可加和可不可积，即"可加性问题"和"可积性问题"。这两个问题不解决好，后边模型再复杂，也是基础悬空着的大厦。而要解决可加和可积问题，必须依靠与实质性学科的结合，并不能只凭方法。

数学当然是非常重要的，现代社会的科学研究中，做定量分析是必须的。不过数学并不是科学的充分条件，自然科学家 J. D. 巴罗（John D. Barrow）指出："不存在能够表达所有真理、所有和谐和所有简单性的公式，从来不存在能够提供全部见解的万用理论。"[1]

可以打个比方，数学方法与科学研究的关系有些类似基因与人的关系。没有基因的话，人肯定就不是人了。但若是只有基因，人还成其为人吗？人之所以为人，必定有社会的、哲学的、精神层面的东西，只有基因，人就与动物甚至植物无异。数学与科学也有类似的关系，没有数学，不会是科学；但只有数学，科学也不成其为科学，数学与科学多数情况下是伴生的，是不可分割的，否定了其他科学，往往也就否定了数学本身。

可见，唯数理观并不科学。

也有不少人并没有那么严格的科学理念，而是出自研究资源配置考虑的博弈行为。

经济学研究越来越流行，吸引了越来越多的学者，可真正搞通经济学也越来越难，这根源于研究领域上和方法论上的两大扩展倾向。受数理学科强大力场的吸引，经济学在方法论上要提升、趋于严格。经济学试图从软科学升格为硬科学，必然倾向于数学化和物理学化，学科借以走向精细化。但是这个倾向实质上与其研究领域的扩展有相悖之处，因为相对而言，经济领域的东西还容易定量，越是涉及社会、心理、政治、资源、环境的现象越难测度，所遇到的可加性问题和可积性问题越多，越复杂。方法上要严格计量，对象上又难以测度，这是一个很大的矛盾。

然而并没有那么多学者具备了克服这个矛盾的自觉意识和能力。对相当一批人而言，经济学研究不过是一个饭碗，他们要发论文、要获奖、要拿学位、要晋升职称。所有这些职场之"要"都无可厚非，但如果只是把论文当成敲门砖，没

---

① 转引自《三种文化：21 世纪的自然科学、社会科学和人文学科》，第 233 页。

有经济学学者使命感和学科的庄重感，不是用自己特有的学术贡献来换取应得的社会认可，研究就变味了，就徒有其表。

杰罗姆·凯根（Jerome Kagan）指出："当1950年后经济学变得越来越数学化的时候，大学里那些喜爱数学但又无法确定自己是否有能力对正规数学作出独创性贡献的资深老师，常常选择经济学，因为这个领域为他们使用自己的才能提供了可能性，不一定是因为他们对理解各国的经济极其感兴趣。"[①]

如果不是出自学术兴趣，只是盯着学术资源的配置，只是盯着如何过评审关，就容易借学术之名取巧甚至投机。人类的心智工具有三大类：数学概念和方程式，语义网络、图式表征。三者的精确程度不同，数学模型具有说服读者的表现优势。物理学方程式虽然费解，但似乎具有确定性，就好像一个医生使用拉丁文开处方，其权威性自然加强了。[②]获取知识就是为了减少不确定性，而定量分析的结果似乎达到了此目的，因而具有形式上或表现上的优势。

有的人深谙此道，于是就把功夫用足在数学模型上，只要能把评审者的眼球占住就好。有的人做研究不是真正把问题搞清楚，不是使自己和别人明白，而似乎是极力把人挡在门外，取得学术资源的垄断地位。同时还把责任推给读者，似乎读懂的人越少，他的学问就越显得高深，至于对社会的实际用处并无所谓。这往往出自匠人的心态，缺乏知识分子的雅量。

经济学致用主要应该是致济世之用。

诚然，经济学中也有纯理论和方法论的研究，但多数还为应用研究。所以，多数经济学学者并不能把自己关在象牙塔之中，而应该着眼于社会经济现实。因此，只有数学理性搞不好经济学。

我们的经济学是从国外学习过来的，有一个如何叙述中国故事的大问题，也有如何避免其唯数理倾向的大问题。特别是，中国学生都经历过高考主导的育人模式，部分学生可能长于做数学作业，短于社会接触，思维模式需要用心调整。

经济学学习当然要注重教科书，这是为了锻炼自己的逻辑思维能力，是让人钻得进去。但总拘囿在这里面还不成，进得去还要出得来，逻辑思维太强也有它危险的一面，太强就不容易跳出来，人的思维往往就被束缚死了。研究创新同时必须具有发散性的思维，上得了天还须落得了地，悬在那儿不成。

经济学思维是多维度的，不只具备数学理性。让自己的经济学思维多向度，一个重要渠道是品读经济学散文，经济学散文往往是经济学大家才能写得出的。经济学理论和方法论怎么与现实相联系，现实当中看似平常的这个事儿，他怎么就能跟经济学连接上，他是怎么连接的，要多琢磨。这种思维训练不像数学计算，

---

① 参见杰罗姆·凯根《三种文化：21世纪的自然科学、社会科学和人文学科》，第37页。

② 参见杰罗姆·凯根《三种文化：21世纪的自然科学、社会科学和人文学科》，第156页。

多做几遍题就可能学会，而且可以突击学习。经济学思维训练得经历长时间的熏陶，得多读闲书，问题意识系于心上，现实中经常尝试着独立思考，慢慢经济学的感觉才能出来。真正有了经济学的感觉，再搞研究才可能融会贯通，写出论文才能有头有尾，身段也才真正是自己的。

针对当前经济学学习和研究中的唯数理倾向，笔者认为应该倡导评审论文的"品头论足法"，不是专门抠模型和数据分析的细节，而主要看论文头尾与中间模型的经济学逻辑关系，这样做的评委多了，估计没头没尾的"大作业"会大大减少，社会从经济学研究中的收益也许会提高。

从市场实现看应用统计方法研究的桥梁作用[①]

本文的基本思想与笔者在 1990 年博士论文中所提到的建立三座桥的设想是一致和相承的。文中点出了应用统计方法研究的七个方面，期望在其长足发展中为理论思维的实现和实证分析的升华起到应有的沟通作用。

台湾地区的统计学者谢邦昌教授曾经有过这样的认识：任何领域都有其上中下游，统计也不例外。但统计的上游中，一些功力高强的学者不见得愿意帮助中下游解决问题，而中下游又感觉上游遥不可及，不敢把问题告诉上游，觉得上游的理论太过高深。于是统计的上中下游出现了断层，影响了统计的发展（参见《统计的出世及入世观》，《中国统计》1999 年第 2 期）。对此笔者深有同感。这里先对统计做一个层次划分，然后从需求和供给两个方面对其进行分析，以期促进统计研究中的学科定位和工作定位。

1   应用统计方法研究不是统计应用研究

有的学者把统计学分为三个层次：理论研究、方法研究、应用研究。笔者则做如下的区分（图 1）。

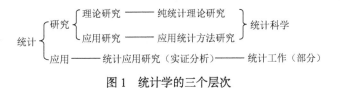

图 1   统计学的三个层次

笔者对统计应用研究和应用统计方法研究两个概念是做严格区分的，这并不是故意去咬文嚼字，提出这个区别是因为国内有相当多的人对其中的内涵并不清楚，而科学研究中的分寸感，对学者而言是判断其学识水平高低的一个非常重要的依据。

---

① 本文原载于《统计研究》2001 年第 4 期，曾收录在笔者的《谁是政府统计的最后东家》（统计百家丛书），中国统计出版社 2003 年版，也收录在笔者的《经济统计学科论》，中国财政经济出版社 2013 年版，中国北京。

应用统计方法研究是对统计方法如何应用而进行的研究，是客观上为发展统计方法论所做的工作，应用统计方法研究往往要结合于统计应用研究（即用统计方法去研究实际现象），但不仅仅在于此。它至少还可以包括以下重要内容：①为实际问题的解决，对现有统计方法的评判，包括对其缺陷的发现或质疑，或对统计方法自身的改进。②对采用某统计方法所需条件的分析，如对数据的要求，再如对方法所内含假设前提的分析，或假设条件放宽后对数据分析结论的影响等。③对所得数据如何进行分析以得出正确结论的研究。④信息社会中统计数据的选择和使用；统计数据的再开发。⑤对统计方法应用场合或范围的探索。⑥对不同统计方法应用于同一事物分析时的比较研究。⑦不同学科间方法交叉应用可能性的探讨。

在实际工作中，统计应用研究（也就是实证分析）往往与方法的进步混在一起，通常应用统计方法的研究中多伴有实证分析，或者起码要有相当的实证分析案例作为基础，但社会中更多的只是方法的应用而无其改进，那就仅仅是统计应用研究了。在二者的区分中，并不关乎工作的目的，可能进行某工作只是为了解决某个实际问题，但在使用中发现了某统计方法的缺陷不足以解决该问题，只好先着手解决工具问题；或者在实证工作中又引发了对统计方法探讨的兴趣，哪怕只是很小的改进，这部分工作也就属于统计应用研究了。

在统计研究的期刊中，常常有一类"示算"式的"论文"，先介绍一下某个统计方法，然后是一个应用实例，最后得出几点结论。笔者以为这类文章可以算作某专业领域的研究论文，但严格说来不能属于统计研究论文，如果是第一个将现代统计方法用到某领域，那是方法应用场合的探索，否则顶多只能起到统计方法应用的推广作用，在统计方法论的进步上并没有什么意义。正如哲人所说，第一个把姑娘比作花的人是智者，第二个就什么也不是了。进一步说，如果是拼凑数据来维持先验结论，那就是伪科学了。鉴此，从事统计科研和教学的人，与从事实际统计工作的人或从事其他专业的人相比，更多的精力应该是在统计方法的进步上。

2 应用统计方法研究的地位

前面我们把统计分成了三个层次，这里就从三个层次的对比中来看一下应用统计方法研究的地位应该如何（需求角度），又能够如何（供给角度）。

从需求分布来看，社会中需要进行实证分析的问题远远多于需要进行应用统计方法研究的问题，而需要进行应用统计方法研究的问题又远远多于需要进行纯统计理论研究的问题，这是一个从特殊到一般的过程，需求的偏态分布是显而易见的。与之相应，社会对从事不同研究工作的人需求上也有差异。社会需要从事实证分析的人大大多于从事进行应用统计方法研究的人，而需要从事应用统计方法研究的人又会大大多于从事纯统计理论研究的人。

从供给分布来看，一个人可能三种研究工作都做过或者都去做，但总是有其工作重心。实际生活中，实证分析与应用统计方法研究二者兼做，或应用统计方法研究与纯统计理论研究兼做的人会多一些，而三者兼做的人较少。因为社会所能提供的人才也是不同的。

专门从事实证分析的人，属于 KNOW-HOW 型人才，他们不需要考虑统计方法的论证，而只需要知道所用方法的基本思想，掌握应用方法研究者所提供的应用知识就可以了，他们不必从事统计方法库的建设，而只需采用拿来主义的态度从方法库里选取合用的工具就可以了。对他们而言，如何获取分析所需要的合格数据是更为重要的，对他们要求的更多是情商。这类人不单统计界有，其他行业应该更多。

专门从事纯统计理论研究的人，则属于 KNOW-WHY 型的人才，他们要十分热爱统计学，有学科唯美主义倾向，要能够在统计学的象牙塔里自乐不疲、孤芳自赏，就学科发展而言，这类人也许不需要过高的情商，但需要专门的智慧。曲高和寡，社会中这类人才不会太多。

而从事应用统计方法研究的人，介于前两种人之间，既要有一定的情商，又要有相当的智商。从实证分析案例的角度进行应用统计方法研究时，需要研究者具备较强的比较鉴别能力、综合归纳和抽象能力；而从纯统计理论角度进行应用统计方法研究时，又要求研究者具有较强的推断能力和扩展能力。社会能提供的这类人才不会多于从事实证分析的人才。

鉴于上面需求和供给两个方面的分析，笔者对应用统计方法研究的地位有两点认识。

其一，在统计科学研究中，应用方法的研究从人力投入上看应该占主体地位。其实在其他学科的研究中，应用方法的研究也占了主要部分。

其二，应用统计方法研究是实证分析与纯统计理论研究之间的"桥"，具体分析如图 2 所示。

图 2　应用统计方法研究的地位

这是一个应用统计方法研究内化和外化的循环过程。一方面，应用统计方法研究需要系统外的刺激，无论是应用方法研究还是纯理论探讨，都需要实际生活中提出问题，才会有的放矢，在内化为统计科学课题时加以升华。另一方面，应用统计方法研究还需要外化，为社会提供实证分析所需要的工具，以得到应用统计方法研究发展所需要的资源。二者结合在一起，才会形成应用统计方法研究的良性循环。

在这个循环过程中，应用统计方法研究是十分重要的，是使纯统计理论研究与实证分析二者沟通更加便利的桥梁（1990 年笔者在《多指标综合评价方法的系统分析》中曾经强调过这一"桥"论），在科学研究分工细化的现代社会，应用统计方法研究的这种桥梁作用更为明显。

3　强化应用统计方法研究是中国统计科学繁荣的关键

这里强调应用统计方法研究与应用统计研究的区别，强调应用统计方法研究的地位，是为了中国统计科学的进一步发展。

尽管统计研究成果和统计资料都是公共产品，但也有其市场实现问题，中国统计界应该以社会需求为出发点，合理配置统计资源，让供给与需求能够连接起来，以实现有效的统计供给，达到社会对统计需求与统计供给高水平的动态均衡。过去中国统计界常常为自己的地位犯愁，有的同志埋怨相关政府部门不懂统计，不理解统计，不支持统计。

这些年来，统计界开始考虑"为"与"位"的关系，用经济学的语言来说，就是探讨如何通过有效的统计供给来创造社会对统计的需求，进而导致社会资源对统计的更多支持以实现自身的良性循环。应该说这是非常可喜的动向，因为中国对统计需求不旺，固然有众多的社会因素，但其中一个重要原因是统计的供给本身量少质低。

单就统计科学研究而言，中国在资源配置上最大的偏误是什么？笔者认为在应用统计方法的研究上投入太少。由于缺少必要的桥梁，现代统计方法对相当部分从事实证分析的人士而言，太难、太生。本来很好的统计方法，但用得少，不能发挥应有的作用，也就难以得到社会的广泛认可。尽管这方面的情形有所改变，但还很不尽如人意。

应该看到，现代市场经济的发展，大大增加了社会运行中的不确定性，这为统计方法的大量应用提供了广阔的舞台。反观改革开放前的中国，社会经济现象本身就比较简单，不确定性相对较少，这是科技含量较低的"常量"统计（多是算术方法）能够在行其道的根本原因。但那时强调对社会现象数量规律的探讨，在现在来看，正是在强调统计的市场实现，这一点又是很可取的。

　　进一步改变这种"综合分析定性多定量少、统计研究偏理论轻应用"的分布格局，还需要尊重学术研究中的分工。在学术界至今仍有一种并不符合社会发展潮流的倾向，诸如：搞理工的看不起搞人文社科的。搞理论的看不起搞方法的，搞方法的又看不起搞应用的。搞经典数学的看不起搞概率的，搞概率的看不起搞数理统计的，搞数理统计的又看不起搞政府统计的，如此等等。学术分工，当然与人的能力和个人选择有关，但更多的还是社会因素在起决定作用。学者间互相轻视，而不是协力合作，决不会形成全面繁荣的局面。

　　强调应用统计方法研究，不是要否定实证分析。就中国目前的状况来看，实证分析不是多了，而是太少了，特别是高质量的实证分析更是稀缺。但就统计学者而言，并不能因此把实证分析作为自己的主业，而是应该着力于为统计工作者和其他专业人士提供更为便利的武器——应用统计方法，着力于统计方法和数据市场的开发。统计学者可以在实证分析中起示范、引导作用，但不能总是越俎代庖。

　　就将来而言，能够从事实证分析的人会越来越多，如果统计学者不能在统计方法论上做出贡献，与统计实际工作者或其他专业人士一样，那倒是没有什么优势可恃了。从另一角度看，只有大量的实证分析，才能为应用统计方法研究提供必需的素材，并刺激统计学者，提供从事某方面研究的动力。正如恩格斯所说，社会一旦有技术上的需要，则这种需要就会比十所大学更能把科学推向前进。

　　强调应用统计方法研究，可以对统计理论研究起到促进作用，这正像实证分析可为应用统计方法研究提供的作用相同。纯理论研究要实现可持续发展，仅靠学者的学科成就感和献身精神是不够的，统计基础研究需要国家公共投入，在这种投入不足以支持时，就需要通过统计界自己在投入布局上的调整来弥补，这应该是应用统计方法研究的另一方面作用。

　　在研究应用统计方法时，有一个问题要注意：并不是方法的科技含量越高越好，当不能证明某一种较精密方法的结果一定优于另一种相对粗糙方法的结果时，实际工作中也许宁可选择后者。比如在发达国家的可持续发展测度中，我们可以见到不少这种事例。

　　强调应用统计方法研究，也是在强调多数统计教育工作者的工作重心。统计专业学生的就业分布应该与前面所述的三层次社会需求相一致，即统计专业毕业生大多应该是实证分析工作者，他们是统计数据和方法的用户，也正因为这一点，统计教师更应该把主要精力放在统计方法的应用研究上，如此才能满足社会对自身的职业要求。有的统计教师，讲课或写文章总有一种拒人于千里之外的意味，他们并不在意所论的东西别人能不能懂，只要把别人镇住（有的时候实际是唬住）就好，只要保住自己的"专家"地位就好。其实真正的大家正体现于其深入浅出的功力，体现于其乐于为社会服务的平民精神上。这里唠叨许多，但愿同仁们能够准确地为学科、为自己定位，且为"到位"而努力。

"LKS 报告"对经济统计学的启示[①]

2002 年 5 月 6 日至 8 日，美国国家科学基金会资助召开了一个研讨会，大约有 50 位来自世界各地的统计学家参加，会议形成了报告——《统计学：二十一世纪的挑战和机遇》。该报告已经由中国科学技术大学缪柏其教授译成中文。本文中，"LKS 报告"是由三位报告主持者名字的第一个英文字母组成的简称。

"LKS 报告"的内容很丰富，从对经济统计学启示的角度看，以下几个方面是值得我们重视的。

第一，统计学的脱数学化正在进行之中。

20 世纪后半叶，"统计学在美国作为一门独立学科开始制度化和系统化"（本部分引文均来自 "LKS 报告"的缪教授译稿），"计算机和信息科学工具对统计而言至少与概率论同等重要"，"统计学与其他数学分支越来越不同"。

为了与数学相区分，不少学者将统计学定义为"数据科学"，这没什么错，但所能给出的学科特质信息有限。数据科学是一个比较宽泛的定义，它所描述的应该是一个学科群，而不是一个学科。可以用数据科学来定义的还有其他学科，如何与其他数据科学相区分，需要界定统计学的内在核心，这是统计学者所不能回避的。

"统计学中有一个正在不断扩展的知识传统，对此，没有一个合适的词语来称呼，暂且称之为'统计的核心'，这个术语并没有被学术界广泛地接受。"作为"统计学内在的研究"，作为"一种内部审视的行为"，"目的是创建统一的基本原理、概念、统计方法以及计算工具"。"LKS 报告"认为，作为"核心"的同义词，inreach 是可以接受的（缪教授译稿选用"内延"，笔者以为"内达"似乎更接近原意）。

不过迄今为止，在美国国家科学基金会学科分类中，统计学仍然是数学的一个分支。"统计的核心"仍在"不断扩展"之中，前面引用的表述告诉我们，至今甚至连学科的基本术语都尚未统一，可见统计学从原来的数学中脱离而相对独立还在过程之中，独立还没有完成。

需要注意的是，统计学是在"脱数学化"，而不是"去数学化"，我们强调统计学的重要，可以说统计学不是纯数学，但不能说统计学不是数学，统计学的"根是概率论和数学"，仍然是一门应用概率和数学的学问，这一点并没有变。

---

① 曾收录在笔者的《经济统计学科论》，中国财政经济出版社 2013 年版，中国北京。

　　既然统计学可以与其数学基础分离而相对独立，为什么经济统计学反倒必须并入数理统计，必须并入理学门类呢？按照统计学独立的逻辑，即使只是应用数理统计的经济统计这一部分，也是可以在经济学门类下相对独立的啊！更不用说以国民核算为主的另一部分经济统计了，其学科独立于数理统计的性质就更为明显了。

　　第二，统计学的学科硬度。

　　"统计学者的核心活动是用于信息抽取的数学和概念工具的构造。虽然大部分这类研究的数学基础是概率论，但最终目的是要提供在经验工作中有用的结果。这区分了统计学家理论研究结果和大多数数学领域的结果——在其中抽象结果纯粹追求它们内在的意义。"

　　以数学精确性作为学科硬度的唯一判据，采用的是一元的学科观。如果按照这种线性思维来判断，那么数理统计既有属于硬学科的一面，也有其学科软化的一面，其实是处于软硬学科的中间状态。统计方法对好多社会科学而言是学科硬化的工具，但相对于经典数学和经典物理学等理学学科而言，它又是学科软化的工具。有学者指出，统计学结果不存在对错的问题，而只有好坏的问题，这个概括也表明了统计学结果的相对精确性。

　　明白了这一双重性质，统计学者就不该在面对社会科学时以数学内在美的代表自居，这种优越感其实是虚幻的，因为这正是经典数学学科看低数理统计的地方。

　　第三，应用是统计学的原动力。

　　"LKS 报告" 强调了学科发展的应用维度。"核心的一个中心理念是：一个问题的重要性不是由其内在美（即抽象数学）所决定的，而是由其潜在的广泛应用价值所决定的。""LKS 报告" 还转引了 "Odom 报告"（关于美国数学国际评估的高级评估小组报告）的有关论述："统计总是与应用连在一起的，结论的重要性，即使是理论统计，也是强烈依赖于与结论有关的应用类型。"

　　"LKS 报告" 注意到："现今，许多科学领域都收集了大量的数据。然而没有合理的收集方法，就必然会收集许多无用数据。如果没有科学合理的处理方法和有效的工具来收集、探索和分析数据，尽管数量庞大，我们也不能更深入理解这些复杂和贫乏的数据，或只能从这些数据中得到片面的认识。"

　　因而，"LKS 报告" 对特殊方法论的研究给予了应有的尊重："核心研究有别于'特殊应用统计研究'，后者完全是为解决某一特定科学领域里的问题而需要分析数据所驱动的。必然地，这种研究以核心知识作为工具以及作为对这些工具局限性的一种认识。这种研究为将来核心研究提供了原始素材。"

　　"LKS 报告" 明确区分 "数据财富" 和 "信息财富"，二者不能混淆。只有 "有据之数"，即通过与所应用领域学科的互动让数字有据生成，才可能成为信息，才可能成为财富。

在统计框架下，数据记录的变化往往被概念化为"信号加噪声"。需要补充指出的是，对某种分析目的是噪声的，对另一种分析目的可能会是信号，由此可见，区分对象与主体间的关系类型，对数据处理是非常重要的，而这种区分离不开一般统计方法所应用领域的实质科学，也离不开对特殊应用领域的方法论思考。

第四，统计是一个学科交叉的领域。

"统计学科本质上可以用它的多学科性来识别。""LKS 报告"列举了统计核心的六个主要应用领域：①生物科学；②工程和工业统计；③地理和环境科学；④信息技术；⑤物理科学；⑥社会和经济科学。

在"LKS 报告"中我们可以体会到，统计学可以是一个学科群，而绝不是一门单一的学科。"LKS 报告"指出："统计学科不可能有一种在传统分类意义下分成不同研究领域的统一分法。"我们的认识与之相同，统计学不能搞大一统。

统计学在研究工具上也是开放的。"统计的核心研究在工具上是多学科的：它至少借助于信息论、计算机科学、物理学以及概率论和传统数学领域。"由此我们可以理直气壮地提出疑问：理论统计学本身也需要扩充其方法论工具，怎么能只允许经济统计使用数理统计呢？

"大量的科学统计学会的分支不在统计系。这可能就出现在有统计系的大学里，我们可以在商学院、社会科学和不同门类的理科系中发现它们。""还有大量的统计学家在科学学会之外，但与学会有良好关系，他们受雇于政府、企业和许多统计使用者。"

由此可知，只以统计系、数学系和生物系的学科情况来"描述"现代统计学的世界发展态势，是有偏的，远没有概括出统计学科群的全貌。并且，强制地用美国统计学、数学系的专业模式来改造中国财经院校的经济统计科系，在学术资源配置上未必正确，还应该允许其他模式的存在，对这种大一统的移植可以提出异议，不应该把异议视为大逆不道。

第五，社会和经济科学的特殊性。

在"LKS 报告"中，对统计学六大应用领域中的五个都做出了"有深度的回顾"，"但社会和经济学科必须被不幸地排除。编委们面临的困难是这个领域不但很难与别的领域分开，而且相当复杂。在该领域的研究工作者大多不在统计系工作，但对诸如经济学、心理学和社会学感兴趣。这包含了若干个领域，这些领域有它们自己成熟的和特有的统计文献，如心理计量学和经济计量学等。关于对这种成熟的和有大量文献领域的回顾已经超出我们的时间框架和资源"。

"LKS 报告"对社会和经济学科给予了应有的尊重。与会的统计学家认识到，社会和经济科学是"相当复杂"的，并且有"自己成熟的和特有的统计文献"。显然，国内某些人的认识与此不同，在他们眼里，经济学没有什么科学内容可言，只要学好统计学就完全可以在经济中应用，应用非常简单。在教学安排上，只需学统计学课程，顶多加一两门经济学课程，就完全可以授予经济学学位。

对统计学与所应用领域学科之间的互动，"LKS 报告" 做了专门的阐述和说明。"LKS 报告" 把理论统计学者定位为 "合作者"，是与所应用领域搞 "学科互动" 的。既为互动，前提是学科间的彼此尊重和理解。

然而，国内有的人把经济统计看成科学的荒芜之地，他们以 "接受大员" 或占领军的姿态出现，凌驾于经济统计之上。也有的以经济统计的终结者自居，在将经济统计强行并入理学门类后，宣称 "你们经济统计没了"。显然，这些做法与 "LKS 报告" 的学科基调相去甚远。

"统计学没有它自己的固有科学领域"，而是专门的方法论科学，将之称为理论统计学或数理统计学，以与各门应用统计学相区分，本来是比较好的办法。早年提出 "数理统计" 这个概念，正是为了与经济统计相区分。

但是，有的人借此区分只准许经济统计学应用数理统计，而无视经济学，无视其对经济统计学的理论基础作用，无视经济统计学作为 "有特定对象的统计方法论" 之客观存在，将 "经济统计要应用数理统计" 表述为 "经济统计只是数理统计的应用"，这对经济学科发展是有害的，其实最终也会伤害到数理统计本身。

反对"唯数理"的统计学科观

笔者尊重数理统计学科,但反对"唯数理"的统计学科观。关键在于这个"唯"字,因为笔者同时相信过犹不及的道理。对这个问题曾几次论及,下面补充提出笔者六个方面的思考,或进一步加以强调。

1 "唯数理"统计观的两大弊端

"唯数理"统计观存在两大弊端:一是潜意识里唯我独尊,科学之中唯我为大,甚至可以包打天下。只要会了数理统计,什么领域都不在话下,别的学科都没啥用。二是将应用范围与有效范围混淆,以为数理统计方法放之四海而皆准,可以不问条件、前提、假设等,不必把所应用领域的学科知识放在眼里。有的学者公然宣称自己不懂专业就可以把专业统计搞好,实质上是认定:有了数理统计方法即可四处套用。

其实数理统计并不是处于科学谱系的终端,统计的"唯数理观"在逻辑上难以自洽。将"唯数理观"推向极致,所有学科都没有必要存在,只要有一门哲学就可以了,哪门学科不是哲学的应用呢?或者,只要有一门数学就可以了,哪门学科不是数学的应用呢?

把经济统计强行并入数理统计的理由是,你应用了我的方法。如果这个理由真的能够成立,那么,数理统计自身就不应该从概率论中独立出来。从数学基础看,数理统计不可避免地是"应用概率学",尽管我国有的统计学者否认这一点,但"LKS 报告"对概率论的基础作用仍是充分认同的。数理统计应用了概率论,怎么可以从中逃开而独立呢?如果数理统计可以脱离自己的方法论基础独立存在,为什么经济统计却必须并入数理统计呢?

设想一下,将医学统计强行并入数理统计,而不许学习和掌握足够的医学知识,能真正搞好医学统计吗?将经济统计强行并入数理统计,而不许学习和掌握足够的经济学内容,能真正搞好经济统计吗?方法论学科应用离不开从抽象到具象的过程,必须与实质性学科结合而不是取代之。不可能离开医学搞好医学统计,不可能离开生物学搞好生物统计,同样,也不可能离开经济学搞好经济统计。

2　所谓"文科统计学"

所谓"文科统计学"是我国有人造出来的一个概念，表面上是作为理科统计学即数理统计的对称，其实是作为否定经济统计学的工具。

回顾统计学发展历史，还真就有只属于社会科学的统计学。统计学最初在德国产生的时候确实是没有数量分析的，那时候的统计学，也叫"国势学"，现在统计学西文单词中的词根 STAT 就是与国家一词同源的，可以看见当年统计学的学科性质。就是到今天，也不能说，统计学只是自然科学，而不允许经济统计具备社会科学或者人文科学的成分。可以说，即使经济统计只具备社会科学的特性，也并不意味着它不科学，就荒诞不经。

采用"文科统计学"的说法，还有一项治罪的便利，即经济统计学的出身是苏联的"社会经济统计学"。然而这是片面的断语，与完整的统计学说史不符。退一步讲，即便真就来自苏联，也并不就一定构成学科的一个罪责。

须知，苏联的社会经济统计学并不是天外来物，而是从德国"社会统计学派"和欧洲经济统计学派那里传承下来的，同样有着西欧的学术渊源。当年 MPS 也是由联合国作为世界经济统计体系正式发布的，而且是 SNA 完善和发展的重要外部力量。今天世界经济统计重新强调物质生产核算的重要性，也说明 MPS（物质产品平衡表体系）中有其合理的成分，强调物质生产核算有其价值。而对虚拟经济的过度强调，同样是经济统计中的一种偏差，无益于全人类。

世界上确实存在着两门经济统计学。一门是威廉·配第开创的以国民核算为主体的经济统计学，是宏观经济学的一个分支。如果一定要把社会科学都看成文科，那国民核算也确实是"文科统计学"。还有一门经济统计学是数理统计方法在经济领域的应用，然而这也不能算作纯粹的理科统计学，严格而论，应该是文理交叉的交叉性学科。

3　为什么经济统计应该强调"双基础"？

笔者曾做过一个概括，再复杂的数学模型都可以归结为加减乘除四则运算的衍生品，根基上就是加与乘，只不过在怎么加减、怎么乘除上有所创新深入。减是加的逆运算，除是乘的逆运算，所以四则运算实际上就是两则，或加减，或乘除。因而，任何计算最基本的前提，就是可不可加和可不可积，即"可加性问题"

和"可积性问题"。这两个问题不解决好，后边模型再复杂，也是基础悬空着的大厦。

搞经济统计应该强调双基础，不仅要会数学。数学自然是非常重要的，当代社会做定量分析数学是必需的。但只有数学也不行，打个比方，数学方法与经济研究的关系就像基因与人的关系一样。没有基因的话，人就不是人了。但如果只有基因人还是人吗？人必定有社会的、哲学的、精神层面的东西，只有基因，就与动物无异。数学与科学的关系也一样，没有数学，不会是科学；但只有数学，数学以外的科学也不会是科学。设想一下所有科学只是数学的场景，难道人类可以接受吗？

数理统计是一般科学，研究一般方法论，从数据采集到分析，整个整理和分析数据的方法论是抽象的。如果坚持"只计量不较质"，那就不是应用，仍然只是抽象的数量关系。应用应该是将抽象的数量关系还原到具象的事物中。进行实证分析，不能只搞定量，而且质与量不可分。抽象方法论要在不同领域中应用，就得还原到具象，就得有对实质性学科的掌握。有了实质性学科基础，才能还原得好，不然的话，所谓还原很可能是失真的，所以应该强调双基础。

实质性学科与方法论学科交叉而产生的新学科，究竟是实质性学科的味道浓，还是方法论学科的味道更浓？比如说颜色，五颜六色怎么显现出来，是不同颜色混在一起。一般来说，深颜色特殊性强一些，浅颜色特殊性弱一些，通常都是深颜色对浅颜色的影响大。这里，方法论科学相当于浅颜色，实质性科学则相当于深颜色。

笔者反对将经济统计学与经济学分离。更不要说搞国民核算为主的经济统计学，这决然分不开，因为国民核算实际上是宏观经济学的一个分支，它跟数理统计关系并不大。即便在经济学中应用数理统计，也必须与经济学的思维方式紧密结合。数理统计方法和其他数学方法一样，是为经济学服务的，是工具。C.R.劳说统计学是"寄生学科"，应该是个准确的学科定位。将经济统计与经济学分离后，只有数理方法，没有前提、条件、假设，这个模型还能成立吗？不能成立。只是一个抽象的模型能解决现实问题吗？不能解决。所以数理统计在经济领域应用时不能离开经济学，所以数理统计与经济统计应该是融合，不是一个取代另外一个。融合不是合并，不是只变成一个学科。只有数理统计，企图靠数理统计包打天下，绝不是真正的经济分析。

现代科学发展讲究学科交融，这是对的，然而学科交融并不是学科替代。不同学科背景的学者研究侧重点可以不同，但无论在什么学科领域，都不能用方法来替代。令人百思不解的是：为什么不能从两个方向搞经济学与数理统计的交叉？为什么只能是减弱甚至放弃经济学，为什么只能是单方向地向数理统计靠拢？发展一个学科却以其他学科的牺牲为代价，这样的学科发展过程难道可以持续？

4　戴世光悖论

有人说，统计学前辈戴世光对统计学科已有定论，后人还有什么可争辩的？我们当然尊敬戴先生，但并不是所有的观点都"唯师"，特别是当先生观点尚有值得深思之处时，更不能放弃独立思考。独立思考精神恰恰是戴先生最为强调的。

学习戴先生的著述，我们可以发现一点：戴世光先生的统计学观实际上存在着悖论——他的统计学定义不能用在他自己身上。

如果按照戴先生 1983 年强调的统计学定义，只有一门数理统计学，只有数理统计才是统计学，那么戴先生本人究竟是不是统计学家？如果答案肯定，那么他的数理统计学代表作又是什么呢？

翻开《戴世光文集》中的论著目录，其中主要有三大部分内容，人口统计、经济统计和统计学科论，并没有什么数理统计的内容。但以戴先生渊博的学识，恐怕没人敢说戴先生不是统计学家。

如果承认戴先生是统计学家，他的代表作亦是统计学著作，那就意味着：没有多少数理统计内容的著作也可以是统计学著作，并不只是数理统计的内容才算作统计学。进一步看，戴先生搞的这部分统计是什么呢？不正是经济统计和人口统计吗？不正是所谓的"指标解释"吗？不正是某些人所大肆批判的"文科统计学"吗？那不是意味着这些内容完全可以作为统计学的组成部分吗？

也许有人会说，戴先生 1949 年后误入歧途，改革开放后幡然醒悟，才坚持数理统计的。然而值得提请注意的是，正是在 1983 年之后的 1984 年，戴先生主持撰写了洋洋四十六万言的《世界经济统计概论》教材，戴先生在该书前言中明确指出："《世界经济统计概论》这本书的主要内容则系阐述和研究：①调查、编制、计算、加工一个国家主要的经济统计数字的方法；②使用若干国家的经济统计数字，着手统计比较分析经济动态的方法。"

1980 年戴世光先生撰写了《国民收入统计方法论》，1981 年又撰写了《国民收入经济核算理论的发展——综合性生产抑或限制性生产》的重要论文（此篇竟然未收录《戴世光文集》中）。还要注意的是，戴先生早年在美国学习的是人口统计，拿的正是统计学学位，我们总不能说人口统计只是数理统计吧？

戴先生在讲述经济统计内容时，是使用"方法""方法论""研究""探索"等说法的。既然称得起方法和方法论，既然是"研究"和"探索"，就是学问，就可以成学。难道戴先生的皇皇巨著不是学问？可在戴先生的著述中，又有多少数理统计的内容呢？

综观戴先生的言与行，他所秉承的统计学科观实质具有二元性。他是一位令人尊敬的统计学家，更是一位令人尊敬的经济统计学家和人口统计学家。由此，学界后人不应该打着戴先生的旗号来否定经济统计学。

5 统计学科争论的语境

如何认识经济统计学的发展，的确应该放眼世界，语境应该是全球化的，不能只看中国财经院校的情形。

在发达国家，没有学者那么在意学科级别的高低。极力搞学科升级其实是学科资源配置竞争在中国的一种表现方式，与所谓"大统计"一样，是地地道道的中国特色。

而且，讲"大统计"，就不应该只介绍国外大学中数学系、统计系和生物系的情况。既然要把经济统计和管理统计并入数理统计，就应该同时介绍欧美大学经济学系和商学院的情形，还应该介绍从事经济统计研究最具传统的学术组织，在欧美高等教育普及化的背景下，还应该介绍国际组织和政府组织进行经济统计学研究的情形。单单以美国大学统计系、数学系和生物系的情形来论经济统计，就是有偏的样本，违背了统计学最基本的抽样准则。

统计学科争论另一个值得注意的语境是科学文化观。

统计学科之争，在某种意义上，也是科学主义与人文主义之争的一个特殊表现。骨子里是受到唯科学主义、唯数理观的影响，是不同的科学（广义与狭义）文化之间的一种冲突，根子在于对科学如何认定。

我们也应当注意，究竟是在什么样的语境下倡导数理统计？

改革开放前，数理统计在社会经济领域中的应用受到了不应该的限制，所以，其时大力倡导数理统计在社会经济领域的应用，是合乎历史需要的。但即便在当时，中国高校中也并不是没有数理统计，所以不存在由财经院校创建数理统计的要求，发展重心应该是将数理统计与社会经济统计结合，而不是取代社会统计和经济统计，不能从一个极端走到另一个极端。

如今在"唯数理观"盛行的学科语境中，更不能只讲数理统计，进一步压制经济统计。由于某些原因，好多财经院校的经济统计学发展已经受到了严重的影响，甚至原来经济统计学师资力量相当强的院校，也面临着师资荒的尴尬局面。本来中国的经济统计工作就落后于发达国家，缺乏学科的智力支撑，而学科折腾让从事经济统计学的教师无所适从，大大加剧了中国经济统计发展的紧张局势。

6　呼吁摒弃不正当的资源竞争

本来，对于学科发展重心存在不同的认识很正常，世界上对统计学的认识从来就没有统一过。要害在于有的所谓权威一定要用自己的看法来取代官方定义。要用行政手段来强迫各院校按照他们的想法行事。有的人利用"唯数理"思潮强行建立所谓的学术规范，一定要以美国大学统计系（偏数理的）、数学系和生物系作为唯一模式，一定要按照数理模式改造中国财经院校的经济统计科系，这种做法并不符合学科发展的规律。

既然是学科争论，就应该讲学理，而不是盗用行政手段，更不应该把"大统计"当成一种争取个人学术地位的手段，搞形大实小。可一些高校中有人只会官员的做法，比如写统计学科文章只是宣讲文件，或者介绍片面的情况，其实这根本不配作为学术论文在学术期刊上发表。

用行政手段将经济统计强行并到理学，给财经院校的经济统计发展造成了极大的困难。财经院校要扩展为多科性大学，校方就要求经济统计学师资与基础数学合并，以便争取理学学位授予权。在数理统计与概率论分家的情形下，却使得经济统计与基础数学合并，学科之间的跨度更大，两类师资没有共同语言，学术资源分配上争议更大，从而大大减少了经济统计学的发展机会。

在这种受打压（受挤压）的背景下，不少经济统计骨干教师干脆转到应用经济学或管理学。比如厦门大学吴世农转到管理学、戴亦一转到金融学，河北大学陈志武转到财政学等等，科研成果斐然。与其坚守在经济统计学科受欺压，反倒是在应用经济学和管理学中更受青睐。也有的年轻教师不愿介入学科的论争，也选择远离经济统计，于是，从事经济统计学的师资越来越少。

搞好一个学科很难，搞垮一个学科却相对容易很多。问题是在中国经济发展中，因为经济统计学知识欠缺而造成的误解太多，国家统计局许宪春博士多次用实例加以说明，并多次呼吁重视经济统计的理解，其言铮铮。

从大学教学实践看，学科规范在中国确实很有必要。有的教学单位，数理统计底子薄弱，又没有经济统计学乃至经济学的教学基础，却获得了学位授予的自由裁量权，既可以授理学学位，也可以授经济学学位。这等于是学位放水，人为地降低了经济学的学位质量和学术声誉。只开设一两门经济学课程，就可授经济学的学位，这不仅是对经济统计学的蔑视，也是对整个经济学的蔑视。

前几年全国统计学专业中授予经济学学位的共有 70 多所院校，而从事经济统计教学的只有 30 所左右，其余的就是原来从事数理统计教学的院校。没有经过系统的经济学教学实践，很难认定所授予的经济学学位质量名副其实。

就教师个人而言也是如此，纯搞数理统计是社会需要的，真正搞经济统计也是社会需要的，可怕的是那些既搞不好数理统计也搞不好经济统计、两头混的人。本来学科交叉很好，对这些人而言却只是为其提供了一个滥竽充数的机会。播下的是"龙种"，收获的却可能是"跳蚤"。

后 记

　　《事理与数理的纠缠与厘清》是十年前笔者规划的"当代经济统计学批判系列"中的一部，关于事理与数理关系的思考却更为久远，本书便是这些思考文章的一个集子。全书包括四个部分。

　　第 1 部分为专论，含四篇文章。数理统计应该如何切实应用到社会经济领域之中？前两篇是笔者的看法，关键在于强调应用之"应"，坚决反对"套用"和"虚证"。后两篇则论及国际统计标准与国家视野实证分析的关系，第三篇做一般性论述，第四篇相当于一个示例，专门就资源消耗问题阐述坚持国家视角的重要性。

　　第 2 部分是笔者就事理与数理关系的读书笔记。"读万卷书"是认知进步的主要渠道，然而，读书不只是浏览，不能只求"速读"，笔者读书时力求把自己放在一个与作者平等的地位，不只是学习，还要有质疑和批判。读书时要划重点，要点赞，也要打问号，还要写批注。有的时候，批注多了，就可以形成一篇评论文章。因此，笔者喜欢读纸质版的书，讲究白纸黑字。此部分的 15 篇文章便是这样形成和积累起来的。

　　第 3 部分是笔者对事理和数理关系的生活随笔，"行万里路"同样是认知进步的重要渠道。如果具备一定的经济统计意识，从司空见惯的日常中，很可能窥见其隐含的"事理"，特别是隐含在"数理"后面的"事理"，借助这个视角，或可以形成系列的独到见解。一事一议，事小理大，所述的事能挖掘出经济测度原理的一个支点，或许可以提升经济测度的层次，从而生发出一个定量与定性认知相互促进的良性循环。若是以思想性作为评判高下的标准，笔者对这些读书笔记和生活随笔看得很重，尽管它们没有在所谓"顶刊"发表，有的甚至没有发表过。

　　第 4 部分是笔者对事理与数理关系更早期的思考，敝帚自珍，总觉得这 10 篇文章非常重要，是基础性的，关乎社会经济领域中的认知格局和视野，所议问题值得反复思考。比如《成本效益分析的几条软肋》，恐怕就涉及最为基本的认知原理，按照《科学之路》作者杨立昆先生的观点，甚至连 AI 革命都离不开它。

　　本来，大数据和近期的 AI 突破都与本书主题相关，笔者从 2014 年以来也已经完成或发表了数篇文章，但本书总字数已经大大超出预期，而且，AI 革命的快速进展也需要在技术与文明的层级上做进一步的思考，故而笔者将在"当代经济统计学批判系列"中专列一部：《大数据和 AI 革命中的数理与事理》，接续出版。如此调整，笔者设计的批判系列便有了十二个题目。本书才是第五部，可见任重道远。

　　业内不少人以为笔者的写作速度颇快，其实细算起来，从 2009 年专心向学，已经是十四年过去了。就是从设计本批判系列时算起，也有十个年头了。"当代经济统计学批判系列"能否单靠一己之力推进？青年一代对这个学科的批判能否接续？这是个大问题。当然，笔者是以这个系列为余生之业的。写到这里，笔者又想起了中学课文中的一位农村基层干部——杨水才，他有股精神，叫"小车不倒只管推"。其实，不用回溯那么远，业内就有好多榜样，笔者的硕士导师刘长新教授、博士导师佟哲晖教授，还有厦门大学钱伯海教授等，都激励着笔者沿着在经济统计学学理探索的方向砥砺前行。

　　与笔者本系列的前四部书相同，在事理与数理关系的思考中得到了好多学者的支持。首先是种种学术观点的交流。每有新思，总要先与几位"辩手"说说——"试试水"，最主要的有河南大学肖红叶教授、江西财经大学罗良清教授、北京师范大学王亚菲教授，还有东北财经大学卢昌崇教授等。前四部书后记的鸣谢中已经大致勾画出笔者的交流圈子，这里不再重复提名，然而，对这种精神上的支持（包括批评乃至反对意见的碰撞，是实质上的支持！）笔者永存感激之情，此乃坚韧前行不可或缺的动力。

　　另一种支持是笔者文章的顺利发表。与学界明星比，笔者发文数量实在太少，不过主动投稿的次数更少。从 20 世纪 80 年代开始，《统计研究》就不时向笔者邀稿，这对一个年轻学人来说是莫大的荣幸，大大弥补了笔者对发表"门道"不够敏感的缺陷，得以安心问学；而更大的益处是，不用费神去"嘎苗头"，不必刻意去写那些"随大流"的应时之作，这样，留下来的文字，即便过了很久，也依然能有参考价值。

　　《数理统计与管理》在 1989 年发表笔者的跨界商榷文章，使得笔者知道，可以从基层逻辑去审视数理方法应用的陷阱。应汪寿阳先生和洪永淼教授特别邀稿，笔者在 2022 年和 2023 年于《计量经济学报》发表了两篇封面文章。笔者还两次受厦门大学邹至庄经济研究院邀请作了"邹至庄讲座"，这是非常高的学术待遇。

　　《经济学家茶座》詹小洪先生，还有《中国统计》张玉妹女士经常邀稿，让笔者的思绪有了宣泄的出口，得以凝刻在笔端。人大复印报刊资料《统计与精算》张浩老师经常全文转载笔者的长篇文章，有限的版面，莫大的支持。

　　中国统计出版社是笔者作品发表最多的地方。严建辉（后来出任社长）先生于 1990 年出版了笔者的硕士学位论文《新国民经济核算体系（SNA）结构研究》，1992 年出版了博士学位论文《多指标综合评价方法的系统分析》，在其时实乃勇敢之举。2003 年出版了《谁是政府统计最后的东家》（责任编辑杨映霜），并列入"统计百家丛书"，其时笔者正处于"不惑"和"知天命"之间，实在是荣幸之至。2014 年张玉妹女士力主并担任责任编辑，出版了笔者随笔集的《统计使人豁达》，谢鸿光仁兄（时任国家统计局副局长）亲自作序，他也是笔者第一篇统计随笔的邀稿人，来自中国统计文化推动者的力邀，把笔者引入了以随笔论统计的作者队伍。

中国财政经济出版社 2013 年出版了《经济统计学科论》（此乃笔者在疑似重病时的"收官"文集），实属让人安心之举。该书后来由河南财经政法大学李冻菊教授翻译，2018 年在美国出了英文版，据说销售了大几百本，对专业书籍而言，是个不错的业绩，开辟了笔者作品的国外市场。笔者坚持经济统计学的跨国界思考，因此受到非常大的鼓励。东北财经大学出版社田世忠社长于 2021 年出版了笔者新的随笔集《守望经济统计麦田》（责任编辑刘佳），据说也是业内老师进行专业教育时比较受欢迎的参考书。

科学出版社副总编辑马跃欣然同意出版笔者的"当代经济统计学批判系列"，而且社里诸位有关编辑全力以赴，谅解笔者对文稿质量的坚持，加快了系列出版进度，近三年居然以一年一部（总字数按版权页记为 114.8 万字，当然，文稿主要靠前期，特别是 2009 年以来的积累）的速度推进，笔耕生涯，幸运莫大于此。

几乎与此同时，河南财经政法大学李冻菊教授和她的团队将笔者的批判系列译成英文，由 American Academic Press 出版。其中并不只是文字翻译，书中的英文引述，李冻菊教授都要找到原文的出处，核对后加以修正和标示，这种工作付出和追求高质量的精神，令笔者钦佩不已！笔者的批判主要针对国外的经济统计学文献，有了李冻菊教授和她团队的助力，笔者就可以安心于中文写作，把各个议题的想法更顺利地梳理出来。如果说笔者的写作进度还算快的话，较少的"前顾之忧"和"后顾之忧"，是非常重要的原因。

本书文稿整理过程中，一如既往地得到江西财经大学罗良清首席教授、平卫英院长、陶春海书记、郭露副院长和郭同济博士的大力支持，得到河南财经政法大学李冻菊教授和她的团队的大力支持，得到北京师范大学王亚菲教授、吕光明教授、冯家豪博士生的大力支持，在此谨表示衷心的谢意！没有这些强有力的支持，笔者恐怕不敢做这么庞大的研究计划。

科学出版社马跃先生、徐倩女士、方小丽女士、文案编辑曹彦芳女士为本书出版做出了辛苦工作，在此致谢！

整理本书文稿期间，正值我们家赵老师两度肺炎治疗和休养，只要身体还撑得住，她都坚持下厨为笔者"烹小鲜"，只因为笔者"以嘴馋为男人优点"，喜欢家里的烟火气。经年如此，才让笔者可以有"食不可无肉、居亦需有竹"的豪言壮语，吃得好，似乎文思也比较流畅，更深切地体会到"以食为天"的深厚道理。

这么厚的书，归结起来，其实就是一句话，"事理"与"数理"有所不同。这句话直接反对了毕达哥拉斯学派的信仰，毕竟"万物皆数"流传甚久、甚广，好多人当然更愿意把事理等同于数理，即使深陷经济测度陷阱也不自知。正因为如此，笔者才大费周章，试图从不同角度、用不同方式去梳理二者的纠缠态，长章短文并举，颇有些像在精神世界里"煮大餐"且"烹小鲜"。如果这能让读者心动，能让我们的经济统计认知有更少偏误、更加丰富、更有乐趣，也就不枉笔者敲键盘的日日夜夜。本书不过是一个"靶子"而已，代表个人观点（或者个人对该领域的思考），期望所提问题能得到更广泛的讨论。

当代经济统计学批判系列：

1. 《经济测度逻辑挖掘：困难与原则》（2018 年 11 月出版）

2. 《基石还是累卵——经济统计学之于实证分析》（2021 年 6 月出版）

3. 《国际比较机理挖掘：ICP 何以可能》（2022 年 6 月出版）

4. 《真实链位与当代国势学构建》（收录 2022 年"国家哲学社会科学成果文库"，2023 年 6 月出版）

5. 《事理与数理的纠缠与厘清》（本书）

6. 《大数据和 AI 革命中的数理与事理》

7. 《多指标综合评价方法的机理探索》

8. 《"使女"的揭露：当代经济学的基础性缺陷》

9. 《国际政治算术与全球化图景的重构》

10. 《测度的"福利转向"：如何应对现象的不可测度性》

11. 《未完成的 W：经济统计学说史纲》

12. 《经济测度悖律及其意义》

13. 《敢问路在何方：21 世纪的经济统计学》